COCINA VEGETARIANA

CON SANDRA Y CONSUELO

500 RECETAS

VERGARA
GRUPO ZETA

Barcelona • Bogotá • Buenos Aires • Caracas • Madrid • México D.F. • Montevideo • Quito • Santiago de Chile

Consuelo Bedoya y Sandra Figueroa

Agradecimientos

La vida cambia constantemente. Tenemos que superar etapas y para alcanzar nuevas metas debemos estar preparados física y espiritualmente. Una alimentación sana y balanceada nos ayudará a progresar en ambos sentidos.

Surgen muchas inquietudes cuando una persona piensa cambiar sus hábitos alimenticios, como: ¿Volverme yo vegetariano?, entonces … ¿qué voy a comer?, además de la preocupación porque éste tipo de alimentación no vaya a suplir todas las necesidades y requerimientos alimenticios del grupo familiar, como un buen desarrollo de huesos, dientes y capacidades intelectuales.

Este libro surge de todas estas inquietudes y de la necesidad de los pacientes por buscar una mejoría de su calidad de vida que en muchos casos, sino en todos, depende o va asociada con una dieta estrictamente vegetariana.

La naturaleza proporciona una gran variedad de cereales, verduras, legumbres y frutas que muchas veces se dejan de lado desperdiciando su valor nutritivo y sus deliciosos sabores. Estos alimentos además carecen de sustancias nocivas para nuestro organismo como hormonas, antibióticos, etc.

La cocina vegetariana como cualquiera otra necesita de ingenio y audacia para su elaboración, pues muchas de sus recetas pueden variar con pocos ingredientes, multiplicándolas y mejorándolas.

Complacer a todos los gustos es un gran compromiso, por eso vamos a utilizar la gama de productos que nos ofrece la tierra, llenos de bendiciones y gracia divina.

Agradezco especialmente a mis maestros por enseñarme y llevarme de sus manos por el camino de la alimentación vegetariana y su importancia en la salud. A mi amiga Emilce por su dedicación y por impulsar este proyecto; a mi familia, a mis padres y a todos los pacientes quienes, aportando inquietudes y bellos comentarios, me animaron a crecer como persona y confidente. A mi esposo por todo el amor, enseñanzas y paciencia. A Blanca Cecilia por su incondicional apoyo en el consultorio y a mis hijos que participaron principalmente en al elaboración de galletas y postres. A doña América Ayerve por su invaluable ofrecimiento.

A todos los que participaron con ideas y trabajo, muchas gracias.

Sandra Figueroa de Castro

Cuando un sueño se convierte en realidad, damos gracias a los motores que nos permiten concluir un objetivo.

Al maestro, que me dio los medios para empezar y concluir este proyecto. A Raúl, que siempre y desde cualquier lugar ha sido fuerza e impulso. A Sandra, por depositar su confianza en mí y poder materializar este sueño. Al doctor Hugo Castro, que por su profesionalismo, guía y supervisión como médico en mi dieta vegetariana me llevó a recuperar mi salud y a despertar la inquietud para el inicio de este camino de la forma como él lo reseña en el prólogo, por lo cual también le doy las gracias. A mis alumnas, que me enseñaron y me llevaron a investigar y experimentar cada vez más. A mi familia, que ha sido receptora y apoyo en este proceso de sensaciones y sabores que hoy es este libro. A Emilce, incansable en su trabajo y organización. A América de Ayerve, por su generosidad. A las demás personas que nos han dado su apoyo.

Consuelo Bedoya de Acuña

• **Edición** Alejandra Balcázar Salamanca •

• **Foto de portada** Oliver Schmieg •

• **Fotografía** Jorge Enrique Gómez Prada •

• Vladimir Cañón Frye •

• Erwin Fabián Medina Arenas •

• Piter Medina Arenas •

• **Concepto y diseño** Efraín Augusto Pérez Niño •

• Milton Fabián Velásquez Hurtado •

• **Corrección de estilo** Enrique Dávila Martínez •

Título original: *Cocina vegetariana con Sandra y Consuelo. 500 recetas* • © Consuelo Bedoya Acuña y Sandra Figueroa de Castro.

1.ª edición: noviembre 2005. Colombia • ©Ediciones B, Colombia S.A. • Cra 53A No 81-77. Bogotá D.C.

www.edicionesb.com • *www.edicionesb.com.co*

ISBN 958-97591-9-X • Depósito legal hecho • Impreso por: Quebecor World

Impreso en Colombia • Printed in Colombia

*Para cocinar se debe estar en la mejor disposición y sin prisa,
leer completamente la receta, alistar los ingredientes requeridos,
usar la imaginación y adicionar su propia sazón y ¡¡mucho amor!!.*

contenido

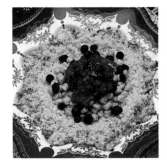

Contenido

Prólogo

—Papá, ¿por qué mi primo Luisito come carnes y yo no debo comerlas?

—Porque, sencillamente, eres diferente; hemos querido enseñarte a romper la cadena de hábitos alimentarios adquiridos por generaciones.

—Entonces, ¿mis abuelitos y sus papás se alimentaban mal o estaban equivocados con lo que comían?

—No, se alimentaban bien; en esos tiempos era diferente, la forma de cultivar estaba más en consonancia con la naturaleza, se daba tiempo a la tierra para reponerse entre una cosecha y la siguiente, usaban semillas muy limpias y sin manipular genéticamente, había menos contaminación con plaguicidas y fertilizantes y el agua era confiable; aún los animales recibían otro tipo de alimentación y cuidados.

—¿En qué es ahora diferente la comida?

—La tierra está cansada y contaminada, y ha perdido los nutrientes más importantes; ahora se debe "fertilizar" con sustancias químicas, además, las plagas de los cultivos se hacen cada vez más resistentes y se debe fumigar con mayor frecuencia, lo que aumenta la contaminación de los alimentos, la tierra y el agua.

—Entonces, ¿todos los alimentos están contaminados?

—No todos, pero la mayoría sí, muchas veces es difícil determinar los niveles de los químicos contaminantes. Afortunadamente, ahora tenemos cultivos biológicos con bajos niveles de contaminación, que nos ayudan a consumir alimentos en su forma más natural y con menos probabilidad de producir toxinas en nuestros organismos.

—¿Y qué son toxinas?

—Hijo, como su nombre lo indica, son sustancias que producen daño en el organismo, pero, como entraron como parte de los alimentos, el sistema de defensa no los reconoce como extraños, y como no son de utilidad, el sistema se debe encargar de excretarlos o sacarlos y para eso cuenta con el sistema digestivo, los riñones, la piel, las mucosas, las lágrimas y el sudor. Si el sistema no los puede excretar, no se puede deshacer de ellos; entonces se pasean por todos los órganos y los tejidos hasta que se depositan en algún sitio, produciendo daños o alteraciones funcionales que pueden ocasionar enfermedades o complicar las ya existentes.

—¿Y puede uno sacar esas toxinas del cuerpo?

—Sí. Hay tratamientos especiales, pero más importante que eso es no ingerir más toxinas, no volver a intoxicar al organismo consumiendo alimentos con altos niveles de contaminantes y en su forma menos natural posible.

—Eso en cuanto a los productos de la tierra; pero, ¿por qué no puedo comer carnes como mi primo Luisito?

—Hay muchas razones; la primera es que no debes ser parte del mundo de la violencia, pues unos matan para que otros coman, y los animales sienten como los humanos: también sienten miedo, dolor y sufrimiento al morir, cualquiera que sea la forma de producirles la muerte; ellos segregan sustancias bioquímicas tratando de defenderse o de impedir la muerte, sustancias que, al ser ingeridas con las carnes, introducen memorias con los caracteres por los que fueron producidas y quedan "escritas" en el organismo; cuando esta vibración se activa aparecen cambios de conducta con miedos y temores relacionados con la muerte. También se ingieren otros caracteres de tipo genético relacionados con la susceptibilidad o la tendencia a determinadas enfermedades con las que, al hacer empatía, aumenta la posibilidad de desarrollarlas. Igualmente, se asimila el aspecto degenerativo al que tiende en forma natural el animal, y ese carácter acompaña la alteración celular de muchas enfermedades, lo que las hace difícil de controlar y, más aún, de curar. Un organismo con muchas toxinas trata de defenderse y cuando se colman los niveles permitidos se produce una excreción exacerbada que puede reconocerse como un estado gripal, diferentes enfermedades de la piel, etc.

—Y mis tíos, los papás de Luisito, ¿no saben esas cosas?

—Esta parte es muy difícil de explicar. La forma de alimentarse se hereda culturalmente y, de acuerdo con los productos de la región, las carnes siempre han sido una preocupación, pues existe la idea de que ellas son los únicos alimentos que aportan proteínas y por esto se cree erróneamente que no se puede vivir sin consumirlas. Estos aspectos no son conocidos a fondo y, mucho menos, tenidos en cuenta por la mayoría de las personas, que no se detienen a pensar en ellos porque tienen la convicción de que su forma de alimentación, mantenida por generaciones, es la correcta, sin dudas y sin reparos; además, está la sensibilidad al gusto, el placer de los sabores de las carnes y sus derivados, por lo que el hombre siempre ha tratado de justificar su alimentación basado en que sin estos aportes se puede entrar fácilmente en carencias que los llevarían a enfermedades, lo que, razonablemente, entiendes ahora que es muy discutible.

—Gracias papá, ahora tengo claro que es mejor ser vegetariano; entonces, ¿cómo debo hacer para comer bien, comer cosas sabrosas y, además, nutrirme de forma óptima y tener buena salud?

—Es muy fácil: en primer lugar, debes saber y estar convencido de que fundamentalmente la alimentación vegetariana variada aporta todos los nutrientes necesarios para la vida con buena salud. No se trata de hacer que las preparaciones vegetales sean iguales físicamente a las carnes y sus derivados, sino que deben ser bien elaboradas, de atractiva presentación a la vista, al olfato y al gusto; la persona que prepara los alimentos debe hacerlos sin distracciones, con la atención y el pensamiento amoroso, para que se carguen con la vibración del gran remedio universal que es el amor. Hijo, esta es otra perspectiva, otra forma de ver y entender que la alimentación vegetariana es la gran alternativa para la salud. Me da mucha alegría que ahora entiendas la experiencia que tienes diariamente con tu alimentación, que tengas buena salud que es la mejor herencia que te puedo dejar.

Este libro es el resultado del amoroso interés y la preocupación permanente de las personas que se dedicaron a entregar sus experiencias con las mejores y más deliciosas alternativas en el manejo y preparación de los vegetales; es una fuente de información muy valiosa para preparar con alegría y entusiasmo la mejor forma de procurarse una muy buena salud; ¡Buen apetito!

Dr. Hugo Castro Medina

La importancia del alimento

La vida se fundamenta en el alimento. Este es el punto vulnerable y estratégico de la humanidad porque el simple acto de controlar nuestra dieta nos proporciona la disciplina necesaria para examinar muchos otros aspectos de nuestro comportamiento. El hombre es lo que come y el alimento que consume hace aportes a la conciencia, a la felicidad, al sacrificio y a la salvación espiritual.

La disponibilidad de los alimentos, sus características naturales, su modo de preparación, la combinación, la cantidad, el clima, la persona que come, así como la hora de consumirlos, son factores que deben ser tenidos en cuenta siempre, porque la ingestión de una comida sana asegura el equilibrio que el cuerpo requiere para obtener la energía necesaria que le permite realizar en forma armónica sus funciones.

El hombre debe utilizar su instinto y sus cinco sentidos en la búsqueda, elección y consumo de los alimentos. Sentir reverencia y amor por la comida porque esta pronto formará parte de él mismo y de sus tejidos.

Como no hay un alimento que sea adecuado para todos los seres humanos al mismo tiempo y en todas partes, se deben seleccionar siempre a conciencia aquellos sabores y otras características que ayuden a equilibrar su energía.

La elección de la comida está determinada principalmente por su sabor. Se habla de seis sabores distintos según las papilas gustativas que se encuentran en la lengua: ácido, dulce, salado, amargo, astringente y picante, pero, una vez digeridos y asimilados, las manifestaciones finales de los sabores son tres: ácido, dulce y picante. El equilibrio de los sabores es indispensable para el suministro de todos los elementos a un nivel óptimo; el exceso de cualquier sabor cambia la proporción, y el abuso constante puede alterar el equilibrio corporal. Las hierbas, especias y condimentos ayudan a complementar o a realzar los sabores faltantes de los ingredientes.

La persona que prepara los alimentos debe tener buenos pensamientos, buen estado anímico y paz interna. Debe evitar angustia, ira y tristeza, que son aspectos negativos, porque estos sentimientos se reflejan en las preparaciones.

Sólo se puede comer sin peligro la cantidad de alimentos que sea posible digerir pronto, sin daño para la salud; tomar más o menos de esa cantidad es llamar a la enfermedad. En cualquier comida, se ha de llenar un tercio del estómago con alimentos sólidos y un tercio con líquidos, dejando un tercio vacío para permitir el libre movimiento de la energía. Un ayuno de vez en cuando ayuda a controlar las adicciones a los alimentos, purifica el cuerpo, brinda un descanso a los órganos digestivos, hace volver a la normalidad el sentido del gusto y lo realza, y favorece una actitud más reverencial frente al acto de comer.

Algunos alimentos ejercen diferentes efectos sobre el cuerpo según el clima. Generalmente, lo mejor es consumir aquellos que por sus características se opongan al clima y a la estación en que se vive.

A su vez, los cambios climáticos tienen influencia sobre el cuerpo y la salud. Aunque en el trópico no hay estaciones marcadas y, en general, el clima en el mundo ya no tiene patrones tan rígidos, la siguiente es una sugerencia:

Diciembre - enero:
Frío agradable. Es recomendable comer lácteos, trigo y sus derivados y semillas, en especial nueces. No consumir agua fría.

Febrero - marzo:
Tendencia del frío al calor. Dieta similar a la anterior.

Abril - mayo:
Sol agradable. Comidas livianas y jugos refrescantes.

Junio - julio:
Abundante sol. Tomar gran cantidad de jugos naturales, comidas livianas, sopas con hortalizas frescas, consomés y verduras blandas.

Agosto - septiembre:
Cambio a temporada de lluvias. El sistema digestivo se altera debido a la temperatura ambiental. Es conveniente condimentar los platos con especias que estimulen las glándulas digestivas y consumir menos agua.

Octubre - noviembre:
Clima similar al anterior. Continuar con las mismas precauciones.

Durante las comidas se puede consumir agua según las necesidades; si se comen platos secos es preferible tomar agua antes de las comidas.

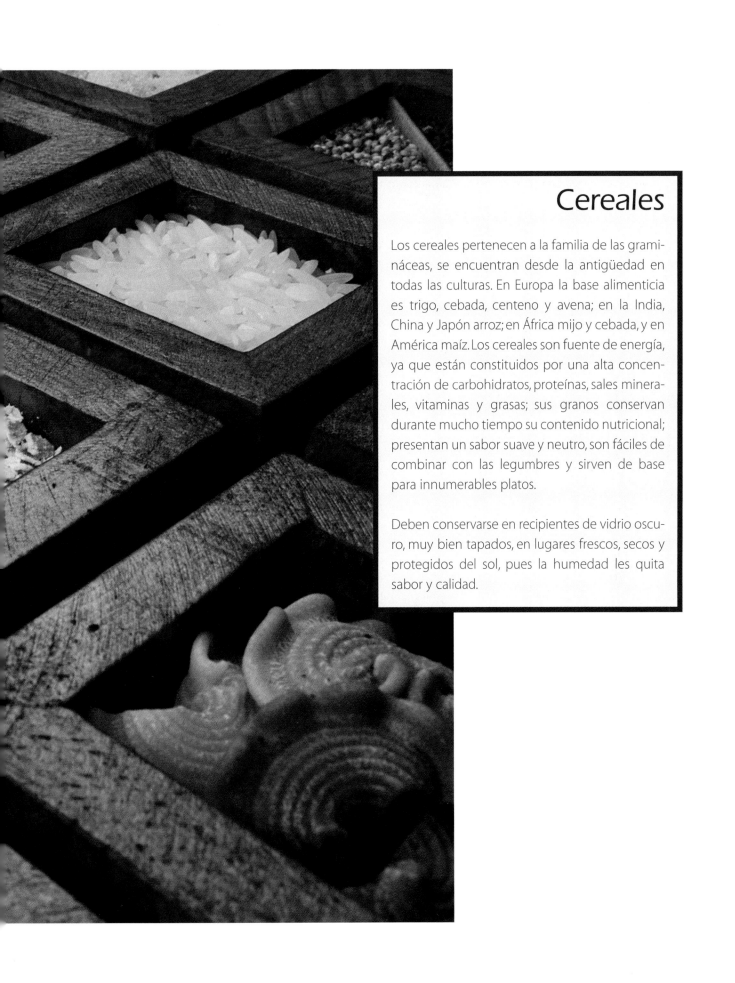

Cereales

Los cereales pertenecen a la familia de las gramináceas, se encuentran desde la antigüedad en todas las culturas. En Europa la base alimenticia es trigo, cebada, centeno y avena; en la India, China y Japón arroz; en África mijo y cebada, y en América maíz. Los cereales son fuente de energía, ya que están constituidos por una alta concentración de carbohidratos, proteínas, sales minerales, vitaminas y grasas; sus granos conservan durante mucho tiempo su contenido nutricional; presentan un sabor suave y neutro, son fáciles de combinar con las legumbres y sirven de base para innumerables platos.

Deben conservarse en recipientes de vidrio oscuro, muy bien tapados, en lugares frescos, secos y protegidos del sol, pues la humedad les quita sabor y calidad.

TRIGO

El trigo es un cereal originario de Europa, Oriente Medio, Egipto, Grecia, Roma, sur de Francia y África del norte. Es el cereal que mejor se adapta a nuestras necesidades, pues contiene sales minerales, como sodio, calcio, potasio, magnesio, silicio, fósforo, hierro y azufre; numerosos oligoelementos; y vitaminas del tipo B, D, E, K.

Hay dos clases de trigo: común y duro.

Del trigo se derivan numerosos productos como:
El bulgur: usado en ensaladas, precocido y luego triturado. Es un producto de cocción rápida y muy digestivo.
La sémola: se elabora con la parte del grano que contiene el almidón. Es usada para la elaboración de *pastas alimenticias* y otros productos.
El germen de trigo: es el embrión del grano, contiene proteínas, grasas no saturadas, vitamina E y complejo B. Debe conservarse en la nevera. Especial para el desayuno y para adicionar en las masas de panadería.
El salvado: proviene de las capas exteriores del grano entero, y contiene ácido fítico, que inhibe la absorción de ciertos minerales. Es fuente de fibra que se debe consumir con mezclas saladas.

GLUTEN

El gluten es la proteína del trigo. Se encuentra en el embrión o germen del grano de trigo y es su parte más vital. Contiene lecitina, calcio, minerales y aproximadamente un 24 % de proteínas; es bajo en calorías, grasas y sal; no contiene colesterol y ayuda a reducir sus niveles en la sangre. Es un alimento suave y digestivo.

¿Cómo preparar el gluten con harina de trigo?

2	lb de harina de trigo
3	cucharadas de salsa de soya
1	cebolla larga
$^1/_2$	cucharadita de orégano
$^1/_2$	cucharadita de color
1	cucharadita de tomillo
1	cucharadita de laurel

Sal al gusto

Preparación

* En un recipiente amplio (tazón de plástico) amasar la harina con agua fría como si se fuera a hacer pan, formar una bola y cubrirla con agua; dejar preferiblemente durante toda la noche o por lo menos 3 horas. Dentro del mismo recipiente en donde se dejó en remojo, lavar la masa, apretándola y volteándola sobre sí misma poco a poco y cambiándole continuamente el agua almidonada por agua limpia hasta conseguir que salga cristalina al apretar la masa. Lo que queda ahí es el gluten. Cuando no se tiene práctica suele suceder que se disuelve toda la harina y no se obtiene el gluten, pero puede ensayarse lavarlo en un colador grande.
* Después de lavar el gluten, dejar correr agua para que el almidón no se deposite, solidifique y obstruya la cañería.
* En una olla grande hervir agua, calculando que cubra la bola de gluten, agregar la salsa de soya y el resto de ingredientes; luego poner el gluten en una malla de *nylon* o algodón y cocinar de 20 a 30 minutos, volteándolo periódicamente.

Nota: La cantidad de agua puede variar con la calidad de la harina.
¿Cómo utilizar la harina de gluten comercial?

Ingredientes (1)

2	lb de harina de gluten
1	cucharadita de laurel en polvo
1	cucharadita de pimienta
5	tazas de agua (1½ lt)
2	ramas de apio
½	taza de salsa de soya
1	cucharadita de sal
½	cebolla cabezona rallada

Ingredientes (2)

6	tazas de agua
1	cucharadita de sal
3	hojas de laurel
2	ramas de apio
1	ramo de perejil
1	cebolla puerro troceada

Preparación

* Preparar un caldo con los ingredientes (2).
* Alistar en un tazón grande las 5 tazas de agua, soya y condimentos de ingredientes (1), mezclar, ir agregando lentamente la harina de gluten, revolver con la mano evitando que se formen grumos.
* Cuando la masa esté perfectamente homogénea, dividirla en 3 porciones, manejar cada porción suavemente, compactándola con la mano y colocarla en el caldo caliente, manteniéndola a alta temperatura sin que hierva.
* Dejar cocinar aproximadamente por 25 minutos, haciendo pruebas sobre la masa hasta que tenga una consistencia elástica, pero no blanda.
* Bajar del fuego y conservar en esa agua caliente por 10 minutos más, luego volcarla sobre una escurridera hasta que esté fría.
* Si no se va a consumir inmediatamente, conservar en congelador dentro de bolsas herméticas, aproximadamente entre 8 y 15 días.

BOLITAS DE GLUTEN EN ARROZ

(6 porciones)

¹/₂	taza de arroz remojado, en agua caliente, 15 minutos sin cocinar
250	gramos de gluten molido
2	cucharadas de cebolla larga picada
2	cucharadas de nueces ralladas
1	diente de ajo
1	cucharadita de jengibre rallado
1	cucharada de harina de trigo integral
2	cucharadas de salsa de soya

Sal al gusto

Preparación

* Freír en una sartén con poco aceite, cebolla, ajo, jengibre y nueces.
* Amasar todos los ingredientes con el gluten reservando el arroz, hasta obtener una buena consistencia, si es necesario agregar avena en hojuelas. Formar bolas de 2 cm de diámetro y cubrirlas totalmente con el arroz escurrido.
* Poner las bolitas sobre rejilla en una olla con agua hirviendo, para cocinar al vapor por 25 minutos o hasta que el arroz este tierno.
* Servir acompañado con salsa de champiñones.

ESCALOPES DE GLUTEN A LA PLANCHA

(5 personas)

5	tajadas (escalopes) de gluten
2	cucharadas de mantequilla
3	tajadas finas de queso
1	taza de corteza de pan francés rallada
1	taza de salsa napolitana (ver receta)

Sal al gusto
Pimienta recién molida

Preparación

* Poner una cucharada de mantequilla en una sartén, freír los escalopes sazonados con sal y pimienta, disponerlos en una lata de hornear, cubrirlos con queso y con la corteza de pan. Llevarlos al horno precalentado a 250 grados por 5 minutos o hasta que la corteza de pan esté dorada.
* Servir los escalopes bañados con la salsa napolitana caliente.

ESCALOPINES AL LIMÓN
(4 personas)

8	filetes delgados (escalopines) de gluten adobados sólo con salsa de soya
1	cucharadita de ralladura de limón
2	cucharadas de aceite de oliva o ajonjolí
1	cucharada de alcaparras picadas
1	cucharada de cilantro finamente picado
4	cucharadas de harina de trigo integral

Sal al gusto
Jugo de 2 limones pequeños

Preparación

* Pasar los filetes por la harina con sal, luego dorarlos en el aceite caliente.
* Agregar la ralladura de limón, el jugo y las alcaparras, dejar en fuego bajo por unos minutos más.
* Antes de servir se espolvorean con el cilantro.
* Sirven para acompañar verduras que tengan buena salsa.

ESCALOPINES CON ACEITUNAS
(5 personas)

1	lb de gluten en trozos y adobado	2	cucharadas de aceitunas verdes en rodajas
1	cebolla cabezona finamente picada	2	cucharadas de harina de trigo
1	cucharadita de páprika	6	cucharadas de aceite de oliva
1	cucharadita de polvo curry		Sal al gusto

Preparación

* Dorar en el aceite caliente el gluten y luego retirarlo.
* En la misma sartén dorar la cebolla y la páprika, luego incorporar las aceitunas, la harina y el gluten, y cocinar por 15 minutos. Al final agregar el polvo curry y cocinar 5 minutos más.

ESCALOPINES EN SALSA DE MANGO
(4 personas)

1	lb de gluten sin adobar	1	cucharada de jengibre rallado
2	tazas de semillas de ajonjolí tostadas	3	cucharadas de crema de leche
2	cucharadas de mantequilla	2	cucharadas de salsa de soya
1/2	taza de caldo básico	1	cucharada de cebolla cabezona finamente picada
1	mango grande maduro	1/2	taza de harina de trigo

Sal y pimienta al gusto

Preparación

* Cortar el gluten en filetes delgados y adobarlos con pimienta, jengibre, cebolla cabezona y salsa de soya, y marinar por 15 minutos.
* Enharinar los filetes y pasar por las semillas de ajonjolí.
* Hacer un puré con la mitad del mango y partir la otra mitad en rodajas.
* Calentar en una sartén amplia 1/2 cucharada de mantequilla y dorar los filetes de gluten por tandas hasta terminar.
* Poner todos los filetes en la misma sartén, bañarlos con el puré de mango y 1/2 taza de caldo.
* Hervir a fuego bajo agregando la sal y pimienta.
* A tiempo de servir suavizar el sabor de los filetes con la crema de leche, y al llevar a la mesa adornar con las rodajas de mango.

BOMBAY
(8 personas)

2	lb de gluten cortado en medallones salpimentados
1/2	taza de mantequilla
2	tazas de champiñones en láminas
1	taza de cebollín finamente picado
1	taza de jugo de naranja
1	taza de casquitos de naranja cortados en dos
1/4	taza de jugo de limón
1	cucharadita de curry
1	cucharada de harina de trigo

Preparación

* Dorar bien el gluten en la mantequilla.
* Dorar aparte los champiñones y el cebollín.
* Agregar a los champiñones el jugo de naranja, de limón y demás ingredientes, mezclando bien.
* Cuando esté espesando la mezcla, agregar el gluten y cocinar a fuego medio por 15 minutos.
* Incorporar los casquitos de naranja antes de servir.

GLUTEN AL CURRY
(5 personas)

1	cebolla cabezona finamente picada
1	diente de ajo finamente picado sin la vena central
$^1/_2$	pocillo de agua de coco
$^1/_2$	pocillo de leche de coco
1	cucharada de aceite
1	cucharada de cilantro
$^1/_2$	cucharada de coco rallado
1	cucharadita de mostaza
3	hebras de azafrán
1	cucharadita de pimienta
1	lb de gluten en trozos, enharinado y sofrito

Jugo de $^1/_2$ limón
Páprika, sal y picante al gusto

Preparación

* Freír en una sartén con aceite la cebolla y el ajo, luego añadir el resto de los ingredientes y cocinar a fuego muy bajo, por último añadir el gluten. Si la salsa trata de secarse agregar agua tibia.
* A tiempo de servir ponerle la sal y jugo de limón.
* Servir con arroz blanco.

GLUTEN ALMENDRADO
(6 personas)

1 $^1/_2$	lb de gluten en trozos de aprox. 3 x 2 cm	1	taza de nueces molidas
$^1/_2$	taza de vinagre de vino de arroz	6	cucharaditas de reemplazante de huevo
3	cucharadas de salsa de soya	$^1/_2$	taza de harina de trigo
2	cucharadas de vinagre balsámico	1	taza de miga de pan
1	cucharadita de panela en polvo		

Preparación

* Marinar el gluten por 2 horas en la mezcla de salsa de soya, vino de arroz, vinagre balsámico y panela.
* Sacar el gluten de la marinada y pasarlo por el reemplazante de huevo, luego por harina de trigo y, por último, por la miga de pan mezclada con las nueces molidas, haciendo presión. Freírlos en aceite caliente.

GLUTEN CON CHAMPIÑONES
(6 personas)

1	lb de champiñones en láminas delgadas
2	tazas de gluten cortado en tiras finas
2	cucharadas de crema de leche (opcional)
4	cucharadas de aceite
2	cucharadas de salsa de soya
4	cucharadas de cebollín finamente picado o cebolla larga
1	cucharada de mantequilla

Sal y pimienta al gusto

Preparación

* En una sartén caliente agregar la mantequilla, aceite y cebollín, y freír los champiñones por porciones a alta temperatura para que no suelten agua (sellado).
* Marinar el gluten en salsa de soya, cebollín y pimienta, por media hora. Calentar mantequilla con aceite, y freír el gluten hasta que tome un color dorado; agregar los champiñones con todo su jugo y suavizar con la crema de leche; rectificar el sabor.

GLUTEN EN SALSA DE MANZANA
(6 personas)

1	lb de gluten
2	dientes de ajo sin la vena central
2	cucharadas de miel
1	cucharada de sagú o maicena disuelta en 1 taza de jugo de manzana
2	tallos de apio
2	manzanas verdes
1/3	taza de aceite de oliva
2	cucharadas de salsa de soya

Sal y pimienta al gusto

Preparación

* Picar el apio en trocitos y triturar el ajo; dorar todo en 1 cucharada de aceite, luego agregar miel, el resto del aceite y el sagú o la maicena disuelta.
* Cortar el gluten en trozos, marinarlo por 15 minutos en la salsa de soya con $\frac{1}{2}$ diente de ajo triturado; luego dorarlo y colocarlo en una refractaria. Bañar el gluten con la salsa anterior y hornear por 45 minutos a 250 grados.
* 10 minutos antes de sacar la refractaria del horno agregar las manzanas partidas en rodajas.

GLUTEN SALTEADO AL HINOJO
(6 personas)

1	lb de gluten
2	bulbos de hinojo pequeños
1	cebolla cabezona
3	cucharadas de aceite
1	cucharada de mantequilla
1	cucharada de harina de trigo
2	tazas de caldo básico
1	cucharada de vinagre
1	cucharadita de azúcar
2	cucharadas de salsa de soya

Sal y pimienta al gusto

Preparación

* Limpiar los hinojos, partirlos en laminitas, ponerlos en agua hervida por 2 minutos y enjuagarlos.
* Derretir la mantequilla en una cazuela, rociar con harina y remover con la cuchara, agregar el caldo batiendo seguido, añadir sal y pimienta formando una salsa blanca.
* Picar la cebolla y freírla en 1 cucharada de aceite, añadir el hinojo y freírlo por 5 minutos, agregar el vinagre, azúcar y 2 cucharadas de caldo, cocinar hasta que se evapore el vinagre, agregar la salsa blanca y cocinar por 5 minutos más.
* Partir el gluten en trocitos, marinarlo con salsa de soya, sal y pimienta por 5 minutos, freírlo en el resto del aceite y conservarlo en la salsa anterior.
* Servir acompañado de papas a la páprika.

GLUTEN GRATINADO

(4 personas)

1	lb de gluten		1	taza de queso parmesano
4	corazones de alcachofas partidos en cuatro		2	cucharadas de salsa de soya
1	cebolla cabezona cortada en aros delgados		1	cucharadita de curry
2	tazas de queso mozzarella en cubos		2	cucharadas de perejil picado
4	cucharadas de aceite de oliva		2	cucharadas de miga de pan
1	cucharada de harina de maíz disuelta en ½ taza de agua		Sal y pimienta al gusto	

Preparación

* Cortar el gluten en tiritas, sazonar con pimienta, salsa de soya y curry, y dorarlo en el aceite.
* En otra sartén sofreír las verduras por 3 minutos.
* Agregar la harina de maíz previamente disuelta en agua y cocinar por 3 minutos más.
* Pasar todo a una refractaria previamente engrasada, añadir el queso mozzarella y la miga de pan, rociar con curry y espolvorear el queso parmesano.
* Llevar al horno a 250 grados hasta gratinar.
* Sacar y adornar con el perejil picado.

GLUTEN SATAY (PINCHOS)
(4 porciones)

2	cucharaditas de salsa de soya disuelta en 1 cucharada de agua
2	cucharaditas de vinagre de arroz
1	cucharadita de aceite de ajonjolí
1	diente de ajo picado sin la vena central
1	cucharadita de jengibre picado
1	cucharada de cebolla larga verde o cebollín
1	cucharadita de sagú o maicena
$1/2$	taza de caldo básico
300	g de gluten en tiras de 10 cm
1	cucharada de azúcar

Sal y pimienta blanca algusto

Preparación

* Antes de usar los palos de pincho sumergirlos en agua por 15 minutos para evitar que se quemen en la brasa.
* Mezclar todos los ingredientes con el gluten para que marine por 15 minutos (reservar la salsa).
* Ensartar el gluten, como hilvanando, en palos de pincho; refrigerar cubiertos con un plástico por 1 hora.
* Asar en la parrilla hasta que estén dorados.
* Cocinar la salsa en una sartén por 5 minutos para acompañar los pinchos.

MOLDE DE GLUTEN Y TOFU
(6 personas)

1	lb de gluten	1	zanahoria cruda finamente rallada
1	lb de tofu	4	cucharadas de aceitunas verdes en rodajas
1	taza de miga de pan	$1/3$	taza de aceite
3	cucharadas de cebolla larga picada	$1/2$	taza de salsa de soya
4	cucharadas de alcaparras picadas (opcional)		Sal y pimienta al gusto

Preparación

* Moler el gluten con el tofu, la cebolla y las 2 cucharadas de alcaparras; revolver muy bien con el resto de ingredientes y amasar por 3 minutos.
* Poner la masa en un molde engrasado y hornear a 250 grados por 40 minutos.
* Dejar enfriar, partir en tajadas y servir con encurtido hindú o *chutney* de mango.
* Se puede servir frío o caliente.

GLUTEN RELLENO

(20 porciones)

Ingredientes

2	lb de gluten básico comercial sin cocinar
1	lb de ajonjolí tostado
3	cebollas largas en trozos
1	taza de cilantro y perejil picados
1	cucharadita de mejorana finamente picada
1	cucharadita de pimienta
1	cucharadita de páprika

Sal al gusto

Relleno

1	lb de habichuela cruda en tiras delgadas
1/2	lb de zanahoria en julianas
1/2	taza de aceitunas deshuesadas y picadas
1	lb de chorizos de vegetales desmenuzados
4	pedazos de tela gasa o liencillo, cada uno de 20 x 30 cm
4	tazas de caldo básico de buen sabor

Sal y pimienta al gusto

Preparación

* Moler en molino o procesador el ajonjolí, la cebolla, el cilantro y el perejil, mezclar y amasar con la bola de gluten crudo y agregar pimienta, mejorana, páprika y sal al gusto, seguir amasando hasta lograr una mezcla homogénea.
* Humedecer los pedazos de tela y extenderlos sobre una superficie lisa.
* Repartir el gluten en 4 porciones, extender cada uno sobre un pedazo de tela dejando un margen de 2 cm por cada lado.
* Repartir el relleno sobre las 4 porciones de gluten. Enrollar el gluten, luego cubrirlo con la tela, que debe quedar un poco floja, y amarrar firmemente las puntas.
* Poner a cocinar los rollos en el caldo básico, teniendo cuidado de que los cubra, por 25 minutos a fuego medio o hasta que el gluten tenga una consistencia firme.
* Sacar los rollos del caldo, dejar enfriar y retirar la tela. Se pueden congelar y a tiempo de servirlos, descongelar y calentar en un poco de aceite o mantequilla a fuego bajo. Servir en tajadas con una salsa al gusto.

Variación con relleno agridulce

1/2	lb de ciruelas pasas deshuesadas, remojadas y picadas
4	manzanas peladas y en cuadritos
8	tajadas de jamón de vegetales picado
8	tajadas de queso mozzarella rallado (opcional)
1/2	taza de cebollín picado

Sal y pimienta algusto

Variación con relleno a la mostaza

1 1/2	lb de tofu (queso de soya)
1	cucharadita de cúrcuma
4	cucharadas de mostaza dijón
4	cucharadas de crema de leche espesa
1/2	taza de cebollín finamente picado
250	g de palmitos enteros
2	cucharadas de salsa de soya

Pimienta

* Seguir el procedimiento anterior.
* Moler el tofu y mezclar con el resto de ingredientes excepto los palmitos.
* Sobre el gluten extendido esparcir la mezcla anterior y colocar a lo largo los palmitos, enrollar y seguir el procedimiento de cocción.

Gluten relleno y molde de gluten y tofu

KASHA
(4 personas)

$1/2$	lb de cebolla puerro picada
$1/2$	lb de apio picado
$1/2$	lb de champiñones laminados
$1/3$	de taza de trigo entero (a medio moler)
3	tazas de agua hirviendo
1	cucharadita de semillas de comino
1	diente de ajo macerado sin la vena central
1	cucharadita de aceite
2	cucharadas de vinagre de vino de arroz (oscuro)
1	cucharada de aceite de girasol

Sal y pimienta al gusto

Preparación

* En una sartén con aceite de girasol saltear las verduras a fuego lento por 10 minutos.
* En otra sartén freír el trigo a fuego bajo hasta que empiece a dorar. Agregar el agua, tapar y cocinar a fuego bajo por 20 minutos o hasta que el trigo esté tierno.
* En una fuente para horno mezclar verduras, trigo, vinagre, comino, sal y pimienta; compactar y cubrir con papel de aluminio; hornear por 30 minutos a 250 grados.
* Acompañar con la salsa.

Salsa

$1/2$	lb de tofu
1	diente de ajo macerado sin la vena central
2	cucharaditas de mostaza
$1/2$	cucharadita de cúrcuma
1	cucharada de alcaparras

* Mezclar el tofu, el ajo, la mostaza y la cúrcuma hasta que tengan una consistencia completamente homogénea.
* Agregar las alcaparras y mezclar nuevamente. Calentar la salsa al baño maría, no dejar hervir para que no se corte.

MILANESAS DE GLUTEN

(6 personas)

12	tajadas de gluten
3	cucharadas de harina de trigo
1	cucharada de cebollín finamente picado
4	cucharadas de salsa de soya
1	taza de miga de pan

Aceite
Sal y pimienta al gusto

Preparación

* Marinar el gluten con cebollín, sal y pimienta por ½ hora.
* Preparar una mezcla de agua y harina que quede espesa y aparte tener listo un plato con miga de pan.
* Pasar las tajadas de gluten por la mezcla de harina y luego por la de pan, e inmediatamente freírlas en aceite bien caliente.
* Servir con salsa de mango y papas fritas.

PARRILLADA

(10 personas)

5	mazorcas tiernas partidas por la mitad	1	lb de orellanas
3	calabacines medianos en tajadas	3	aguacates maduros
5	tomates medianos maduros y firmes	10	papas de consistencia dura (sabanera)
1	coliflor en flores grandes	5	chorizos de vegetales
2	berenjenas tajadas a lo largo	1	lb de gluten en trozos gruesos
	conservadas en agua con abundante sal	1	lb de champiñones medianos enteros
3	zanahorias en láminas grandes	10	pinchos de palo de bambú
3	cebollas cabezonas en cuartos		

Conchas de papa

5	papas sabaneras con cáscara cocinadas blandas	1	cucharadita de cúrcuma
1	taza de harina de trigo	$^1/_2$	cucharadita de pimienta, canela, perejil
$^1/_2$	taza de harina de garbanzo		picado, páprika picante y sal
Agua suficiente		Aceite para freír	

* Quitar parcialmente la pulpa de la papa, conservando las conchas.
* Mezclar en un tazón la harina de trigo, la de garbanzo y los demás condimentos agregando agua poco a poco hasta formar una crema espesa.
* Pasar por esta crema las conchas de papa y luego por aceite muy caliente, por tandas, y después ponerlas sobre papel absorbente; conservarlas en sitio caliente.

Crema de aguacate

* Formar un puré con la pulpa de los aguacates, 2 cucharadas de aceite de oliva y el jugo de 1 limón pequeño. A tiempo de servir agregar sal y pimienta al gusto para que no se oscurezca la crema. Servir sobre las conchas de papa.

Marinada marroquí (para el resto de vegetales)

$^1/_2$	taza de aceite de oliva	2	cucharadas de salsa soya
1	cucharadita de laurel en polvo	1	diente de ajo picado sin la vena central
1	cucharadita de orégano fresco picado	Jugo de 1 limón	
1	cucharada de albahaca fresca picada	Sal y pimienta al gusto	

* Marinar con esta mezcla la coliflor, los calabacines, las zanahorias, las berenjenas y las orellanas; a tiempo de servir escurrirlas y dorarlas sobre plancha de metal.

Variación: se pueden formar pinchos y dorarlos a la brasa.

Mazorcas

¹/₂	taza de aceite de oliva		2	cucharaditas de pimienta
1	taza de puré de tomate		2	cucharadas de cilantro picado

* Mezclar todos los ingredientes y dejar reposar.
* Cocinar las mazorcas en agua hirviendo con sal por 5 minutos, dejarlas enfriar y ponerles un pincho a cada una.
* Cubrir las mazorcas con la salsa anterior, marinar por una hora y a tiempo de servir llevar a la parrilla.

Tomates marinados

* Partir los tomates por mitad, sin pelar.

Salsa

4   cucharadas de albahaca fresca picada
2   cucharadas de aceite de oliva
Sal y pimienta negra recién molida

* Macerar la albahaca con el aceite y cubrir los tomates, rociar con sal y pimienta, servir crudos o calentar sobre la parrilla por 3 minutos.

Pinchos

Salsa

3	cucharadas de aceite		¹/₂	cucharadita de jengibre fresco rallado
2	cucharadas de salsa soya		1	cucharadita de mostaza
1	diente de ajo macerado sin la vena central		¹/₂	cucharadita de miel
1	lb de champiñones			Sal y pimienta al gusto

* Partir los chorizos por mitad y el gluten en trozos gruesos.
* Marinar el gluten y los champiñones en la salsa por una hora.
* Preparar los pinchos (de palo de bambú), dejándolos en agua por media hora para evitar que se quemen en la parrilla.
* Llenar cada uno de los diez pinchos con gluten, champiñón y chorizo intercalados, barnizarlos con aceite para llevar a la parrilla.

Acompañantes adicionales

* Arepas con queso (ver receta)
* Patacones (trozos de plátano verde frito, prensado y vuelto a freír).
* Plátano maduro asado a la brasa.
* Yuca cocinada o frita acompañada de suero costeño
* Salsa criolla para acompañar patacones (ver receta)

De izquierda a derecha.
Vegetales asados marinados en salsa marroquí, mazorcas asadas, tomates marinados, pinchos de gluten, conchas de papa, salsa criolla, pinchos de fruta y patacones.

COUSCOUS

El couscous se obtiene a partir de las capas interiores del grano de trigo duro; es un buen nutriente en poca cantidad; su cocción se hace al vapor.

COUSCOUS AL VAPOR
(8 personas)

$^1/_2$ lb de couscous
$^1/_2$ taza de agua
5   cucharadas de aceite de oliva
Sal y pimienta algusto

Preparación

* En una olla calentar el agua con aceite, sal y pimienta, rociar el couscous lentamente, revolver y cocinar a fuego bajo por 5 minutos. Agregar cucharadas de agua si fuera necesario.

COUSCOUS CON DULCE
(8 personas)

$^1/_2$ lb de couscous
250   g de uvas pasas
2   cucharadas de azúcar pulverizada o miel
1   cucharada de mantequilla
Sal al gusto

Preparación

* Poner el couscous en 1 taza de agua fría, hasta que se humedezca. Botar el agua inmediatamente. Cocinar el couscous al vapor hasta que ablande. Retirar del fuego, agregar sal y rociar con agua fría. Revolver con la mano.
* Remojar las uvas pasas en $^1/_2$ taza de agua por 10 minutos, luego agregarlas al couscous y cocinar al vapor por 5 minutos.
* Servir de inmediato, rociado con mantequilla fundida y azúcar pulverizada o miel.

COUSCOUS EN ENSALADA DE VERDURAS
(8 personas)

1	taza de garbanzos remojados y blandos
1/2	lb de couscous
5	cucharadas de aceite de oliva
300	g de champiñones en cuartos
2	calabacines cortados en rodajas, luego en mitades
3	cucharadas de cebollín finamente picado
1/2	taza de cilantro y perejil finamente picado
2	tomates pelados y picados en cuadritos
2	cucharadas de vinagre de eneldo

Sal y pimienta negra al gusto

Preparación

* Hidratar el couscous en 1/2 taza de agua por 15 minutos, agregar aceite de oliva y revolver.
* Sofreír los champiñones en aceite y cebollín.
* Revolver el couscous en una fuente con todas las verduras, champiñones, sus jugos, vinagre, sal y pimienta.
* Rociar con cilantro y perejil, y marinar por una hora. Servir frío.

COUSCOUS CON VEGETALES
(8 personas)

1	cebolla larga finamente picada	1/2	taza de couscous
1	cucharadita de cúrcuma	1/2	lb de garbanzo blando
2	cucharaditas de jengibre	3	cucharadas de aceite de oliva
1	cucharadita de canela	2	cucharadas de mantequilla
2	zanahorias picadas	1	taza de agua hirviendo
1	calabacín picado	4	hebras de azafrán
1	coliflor pequeño en florecitas	1	cucharada de perejil finamente picado
2	tazas de caldo básico	1	cucharada de cilantro finamente picado

Preparación

* Freír en aceite la cebolla, la cúrcuma y el jengibre por 3 minutos. Añadir la canela, la zanahoria y el caldo, dejando hervir por 3 minutos.
* Agregar las demás verduras y cocinar todo por 5 minutos.
* Añadir los garbanzos, las hierbas y el azafrán.
* En una fuente para servir poner el couscous y rociarlo con aceite, mantequilla caliente y agua hirviendo, revolviendo con tenedor hasta que ablande.
* Servir caliente cubierto con las verduras.

COUSCOUS DE NARANJA

12	albaricoques, melocotones o manzanas secos cortados en tajadas finas
2	tazas de jugo de naranja
$^1/_4$	cucharadita de sal
1	taza de couscous
3	cucharadas de coco fresco rallado o seco tostado
1	naranja en gajos

Preparación

* En una olla hervir los albaricoques, jugo y sal, agregar el couscous y retirar del fuego, tapar la olla y reposar hasta que el couscous absorba el líquido.
* Rociar cada porción con el coco y decorar con gajos de naranja y una parte de los albaricoques.
* Servir caliente.

PASTAS

Existe gran variedad de formas y calidad de pasta seca que, al combinar con otros ingredientes y salsas, se sirven como entrada, acompañamiento o plato principal. La pasta aporta proteínas, fibras y carbohidratos complejos que dan energía. Es recomendable utilizar pasta de sémola de grano *durum,* que sea procesada sin huevo.

CANELONES DE ESPINACA Y RICOTTA

(6 personas)

12	canelones instantáneos o láminas de lasaña sin huevo
2	lb de espinacas
1	taza de cebollín finamente picado
1	lb de queso ricotta
2	cucharadas de mantequilla
2	tazas de salsa blanca (ver salsas)

Sal y pimienta al gusto

Preparación

* Pasar la espinaca por agua caliente, exprimir y picar finamente.
* Calentar la mantequilla y sofreír el cebollín por un minuto.
* Luego fundir en ésta mezcla la espinaca, el queso ricotta y mezclar muy bien con sal y pimienta.
* Si se utilizan canelones instantáneos, preparar una salsa blanca muy clara. rellenar con la mezcla de espinaca, colocar en refractaria engrasada, cubrir con la salsa blanca clara, llevar al horno hasta que desaparezca la salsa. cubrir nuevamente con la salsa blanca espesa, el queso parmesano y gratinar. En caso de utilizar pasta de lasaña (previamente cocinada), añadir la mezcla de espinaca y enrollar, añadir la salsa blanca espesa y el queso parmesano. Hornear a 250 grados por 20 minutos o hasta que gratine.

Variación 1: Para quienes no consumen queso, este se puede cambiar por leche y queso de soya.

Variación 2: Canelones doble salsa:

Los mismos ingredientes de los canelones y salsa roja.

Salsa roja

1	taza de pasta de tomate fresca	1	cucharadita de orégano
1	lb de tomates rojos pelados y picados	$^{1}/_{2}$	taza de cebolla larga o cebollín finamente picado
2	hojas de laurel	2	cucharadas de aceite
1	cucharadita de tomillo	Sal y pimienta al gusto	

Preparación

* Calentar el aceite y freír la cebolla hasta que esté transparente.
* Agregar la pasta de tomate disuelta en un poco de agua y cocinar por unos 3 minutos.
* Mezclar con las hierbas, sazonar con sal y pimienta y, por último, agregar el tomate picado. Cocinar por 5 minutos más. Si la salsa queda ácida, agregar una pizca de miel.
* Seguir el procedimiento de la receta anterior intercalando las salsas roja y blanca.

ESPAGUETIS CON SALSA DE ALCACHOFA
(4 personas)

4	alcachofas grandes
1	lb de espaguetis de sémola de grano duro cocinados al dente
3	cucharadas de aceite de oliva
2	cucharadas de perejil finamente picado

Sal y pimienta al gusto
Queso parmesano (opcional)

Preparación

* Lavar las alcachofas y conservarlas en agua con limón; quitar las hojas exteriores, las puntas y el tallo más leñoso.
* Cocinarlas por unos 15 minutos en olla a presión en suficiente agua y un poco de aceite; después separar las hojas gruesas de los corazones, desechando la parte central del corazón; reservar el caldo de la cocción.
* A una sartén agregar 2 cucharadas de aceite, el perejil, las hojas de alcachofas y 1 taza del caldo en que se cocinaron. Dejar hervir por 30 minutos, licuar y colar.
* Agregar los corazones picados, sal y pimienta hasta formar una salsa espesa.
* Con esta salsa acompañar los espaguetis cocinados *al dente* en agua con sal y rociar con queso parmesano recién rallado.

FIDEOS DE ARROZ CON TOFU
(4 personas)

$1/2$	lb de fideos de arroz	2	cucharadas de salsa de soya
1	chile rojo sin semilla y finamente picado	1	cucharada de aceite de girasol
2	cebollas cabezonas finamente picadas	1	cucharadita de aceite de ajonjolí
2	cucharadas de azúcar morena o panela en polvo	$3/4$	taza de tofu en cuadros
1	cucharada de concentrado de tamarindo	2	cucharadas de maní tostado triturado
1	cucharada de jugo de lima o mandarina		Pimienta al gusto

Preparación

* Cocinar los fideos según instrucciones del paquete o en agua hirviendo por 5 minutos y escurrir.
* Macerar el chile y mezclar con la cebolla, el azúcar, el tamarindo, la salsa de soya y el jugo de mandarina.
* Calentar los 2 aceites en una sartén grande y dorar el tofu. Agregar la mezcla anterior y revolver constantemente hasta que espese. Adicionar los fideos y mezclar con cuidado para que no se partan.
* Servir caliente y rociar con el maní.

LASAÑA TRADICIONAL
(6 personas)

1	caja de pasta de lasaña de sémola de trigo duro		3	hojas de laurel
1	taza de soya texturizada		3	tazas de salsa napolitana (ver salsas)
2	pocillos de cebolla cabezona finamente picada		1	lb de tomates frescos pelados y en trocitos
2	pocillos de tallo de apio finamente picado		3	tazas de salsa blanca espesa (ver salsas)
1	pocillo de cebollín picado		1	lb de champiñones laminados
½	pocillo de perejil picado		1	taza de queso parmesano
4	cucharadas de mantequilla		1	taza de queso mozzarella rallado
½	cucharada de tomillo			Sal y pimienta al gusto

Preparación

* Remojar la soya texturizada en agua hirviendo de 5 a 10 minutos, dejarla enfriar y pasarla por la licuadora brevemente, luego exprimirla sobre un colador.
* Derretir 2 cucharadas de mantequilla y freír la cebolla cabezona hasta que esté transparente. Luego añadir perejil, tomillo, laurel y, por último, la soya texturizada. Sofreír 15 minutos y agregar la salsa napolitana y los tomates. Seguir cocinando 5 minutos más hasta lograr una salsa de consistencia espesa. Añadir hojas de laurel, sal y pimienta.
* En una sartén aparte poner 2 cucharadas de mantequilla y el cebollín; cuando esté bien caliente sofreír los champiñones hasta que estén tiernos y agregarlos a la salsa.
* Cocinar la pasta en abundante agua con sal hasta que esté *al dente* y pasarla a una vasija con agua fría. Engrasar los moldes en que se va a armar la lasaña, colocar por capas pasta, salsa blanca, salsa napolitana, queso mozzarela, terminar con pasta con salsa blanca y queso parmesano.
* Llevar al horno a 250 grados por 30 minutos, sacar, reposar y servir.

Nota: Al usar pasta precocida, tapar el molde hasta hervir y luego gratinar.

LASAÑA DE VEGETALES
(6 personas)

1	caja de lasaña de sémola de grano duro
2	calabacines tiernos en rodajas finas
2	zanahorias pequeñas en rodajas finas
6	hojas de espinaca blanqueadas y troceadas
$1/2$	taza de cebolla puerro en rodajas
$1/2$	taza de cebollín finamente picado
$1/2$	taza de hojas de albahaca fresca picada
2	tazas de salsa blanca espesa (ver salsas)
2	tazas de salsa napolitana (ver salsas)
1	taza de queso mozzarella rallado
1	taza de queso parmesano
1	cucharada de mantequilla

Sal y pimienta al gusto

Preparación

* Alistar y engrasar una refractaria rectangular donde se va a preparar la receta.
* En una sartén calentar la mantequilla, freír la cebolla puerro y el cebollín.
* Agregar a la sartén los calabacines y freírlos por 1 minuto rociados con sal y pimienta, sacarlos y en la misma sartén sofreír la zanahoria.
* Las espinacas, pasadas por agua caliente (blanqueadas), escurrirlas y salpimentarlas.
* Hervir la pasta de lasaña por 3 minutos en suficiente agua con sal. Luego pasarla al agua fría. Armar la lasaña por capas de pasta, salsa blanca, verduras, salsa roja y queso mozzarrella, y así hasta terminar; dejando por último la capa de pasta, la salsa blanca y el queso parmesano.
* Llevar al horno a 250 grados por 35 minutos.
Si se utiliza pasta de lasaña precocida, la salsa debe ser más líquida y cubrirse con papel aluminio hasta que hierva, luego quitar el papel para gratinar.

Nota: Para quienes no consumen lácteos, la salsa blanca se puede preparar con leche de soya y el queso parmesano se puede reemplazar por miga de pan.

RIGATONI CON TOMATE Y BERENJENA
(4 personas)

1	lb de rigatoni	1	lb de tomates frescos, pelados y picados
1	cebolla cabezona grande picada	4	cucharadas de queso parmesano rallado grueso
1	berenjena mediana	5	hojas de albahaca
3	cucharadas de aceite de oliva	1	diente de ajo triturado sin la vena central
1	cucharadita de páprika		Sal y pimienta negra al gusto

Preparación

* Partir la berenjena en cubos sin pelar y dejarla $\frac{1}{2}$ hora en agua con abundante sal, luego enjuagar y escurrir.
* Calentar 2 cucharadas de aceite en una sartén a fuego medio y agregar la cebolla, el ajo y la berenjena, sofreír por 5 minutos revolviendo con frecuencia.
* Añadir los tomates y cocinar lentamente sin tapar hasta que la salsa esté espesa, agregar sal y pimienta.
* En una olla grande con agua y sal cocinar los rigatoni dejándolos *al dente;* escurrirlos y servirlos bañados con la salsa anterior, queso parmesano y albahaca.

MACARRONES TRIPLE QUESO
(6 porciones)

3	cucharadas de mantequilla
2	cucharadas de aceite
4	cebollas puerro en rodajas
1	diente ajo macerado sin la vena central
6	cucharadas de harina de trigo
1	taza de leche
1	cucharada de salsa de soya
$\frac{1}{2}$	cucharadita de nuez moscada
$\frac{1}{2}$	taza de caldo básico (ver receta)
1 $\frac{1}{2}$	lb de macarrones cocidos y escurridos
1	cucharadita de páprika
180	g de queso cheddar rallado
120	g de queso brie
90	g de queso parmesano
2	cucharadas de miga de pan

Sal y pimienta al gusto

Preparación

* Freír en aceite y mantequilla la cebolla, el ajo y la páprika. Incorporar la harina revolviendo hasta que dore y agregar poco a poco la leche tibia mezclada con el caldo, revolviendo constantemente hasta que espese.
* Quitar del fuego, agregar los quesos cheddar, brie y la mitad del parmesano.
* Sazonar con salsa de soya, sal, pimienta y nuez moscada. Revolver con los macarrones y verterlos en una fuente engrasada. Cubrirlos con el resto de queso parmesano mezclado con la miga de pan.
* Llevar al horno a 250 grados por 30 minutos.

MACARRONES EN SALSA PRIMAVERA

(6 personas)

1	lb de pasta corta	2	cucharadas de albahaca fresca
1	lb de berenjenas en cuadritos	1	cucharadita de orégano fresco
6	tomates maduros		picado o seco
3	cucharadas de aceite	1	cucharadita de mejorana picada
¹/₂	taza de perejil picado	1	diente de ajo macerado sin la vena central
1	taza de brócoli cocinado en florecitas pequeñas	Sal y pimienta al gusto	

Preparación

* Pelar los tomates y cortar en cuadros. Poner las berenjenas en agua con abundante sal por ¹/₂ hora, enjuagar y escurrir.
* En una olla grande poner el aceite, el ajo, las berenjenas y los tomates, dejar sofreír y cocinar por 15 minutos o hasta que las berenjenas estén tiernas. Luego añadir el brócoli y demás ingredientes, y cocinar por 5 minutos hasta formar una salsa de buena consistencia.
* Cocinar la pasta en agua caliente con sal, escurrir y servir muy caliente bañada con la salsa anterior.

PASTA CON GARBANZO
(6 personas)

2   tazas de garbanzo remojado desde el día anterior
2   cucharadas de aceite
1   diente de ajo triturado sin la vena central
1   cucharadita de páprika
1/2 taza de cebollín picado
1   tomate pelado y picado sin semilla

2   cucharadas de albahaca picada
1   lb de espagueti o tallarines de sémola de grano duro
2   cucharadas de aceite de oliva
Sal y pimienta al gusto

Preparación

* Enjuagar los garbanzos refregándolos para desechar la cáscara que suelten. Cocinarlos en olla a presión por 15 minutos. Dejar reposar y destapar.
* Agregar aceite, cebolla y sal. Seguir cocinando hasta que estén blandos. Luego añadir la albahaca, tomate y ajo, y hervir 15 minutos más.
* Agregar la pasta, aumentar el fuego y añadir agua hirviendo si fuera necesario para que la pasta pueda ablandar; la salsa debe quedar espesa.
* Al servir, rociar con aceite de oliva, pimienta negra y páprika.

PANCAKES Y CRÊPES

PANCAKES
(8 unidades)

1	taza de leche
1	taza de harina de trigo
1	cucharadita de polvo para hornear
2	cucharaditas de azúcar
1	cucharadita de sal
1	cucharada de mantequilla o ghee

Preparación

* Colocar todos los ingredientes en un tazón y batir muy bien.
* En una sartén plana de tamaño pequeño poner 1 cucharadita de mantequilla, y cuando esté bien caliente verter suficiente batido de modo que al extenderlo por toda la sartén quede homogéneo y con un espesor de 1 cm aproximadamente; dejar secar y voltear con la ayuda de una espátula.
* Cuando esté seca por ambos lados sacar y continuar hasta terminar con el batido.
* Servir acompañados con miel de abejas o miel de maple.

Crêpes: Básicamente contienen los mismos ingredientes de los pancakes, pero en diferentes proporciones para lograr una consistencia más clara. Asi mismo, se preparan en capas más delgadas.

CRÊPES AL JENGIBRE
(10 porciones)

$^1/_2$	taza de harina de trigo	$^1/_2$	cucharadita de panela en polvo
$^1/_2$	taza de harina integral de trigo	1	cucharadita de polvo para hornear
1 $^1/_2$	tazas de agua leche	1	cucharadita de mantequilla o ghee
$^1/_2$	cucharadita de sal		

Preparación

* Licuar todo muy bien; si está muy espesa la masa agregar más leche.
* En una sartén antiadherente freír en capas muy delgadas por ambos lados; se puede tapar para agilizar el proceso.

Relleno

1	taza de crema de leche o yogur de soya		1	cucharadita de jengibre
2	cucharadas de miel		4	manzanas rojas y verdes partidas en cascos delgados
2	cucharaditas de canela en polvo		$^1/_2$	taza de uvas pasas

* Para preparar la salsa, mezclar la crema de leche, miel, canela y jengibre (reservar $^1/_3$ parte de la salsa), agregar la manzana y las uvas.
* Rellenar las crêpes con la mezcla de frutas y bañar con la salsa reservada.

Nota: Si el yogur de soya es dulce no utilizar miel.

CRÊPES BECHAMEL
(10 unidades)

$^1/_2$	taza de harina de trigo integral
$^1/_2$	taza de harina de trigo
1 $^1/_2$	taza de agua leche
50	g de mantequilla o ghee
1	cucharadita de polvo para hornear
1	cucharadita de sal

Preparación

* Batir todos los ingredientes hasta lograr una mezcla homogénea y liviana.
* En una sartén antiadherente freír el batido en capas muy delgadas por ambos lados; se puede tapar para agilizar el proceso.

Relleno

$^1/_2$	taza de aceite de oliva corriente		$^1/_2$	lb de orellanas en trozos
$^1/_2$	taza de cebollín finamente picado		1	cucharada de orégano fresco picado
1	diente de ajo macerado sin la vena central		$^1/_4$	cucharadita de nuez moscada
3	berenjenas peladas		$^1/_2$	taza de queso parmesano
2	cucharadas de harina de trigo		1	cucharada de vinagre de vino
2	lbs de tomates pelados sin semilla en trozos		Sal y pimienta al gusto	

Preparación

* Pelar las berenjenas y dejarlas en agua con suficiente sal por 1 hora, enjuagar y secar.
* En una sartén de fondo grueso poner el aceite, el cebollín, las berenjenas y las orellanas; rociar con sal y pimienta; freír por 5 minutos o hasta que las berenjenas estén tiernas; agregar los tomates, vinagre de vino y nuez moscada; cocinar a fuego bajo por 15 minutos y rectificar el sabor.
* Preparar la salsa bechamel según su receta.
* A tiempo de servir poner en cada plato una crêpe caliente, 3 cucharadas de la salsa de berenjena, otra crêpe, salsa de berenjena y otra crêpe. Bañar cada plato con salsa bechamel, queso parmesano y orégano picado.

CRÊPES CON SALSA DE MANZANA
(10 unidades)

¹/₂	taza de harina de trigo	1	cucharadita de mantequilla o ghee
¹/₂	taza de harina de trigo integral	1	cucharadita de sal
1:¹/₂	tazas de agua leche	¹/₂	cucharadita de polvo para hornear

Preparación

* Batir todos los ingredientes hasta lograr una mezcla homogénea y liviana.
* En una sartén antiadherente freír el batido en capas muy delgadas por ambos lados; se puede tapar para agilizar el proceso.

Salsa

1	taza de compota de manzana
¹/₂	taza de nueces troceadas y doradas
1	cucharada de ralladura de limón

* Calentar la compota, bañar las crêpes y rociar con nueces y ralladura de limón.

CRÊPES POPEYE
(10 unidades)

$^1/_2$	taza de harina integral de trigo
$^1/_2$	taza de harina de trigo
1 $^1/_2$	tazas de agua leche
1	cucharadita de mantequilla
$^1/_2$	cucharadita de polvo para hornear
10	cucharadas de espinaca cocinada y picada gruesa
5	cucharadas de queso de cabra fresco rallado (o queso de soya)
1	taza de champiñones en láminas, fritos en poco aceite y aromatizados con ajo

Sal y pimienta al gusto

Preparación

* Batir todos los ingredientes hasta lograr una mezcla homogénea y liviana.
* Freír las crêpes en una satén antiadherente sobre $^1/_2$ cucharadita de mantequilla caliente, y cuando estén burbujeantes poner la espinaca, el queso y los champiñones. La crepe se dobla en dos y se le da la vuelta para que termine de cocinar.
* Servir caliente.

CRÊPES DE HIERBAS CON ESPÁRRAGOS Y JAMÓN DE VEGETALES
(6 unidades)

1	taza de harina de trigo o mezclada con harina de trigo integral	500	g de espárragos (o espárragos frescos)
		6	tajadas de jamón de vegetales
$^1/_4$	cucharadita de sal	$^1/_4$	cucharadita de comino
1:1	taza de mezcla de leche y agua (o soda)	$^1/_4$	cucharadita de polvo para hornear
5	cucharadas de hierbas picadas finas: cebollín, perejil, estragón, toronjil, albahaca	1	cucharada de aceite de girasol o ajonjolí

Salsa de rábano picante

125	g de queso crema o ricotta
2	cucharadas de crema agria
1	cucharadita de rábano picante y rallado

Preparación

* Cernir la harina con la sal y licuar con la mezcla de leche, aceite y polvo para hornear. Si la salsa queda muy espesa agregar un poco de agua y seguir licuando hasta lograr una mezcla liviana. Agregar las hierbas y licuar una vez más.
* Preparar la salsa mezclando el queso (crema o ricotta) con los demás ingredientes y dejar enfriar.
* En una sartén plana de tamaño pequeño poner 1 cucharadita de aceite y cuando esté bien caliente verter el batido y extenderlo por toda la sartén formando una capa delgada, dejar secar y voltear con la ayuda de una espátula.
* Cuando esté seca por ambos lados retirar y continuar hasta terminar con el batido.
* Cubrir cada crêpe con 2 cucharadas de salsa, luego poner 1 tajada de jamón y encima 3 espárragos, cerrar en forma de cono y hornear por 5 minutos a 250 grados.
* A tiempo de servir cubrir con el resto de la salsa.

CRÊPES DE ESPINACA Y QUESO COTTAGE

(4 personas)

$^1/_2$	taza de harina integral de trigo
$^1/_2$	taza de harina de trigo
1 $^1/_2$	tazas de agua leche
1	cucharadita de mantequilla
$^1/_2$	cucharadita de polvo para hornear

Sal al gusto

Preparación

* Batir todos los ingredientes hasta lograr una mezcla homogénea y liviana.
* Freír en una sartén antiadherente el batido en capas muy delgadas, tapando para agilizar el proceso.

Relleno

1	lb de espinaca tierna
2	cucharadas de agua
2	cucharadas de cebollín finamente picado
2	cucharadas de aceite de oliva
1	taza de queso ricotta o cottage
$^1/_2$	cucharadita de nuez moscada en polvo
$^1/_4$	taza de queso parmesano para gratinar
$^1/_2$	taza de almendras laminadas o nueces del nogal

Sal y pimienta al gusto

Preparación

* Lavar las espinacas y cocinar al vapor por 5 minutos, escurrir, enfriar y picar.
* Mezclar la espinaca, el cebollín, el queso, la nuez moscada, y sal y pimienta.
* Formar capas intercalando crêpe, mezcla de espinaca, crêpe, espinaca y crêpe, rociar con el queso parmesano y hornear a 150 grados hasta que gratine.
* Servir inmediatamente y rociar con las almendras o nueces del nogal.

MAÍZ

El maíz es originario de América. En la actualidad es considerado la tercera fuente de alimento del mundo y abarca las dos terceras partes de las proteínas consumidas por la humanidad. Constituye una fuente de energía dado su alto contenido de carbohidratos, además es muy bajo en grasas. Sólo presenta algunos aminoácidos esenciales que lo hacen un alimento de complemento; no contiene gluten.

Por sus diferentes formas de conservación y almacenamiento puede ser utilizado en gran variedad de recetas y en todas las épocas del año.

AREPAS

Las arepas tradicionales colombianas se preparan de maíz trillado blanco o amarillo.

1	lb de maíz trillado
4	tazas de agua

Preparación

* Cocinar el maíz en el agua hasta que dé una consistencia blanda, pero firme; si es en olla a presión aproximadamente 15 minutos o 45 minutos en la olla corriente; enfriar, escurrir el liquido en que se cocinó y pasar por el molino (eléctrico o manual).
* Amasar hasta que tenga consistencia suave, formar bolas y luego aplanar formando discos de un espesor de medio centímetro.
* Asar sobre una parrilla, rejilla o pocheche caliente a fuego medio, esperando que dore bien por un lado para voltearla fácilmente.

Variación: En el momento de amasar se puede agregar mantequilla, sal y queso, y seguir el procedimiento.

Hoy en día encontramos maíz procesado y precocido en forma de harina que permite preparar más rápidamente las arepas.

1	taza de harina de maíz
2	tazas de agua caliente

Preparación

* Colocar la harina en un tazón, agregar poco a poco el agua caliente e ir revolviendo rápidamente con cuchara de madera hasta formar una masa de consistencia suave; dejar reposar. Cuando la masa esté tibia, amasar por 5 minutos; si la masa está un poco seca (cuarteada) rociar con agua caliente y seguir amasando; si la masa queda demasiado blanda rociar con harina y seguir amasando.
* Formar bolas y aplanar con los dedos hasta lograr discos de aproximadamente medio centímetro y asar.

Variaciones:

* Las 2 tazas de agua caliente se pueden cambiar por 1 ¹/₂ tazas de agua caliente y ¹/₂ de leche, y agregar sal, mantequilla o queso rallado.
* Agregar a la masa 2 bananos triturados y seguir con el procedimiento anterior.

Arepa rellena:

Hacer con la masa una bola, ahuecarla con las manos y rellenar con soya texturizada dorada con cebolla, o pedacitos de gluten sofritos. Cerrar, aplanar y asar.

AREPAS DE MAÍZ TIERNO (choclo)

5	mazorcas de maíz tierno (choclo)
1	cucharadita de sal
1	cucharadita de panela en polvo o azúcar morena
1 ¹/₂	cucharada de mantequilla

Preparación

* Retirar los granos de la mazorca con cuchillo, apoyándola sobre la base, y luego pasarlos por el molino o procesador. Verter en un recipiente hondo y agregar sal y dulce.
* Calentar una plancha o sartén de fondo grueso y engrasar con ¹/₂ cucharadita de mantequilla.
* Verter 2 cucharadas de masa, esparcir y dar una forma redonda de aproximadamente ¹/₂ cm de grosor, dorar bien por un lado y voltear con espátula.
* Repetir el procedimiento hasta terminar la masa.
* Se pueden servir acompañadas con quesillo fresco por encima.

MAÍZ TIERNO AL HORNO
(4 personas)

6	tazas de mazorca tierna desgranada
1	taza de caldo básico
4	cucharadas de cebolla cabezona finamente picada
1	taza de tomate maduro pelado picado
4	cucharadas de jamón vegetariano picado
3	cucharadas de mantequilla o aceite
3	cucharadas de pan rallado o miga de pan
3	cucharadas de queso fresco o queso de soya rallado
10	aceitunas negras picadas (opcional)

Picante al gusto
Sal al gusto

Preparación

* Cocinar 5 tazas de mazorca en caldo básico y escurrir, reservar el caldo para licuar la otra taza de mazorca.
* Preparar un guiso de cebolla y tomate en una cucharada de mantequilla.
* Engrasar un molde para llevar al horno.
* En una fuente mezclar bien la mazorca en grano y la licuada, el jamón, el guiso, el queso, las aceitunas, el picante y la sal. Verter en el molde engrasado, rociar con miga de pan y llevar al horno por 30 minutos a 250 grados.

Nota: Para que las mazorcas crudas sobrantes no se endurezcan, colóquelas en una vasija con agua dentro del refrigerador.

PALOMITAS AL PARMESANO

1/2	taza de maíz pira		1/3	taza de queso parmesano rallado
3	cucharadas de aceite		1	cucharadita de albahaca finamente picada
3	cucharadas de mantequilla derretida		1/2	cucharadita de sal mezclada con páprika

Preparación

* En una sartén con aceite, en frío, cubrir el fondo con una capa de maíz, tapar y poner a fuego alto hasta que empiece a sonar el maíz; bajar a medio el fuego hasta que todos los granos hayan abierto; luego pasarlos a un recipiente hondo.
* Rociar las palomitas con mantequilla derretida y el queso parmesano, mezclar bien, luego rociar con sal y albahaca.
* Servir caliente.

SOPA DE CURA POR CEREALES
(10 personas)

$^1/_2$	taza de trigo entero	1	taza de cebolla larga finamente picada
$^1/_2$	taza de cebada perlada	4	cucharadas de cilantro finamente picado
$^1/_2$	taza de maíz amarillo porva	$^1/_2$	taza de quinua o de amaranto
$^1/_2$	taza de maíz mijo	10	tazas de agua
3	cucharadas de avena en hojuelas	Sal al gusto	
2	cucharadas de aceite		

Preparación

* Remojar los 4 primeros cereales en agua caliente desde el día anterior.
* En la olla a presión dorar la cebolla en el aceite; agregar el agua, la quinua y los cereales remojados; cocinar hasta que estén blandos.
* Adicionar la avena y la sal; cocinar por 5 minutos.
* Si al momento de servir se encuentra muy espesa, agregar agua hirviendo, rectificar la sal y rociar con el cilantro.

TAMAL
(20 personas)

2	lb de harina de maíz amarillo (se puede utilizar polenta)
12	tazas de caldo básico (ver receta)
1	lb de mantequilla
10	lb de tomate chonto pelado y picado
2 $^1/_2$	lb de cebolla larga finamente picada
5	zanahorias medianas tiernas, peladas y en rodajas
4	lb de gluten en trozos medianos
2	lb de garbanzos lavados y cocinados con sal o arveja verde cocinada
3	dientes de ajo picados sin la vena central
3	tazas de arroz
20	aceitunas verdes deshuesadas partidas por mitades (opcional)
1	cucharada de pimienta
$^1/_2$	cucharada de comino
$^1/_2$	cucharada de color natural
20	trozos de 20 x 30 cm de hoja de plátano en buen estado
20	hojas de chisgua o bijao de tamaño mediano
20	trozos de cuerda o cabuya para amarrar de 50 cm de largo
6	cucharadas de aceite
20	ramitas de perejil
Sal al gusto	

Preparación

* Limpiar las hojas de plátano, que se consiguen en el mercado ya listas pasadas por calor. Limpiar las hojas de bijao.

Relleno: Preparar un guiso con aceite, cebolla, tomate, ajo y adicionar pimienta, comino, color y sal, y cocinar por 15 minutos. Retirar y reservar 2 tazas del guiso para la preparación de la masa y el arroz. Agregar el gluten en trozos y rehogar por 15 minutos más a fuego bajo. Luego agregar el garbanzo, mezclando suavemente, para que todo se impregne de sabor, por 5 minutos más.

Masa: Adicionar al caldo básico mantequilla, pimienta, comino y color, y rectificar el sabor, que debe quedar fuerte y ligeramente salado. Adicionar 1 taza del guiso reservado, llevar al fuego, y al momento de hervir agregar lentamente la harina revolviendo constantemente hasta que empiece a espesar; retirar del fuego.

Arroz: Prepararlo, siguiendo el procedimiento normal, sobre la taza restante de guiso y 1 cucharadita de color.

Para armarlos: Sobre una superficie plana colocar 1 hoja de plátano y 1 hoja de bijao en cruz. Sobre estas colocar 2 cucharadas de masa, 2 cucharadas de arroz y 4 cucharadas de relleno, 2 mitades de aceituna, 2 rodajas de zanahoria, 1 cucharada de masa y 1 rama de perejil. Recoger las hojas y amarrar en forma de moño o rectangular.

En una olla grande y amplia colocar las venas y recortes de las hojas de plátano, formando un enrejado. Verter agua caliente con un poco de sal, que apenas cubra el enrejado; acomodar los tamales dejando un espacio central para agregar más agua caliente si fuera necesario; tapar y cocinar aproximadamente 1 hora; dejar reposar y retirar de la olla.

Servir: Cortar el moño y servir acompañado de una taza de chocolate con pan y queso fresco.

SOPA DE MAÍZ TIERNO (MAZORCA)

(6 personas)

6   tazas de agua
4   cucharadas de cebolla larga finamente picada
2   tazas de maíz tierno desgranado
2   cucharadas de aceite
6   cucharadas de queso parmesano
Sal y pimienta al gusto

Preparación

* En una olla con el aceite freír la cebolla por 3 minutos, agregar el agua y hervir.
* Licuar por tandas el maíz con el agua caliente, colar y pasar a otra olla. Cocinar y revolver constantemente hasta que espese, agregar sal y pimienta.
* Rociar con queso parmesano y gratinar.

POLENTA

La polenta es una harina amarilla que se obtiene al moler los granos secos de maíz, puede ser muy fina o gruesa, su nombre es originario de Italia.

POLENTA BÁSICA
(12 personas)

3	tazas de caldo básico (ver receta)
1	taza de polenta
2	cucharadas de aceite o mantequilla

Preparación

* Hervir 3 tazas de caldo básico, rociar la polenta revolviendo constantemente y cocinar por 5 minutos a fuego bajo.
* Cuando tenga características de masa bajar del fuego y agregar el aceite o mantequilla, revolver y extender sobre una lata formando una capa de 2 cm. de espesor.

Variación: La masa de los bizcochitos se puede mezclar en la cocción con diferentes vegetales finamente picados, como cebollín, cebolla puerro, zanahoria, etc.

CRÊPES DE POLENTA
(8 porciones)

1/3	taza de polenta	1	taza de leche o leche de soya sin dulce
1/2	taza de harina de trigo	1	cucharada de mantequilla derretida
1/4	cucharadita polvo de hornear	1	cucharadita de mantequilla para freír
1/4	cucharadita de sal	1/4	cucharadita de azúcar

Preparación

* Mezclar todos los ingredientes y dejar reposar.
* Freír las crepes una a una en una sartén caliente con mantequilla.
* Servir con rellenos escogidos al gusto o solas con crema agria.

PIZZA DE POLENTA
(4 personas)

1	taza de polenta básica
50	g queso parmesano
3	cucharadas salsa pesto (ver receta)
4	tomates en ruedas
1	lb de champiñones laminados
100	g queso mozzarella

Preparación

* Mezclar la polenta básica con el queso parmesano y extenderla sobre un molde para pizza, presionándo-la para que quede firme, dejar enfriar.
* Llevar al horno 10 minutos a 200 grados, para que coja consistencia; sacar y pasar una pincelada de aceite.
* Cubrir con salsa pesto, colocar los champiñones y tomates.
* Esparcir el queso mozzarella y llevar nuevamente al horno hasta que el queso haya derretido.
Servir caliente.

BIZCOCHITOS DE HIERBAS Y POLENTA

1	lb de polenta
2	cucharaditas de sal
8	tazas de agua
3	cucharadas de aceite de oliva
2	cucharadas de queso parmesano
1	cucharada de finas hierbas

Preparación

* Combinar agua, sal, hierbas y harina de polenta en una olla de fondo grueso.
* Cocinar a temperatura media por 5 minutos; cuando la mezcla se desprenda de los lados, está lista.
* Distribuir la polenta en una bandeja de 2 cm de fondo. Cubrir con un paño o vinilpel y llevar a la nevera por 1 hora. Cortar la polenta en las formas que se desee, y pincelar con aceite las figuras.
* Poner el resto del aceite en una sartén plana de teflón, calentarlo y sofreír las figuras 3 minutos por cada lado.
* Cubrir con finas hierbas y queso parmesano.
* Servir caliente.

POLENTA MEDITERRÁNEA
(12 personas)

1	taza de polenta preparada según receta anterior
3	corazones de alcachofa picados
100	g de tomates secos picados
10	aceitunas deshuesadas y picadas
1	cucharadita de orégano

Preparación

* Preparar la polenta, bajarla del fuego, revolver con los demás ingredientes y verterla en un molde engrasado, formando una capa de 2 cm de espesor.
* Llevar al horno a 250 grados por 10 minutos o hasta que esté dorada; para evitar que se tueste, pasar pinceladas de aceite por encima durante el horneado.
* Partir en porciones y servir caliente.

MIJO

El mijo es un cereal originario de Asia y África, rico en vitaminas del tipo B (más que el arroz integral y el trigo entero), hierro, magnesio, potasio y silicio; no contiene gluten. Es fácil de digerir, y por su efecto refrescante ayuda al sistema digestivo en los procesos de limpieza y evacuación.

El mijo no se cocina uniforme, pues unos granos son blandos y otros crocantes. Cocido con mucha agua adquiere una consistencia más densa, tostado y cocinado con menos agua se vuelve esponjoso como el couscous.

GRANOLA DE MIJO

1	taza de mijo inflado (como palomitas de maíz)
350	g de frutos secos (nueces, ajonjolí, uvas pasas)
1	taza de coco deshidratado
$^1/_2$	taza de miel

Preparación

* Calentar la miel a fuego lento. Aparte mezclar los ingredientes secos. Verter la miel sobre la mezcla y revolver para que todo se integre.

HAMBURGUESAS DE MIJO
(4 porciones)

1	taza de mijo remojado 2 horas en agua caliente
2	tazas de agua
1	diente de ajo macerado sin la vena central
1	cucharada de perejil finamente picado
2	cucharadas de harina de trigo integral
2	cucharadas de queso campesino rallado (opcional)
1	cucharadita de cúrcuma
1	cucharadita de ramas de hinojo finamente picado

Aceite

Preparación

* Lavar el mijo remojado, cocinar en las 2 tazas de agua hasta que esté blando y dejar enfriar.
* Poner el mijo en una fuente con ajo, cúrcuma, hinojo y queso; amasar y formar hamburguesas con las manos untadas de harina integral para que no se peguen; pasarlas por perejil picado y freír en aceite hasta que estén doradas.
* Se puede acompañar con salsa de tomate.

MIJO CON VERDURAS

1	cucharada de mantequilla	2	cucharadas de tofu rallado
1 $^1/_2$	tazas de mijo	$^1/_4$	cucharadita de nuez moscada recién rallada
3	tazas de agua hirviendo	1 $^1/_2$	tazas de leche de soya caliente
2	cucharadas de apio finamente picado	1	cucharada de harina de trigo integral
2	tazas de espinacas o col rizada tierna en juliana	Sal y pimienta al gusto	

Preparación

* En una sartén derretir la mitad de la mantequilla y saltear el mijo, revolviendo por 5 minutos, agregar el agua hirviendo y cocinar a fuego bajo por 30 minutos o hasta que el mijo esté blando y haya absorbido el agua.
* En otra sartén derretir la otra $^1/_2$ cucharada de mantequilla y saltear el apio hasta que ablande; adicionar la espinaca y cocinar por 2 minutos; incorporar la harina y leche caliente revolviendo para que no se formen grumos; tener a fuego bajo por 3 minutos y agregar el mijo, el queso, la sal, la pimienta y la nuez moscada; mezclar bien y servir.

PASTELES DE MIJO

2	tazas de mijo		2	cucharadas de harina de trigo integral
4	tazas de agua		2	cucharadas de aceite
1	taza de calabacines picados		1/2	lb de tofu firme en trozos
1	cucharadita de corteza de limón rallada		Sal y pimienta al gusto	

Preparación

* En una olla hervir el mijo con agua y sal, tapar y terminar de cocinar a fuego bajo por 30 minutos; agregar los calabacines; hervir nuevamente y luego cocinar a fuego bajo por 10 minutos más; dejar enfriar y formar un puré con el mijo y calabacines; adicionar los demás ingredientes y revolver hasta obtener una mezcla espesa.
* En una plancha grande engrasada poner, separadas, cucharadas grandes de la mezcla espesa, presionar con una espátula mojada formando los pasteles y dorar a fuego medio por 4 minutos cada lado.

AMARANTO

El amaranto fue el principal alimento de los aztecas, es cultivado en las zonas altas y frías. Sus cualidades nutricionales sobrepasan a los del trigo, el arroz y el maíz, pues contiene hierro, mucho calcio y más aminoácidos esenciales que cualquier otro cereal, especialmente la lisina, importante en la alimentación humana. Contiene también de 5 a 8 % de grasas saludables, en especial de escualeno, tipo de grasa que hasta ahora se obtenía especialmente de tiburones y ballenas.

Es una gran alternativa para los que han desarrollado alergias o intolerancia al trigo (gluten).

Aunque es de fácil cocción, debe ser dejado en remojo. Su textura es crocante y agradable, y su sabor neutro. Ideal para usar como cereal al desayuno, para rociar sobre algunas preparaciones (ensaladas y repostería). Se puede mezclar con otros cereales, para espesar sopas y como palomitas miniatura.

Por su similitud con la quinua, el couscous y el trigo partido puede reemplazarlos o ser adicionado en sus preparaciones.

AMARANTO BÁSICO

1 1/2   taza de agua
1/2   taza de amaranto
Sal al gusto

Preparación

* Mezclar todos los ingredientes en una olla, hervir, tapar, bajar el fuego y cocinar por 25 minutos o hasta que el agua se absorba, y quede una consistencia gelatinosa.
* Se puede consumir como papilla al desayuno.

Variación: Se puede cambiar sal por miel para consumir con frutos secos (manzana, albaricoque, pera, etc.).

ALEGRÍAS (receta mexicana)

2	tazas de amaranto	$1/2$	taza de azúcar morena
6	tazas de agua	1	taza de uvas pasas
1	taza de miel	1	taza de nueces trituradas

Preparación

* Remojar las semillas de amaranto en las 6 tazas de agua por 3 horas, escurrir y tostar en una sartén caliente de barro o metal, revolver constantemente hasta que revienten.
* Mezclar con miel y azúcar morena, revolver hasta lograr una masa uniforme y vaciar sobre una superficie engrasada para formar una capa de 1.5 cm de espesor, rociar con nueces y pasas, presionar para que se incorporen en la masa, dejar enfriar y cortar en forma de turrones o figuras.

CREMA DE AMARANTO
(4 personas)

3	tazas de caldo básico (ver receta)	1	diente de ajo picado sin la vena central
1	taza de yogur sin dulce	200	g de guascas
1	cebolla cabezona picada		Aceite
8	cucharadas de amaranto remojado		Sal y pimienta al gusto
1	tomate pelado y sin semillas		

Preparación

* Calentar el aceite en una sartén, sofreír la cebolla y el ajo hasta que estén dorados, retirarlos del aceite y reservar.
* En el mismo aceite dorar el amaranto, agregar el yogur, revolver constantemente, añadir el caldo y dejar hervir. Luego licuar con el tomate, el ajo y la cebolla, volver a hervir, agregar las hojas de guascas, sal y pimienta al gusto, y dejar cocinar por 5 minutos más.

DULCE DE AMARANTO Y LECHE
(8 personas)

4	tazas de amaranto remojado
4	tazas de azúcar morena
2	tazas de leche en polvo
6	astillas de canela
8	clavos de olor
$^1/_2$	cucharadita de esencia de vainilla
16	tazas de agua

Preparación

* Cocinar la semilla de amaranto en 10 tazas de agua con la canela y los clavos, dejar enfriar y colar.
* Agregar al amaranto, 4 tazas de agua y el azúcar, cocinar y revolver constantemente por $^1/_2$ hora; luego agregar la leche disuelta en 2 tazas de agua, seguir revolviendo para que no se pegue, hasta que espese.
* Agregar la vainilla, mezclar y retirar del fuego.

SALSA DE AMARANTO

2	cucharadas de mantequilla	1	taza de leche de amaranto (ver receta)
4	cucharadas de harina de amaranto	$^1/_4$	cucharadita de nuez moscada o canela
1	taza de caldo básico (ver receta)	Sal y pimienta al gusto	

Preparación

* Calentar la mantequilla en una sartén de fondo grueso, agregar la harina de amaranto y revolver hasta que se torne dorada. Añadir poco a poco el caldo básico caliente, revolver constantemente para que no se formen grumos, agregar la leche, la nuez moscada, sal y pimienta, y cocinar a fuego bajo sin dejar de revolver hasta que espese y retirar.
* Especial para acompañar verduras al vapor.

CUADROS DE AMARANTO Y VEGETALES

¹/₂   taza de harina de maíz
       (polenta o harina precocida para arepas)
1   zanahoria finamente rallada
1   taza de amaranto remojado
1   taza de cebolla larga finamente picada
¹/₂   taza de cilantro y perejil finamente picados
1   taza de agua caliente
Sal y pimienta al gusto

¹/₂   taza de hojas de espinaca
       blanqueadas y picadas
1   cucharada de hojas de hierbabuena
       finamente picada
1   cucharada de aceite de oliva
1   cucharada de salsa de soya
Aceite

Preparación

* Sofreír la cebolla en una sartén con poco aceite caliente hasta dorar, agregar la zanahoria y la espinaca, revolver y retirar del fuego.
* Disolver la harina de maíz en 1 taza de agua caliente, aceite de oliva, sal y pimienta, revolver vigorosamente para que no se formen grumos, agregar el sofrito, el amaranto, el cilantro, el perejil, la hierbabuena y la salsa de soya.
* Engrasar una lata de horno, vaciar la mezcla, formar una capa de 2 cm de espesor, rociar con aceite de oliva, llevar al horno precalentado por 15 a 20 minutos a 250 grados.
* Retirar, partir en cuadros y servir caliente.
* Especial para acompañar ensaladas surtidas.

LECHE DE AMARANTO

1   taza de amaranto
4   tazas de agua tibia

Preparación

* Lavar el amaranto y remojar en agua por 3 horas. Licuar y colar.
* Esta bebida, por su alto contenido en calcio, representa una opción viable y más económica para personas que presentan intolerancia a la leche.

QUINUA

La quinua fue un alimento básico en la civilización inca. Es una fuente de proteína, hierro, potasio, magnesio y lisina. Se puede encontrar en grano, hojuelas y harina, y su uso es amplio.

El grano viene naturalmente recubierto por una capa de saponina que lo protege de insectos y pájaros, por lo cual antes de usar debe lavarse muy bien con agua fría sobre un colador de malla fina que permita refregar el grano.

Por ser la quinua una fuente de proteínas, basta con agregar $1/2$ cucharada de quinua por plato de sopa, desde el comienzo de la cocción, para obtener un alimento completo.

QUINUA BÁSICA
(8 personas)

1   taza de quinua
2   tazas de caldo básico (ver receta)

1   cucharada de aceite o mantequilla
Sal y pimienta al gusto

Preparación

* Lavar la quinua varias veces en agua fría, escurriendo en un colador.
* Hervir el caldo básico con $1/4$ cucharadita de sal y la quinua por 5 minutos, bajar el fuego, tapar la olla y cocinar por 15 minutos más o hasta que el grano en forma de espiral se haga visible. Dejar reposar 5 minutos y mezclar con la mantequilla.
* Para servir como plato de cereal, cubrir con vegetales.
* Sirve también para hacer pancakes, muffins y panes.

CHAMPIÑONES PORTOBELLO CON QUINUA
(6 personas)

1	taza de quinua
2	tazas de caldo básico
2	cucharadas de aceite
1	cebolla en ruedas
1	cucharadita de garam masala
2	cucharaditas de jugo de limón
6	champiñones portobello
1	cucharada de laurel fresco
1	cucharada de anís fresco
1	cucharada de hierbabuena finamente picada
2	cucharadas de queso parmesano (opcional)

Preparación

* Lavar la quinua, enjuagarla 2 veces y cocinarla en el caldo con laurel y anís por 20 minutos.
* Sacar el laurel y el anís, y dejar la quinua hasta que esté blanda.
* Aparte freír la cebolla hasta que dore, añadir el garam masala y la quinua.
* Bajar del fuego, agregar el limón y la hierbabuena.
* Lavar y secar los champiñones, quitar parte del tallo si está muy largo, y rociarlos con sal, pimienta y aceite.
* Preparar una sartén plana y amplia o una plancha, untándola con un diente de ajo y aceite; calentar a fuego alto y poner los champiñones 2 minutos por cada lado, luego ponerlos boca arriba y rellenarlos con la salsa de quinua caliente.
* Rociar con queso parmesano al pasar a la mesa.

ASADO DE QUINUA CON BERENJENAS
(4 personas)

4	cucharadas de aceite de ajonjolí
2	tazas (350 g) de berenjena cortada en rodajas gruesas
2	cucharadas de salsa teriyaki
1	cucharada de jugo de limón
$^1/_2$	taza de agua
1	cucharadita de jengibre fresco rallado
1	taza mermada de quinua lavada
1	pimentón rojo grande procesado en tiras (opcional)
2	calabacines rallados

Perejil para adornar

Preparación

* En una sartén con aceite de ajonjolí freír las berenjenas procesadas (desangradas) hasta que doren, luego pasarlas a una refractaria y ponerlas en una sola capa.
* Mezclar la salsa teriyaki, el limón, el agua y el jengibre, y luego verter sobre las berenjenas. Llevar al horno precalentado a 180 grados por 10 minutos, voltear las berenjenas y hornear nuevamente por 10 minutos más.
* En una olla con agua hervir la quinua a fuego alto, bajar el fuego, cocinar hasta que ablande y escurrir.
* En la sartén con aceite de ajonjolí freír el pimentón y los calabacines hasta que estén tiernos, adicionar la quinua y mezclar bien, luego verter esta mezcla sobre las berenjenas, presionar y hornear por 5 minutos más.
* Servir caliente y adornar con perejil.

QUINUA AL CURRY
(4 personas)

1	taza de quinua lavada
2	calabacines en cubos
1	taza de arveja blanda
2	cucharadas de aceite
1 $\frac{1}{4}$	tazas de cebollín finamente picado
2	cucharadas de cilantro finamente picado
1	cebolla cabezona partida en rodajas
2	cucharadas de curry en polvo
1	taza de jugo de zanahoria
$\frac{1}{2}$	taza de semillas de marañón

Sal y pimienta al gusto

Preparación

* Partir $\frac{1}{4}$ de la cebolla en rodajas y $\frac{3}{4}$ picarla finamente. En una sartén con aceite caliente freír la cebolla por 3 minutos, agregar la quinua, $\frac{1}{2}$ cucharadita de curry, $\frac{1}{4}$ cucharadita de sal y sofreír por 2 minutos, luego agregar 2 tazas de agua hirviendo, bajar el fuego, tapar y cocinar por 15 minutos más.
* En otra sartén con el aceite restante freír la cebolla picada por 2 minutos, adicionar el calabacín y el resto del curry, mezclar y cocinar a fuego medio por 5 minutos. Agregar jugo de zanahoria, $\frac{1}{2}$ cucharadita de sal y cocinar 5 minutos más, luego incorporar arvejas, cebollín, marañón, quinua, sal y pimienta.
* Servir rociado con cilantro.

QUINUA CON VERDURAS
(6 personas)

1   cucharadita de salvia picada
1   berenjena
3   cucharadas de aceite de oliva
1   lb de calabacín en rodajas
2   cebollas puerro en rodajas
1   lb de tomates pelados y picados
1   diente de ajo macerado sin la
       vena central
3   cucharadas de perejil
       finamente picado
1   taza de quinua
3   tazas de caldo básico (ver receta)
Pimienta al gusto

Preparación

* Lavar muy bien la quinua y cocinar en dos tazas de caldo básico hasta que esté blanda. Debe quedar con la consistencia de arroz.
* Partir la berenjena sin pelar en ruedas y dejar reposar en agua con sal por una hora, después enjuagar y secar.
* Calentar aceite en una cazuela honda de fondo grueso y agregar la cebolla, la berenjena, el calabacín y el tomate, tapar y dejar cocinar hasta que las verduras estén *al dente;* luego agregar ajo, sal, pimienta y salvia.
* Añadir la quinua blanda en el último momento con un poco de la cocción, dejándola hervir por 5 minutos, rociar con aceite de oliva y agregar sal si fuera necesario.
* A tiempo de servir espolvorear con el perejil.

QUINUA EN ENSALADA
(6 personas)

$^1/_2$	taza de quinua		1	taza de rábanos en rodajas
1	lechuga morada		2	astillas de canela o 2 trozos de jengibre.
6	hojas de rúgula		5	cucharadas de aceite de oliva
2	cucharadas de cebollín finamente picado		2	cucharadas de vinagre balsámico
3	cucharadas de perejil finamente picado		1	diente de ajo macerado sin la vena central
1	cucharada de eneldo finamente picado		1	taza de caldo básico (ver receta)
1	taza de coliflor, en flores pequeñas, cocinada al vapor			Jugo de $^1/_2$ limón
				Sal y pimienta al gusto

Preparación

* Lavar muy bien la quinua y cocinar en una taza de caldo básico hasta que esté blanda; debe quedar con la consistencia de un arroz.
* Lavar las lechugas y secarlas.
* Desinfectar y lavar la coliflor, cocinarla al vapor con canela o jengibre.
* Marinar los rábanos en la mezcla de 1 cucharada de aceite de oliva, el ajo, el jugo de medio limón, sal y pimienta, por 1 hora.
* Poner en la ensaladera la lechuga troceada, verter sobre ella la quinua, luego la coliflor y por último los rábanos con la mezcla en que se marinaron.
* Rociar con perejil, eneldo y cebollín, y adornar con las hojas de rúgula.
* Acompañar con una mezcla de 2 cucharadas de vinagre balsámico y 4 de aceite de oliva.

RISOTTO DE QUINUA TRES QUESOS
(4 personas)

1	taza de quinua
3	tazas de caldo básico de muy buen sabor
3	cucharadas de aceite
$^1/_2$	taza de queso paipa o amarillo rallados
$^1/_2$	taza de queso crema
$^1/_2$	taza de queso parmesano
1	cucharada de cebolla puerro finamente picada
	Sal y pimienta al gusto

Preparación

* Lavar la quinua y enjuagar 2 veces.
* En una sartén, de aproximadamente 10 cm de profundidad, freír en aceite la cebolla puerro hasta que esté transparente.
* Verter 2 tazas de caldo básico; al momento de hervir, agregar la quinua y bajar el fuego; seguir el procedimiento para hacer un arroz, manteniendo la humedad y agregando más caldo hasta que la quinua esté blanda; adicionar el queso crema mezclando muy bien con la quinua, luego el queso paipa y seguir mezclando; rociar con queso parmesano y pimienta fresca recién molida.

Nota: La consistencia del risotto debe ser húmeda.

SALSA DE QUINUA
(6 personas)

1	taza de quinua
$^1/_2$	taza de agua
$^1/_2$	taza de pasta de tomate disuelta en $^1/_2$ taza de agua
4	tomates maduros pelados y en trozos
1	cebolla puerro finamente picada
1	hoja de laurel
1	cucharadita de orégano
$^1/_2$	cucharadita de tomillo
$^1/_4$	cucharadita de dulce (miel)
3	cucharadas de aceite

Sal y pimienta al gusto

Preparación

* Poner el aceite en una sartén amplia y freír la cebolla hasta que esté transparente.
* Agregar el laurel, el tomillo, el orégano, la sal, la pimienta, los tomates y la pasta de tomate disuelta. Revisar el sabor; si está ácido corregir con dulce
* Dejar cocinar a fuego bajo por 5 minutos.
* Lavar la quinua refregándola muy bien, enjuagar 2 veces y cocinarla en 2 tazas de agua a fuego alto hasta que ablande.
* Escurrir la quinua y agregarla a la salsa anterior, dejándola cocinar 20 minutos a fuego medio.
* Para acompañar pastas o verduras.

ARROZ

El arroz es el principal alimento en la dieta del 50 % de la población a nivel mundial, no contiene gluten y existen varias clases. El arroz se debe escoger de acuerdo a la receta que se desee preparar: grano corto especial para platos de risotto; glutinoso, utilizado para sushi; basmati perfumado de grano largo originario de la India y Paquistán; el de grano largo es el más común en el mercado, y utilizado para la mayoría de las recetas; jazmín, similar al basmati; arborio, también utilizado para *risotto;* parvorizado, que conserva su forma ideal para paella, silvestre, originario de los grandes lagos, es una hierba acuática de grano marrón, fino y largo, que se puede utilizar sólo o mezclado con arroz corriente; su cocción dura entre 35 40 minutos.

ARROZ A LA GENOVESA
(6 personas)

2	tazas de arroz
2	cucharadas de mantequilla o ghee
1	cucharada de cebolla o cebollín finamente picado
5	tazas de caldo básico

Azafrán
Queso parmesano

Preparación

* Sofreír en una sartén con mantequilla la cebolla hasta que esté dorada, luego agregar el arroz, dejándolo tostar. Añadir el caldo poco a poco y dejar a fuego medio hasta que ablande. Cuando esté a punto, agregar el azafrán.
* A tiempo de servir espolvorear el queso parmesano, revolviendo con el arroz para que se mezcle bien y quede esponjado.
* Sirve para acompañar pinchos.

ARROZ AL AZAFRÁN

(8 personas)

2	tazas de arroz de grano largo
4	hebras de azafrán
2	cucharadas de mantequilla o ghee
1	cebolla cabezona grande picada
4	clavos de olor
1	astilla de canela
4	tazas de agua

Sal al gusto

Preparación

* Remojar el azafrán en 2 cucharadas de agua caliente.
* En una sartén calentar la mantequilla y saltear la cebolla, los clavos y la canela. Luego añadir el azafrán, sal y agua. Cuando esté hirviendo, agregar el arroz lavado y cocinar hasta que esté blando. Luego retirar los clavos y la canela. Puede utilizar cúrcuma en lugar de azafrán.

ARROZ AL LIMÓN Y VERDURAS

(4 personas)

1	taza de arroz
2	tazas de agua
2	cucharadas de aceite
1	zanahoria rallada
8	hojas de espinacas sin el tallo y en tiritas

Jugo de medio limón

Sal al gusto

Preparación

* Preparar el arroz de la manera tradicional y cuando falten 5 minutos para bajarlo del fuego agregar y mezclar la zanahoria rallada, la espinaca y el jugo de limón.
* Servir caliente.

ARROZ ALMENDRADO
(4 personas)

1	taza de arroz blanco
1	taza de almendras laminadas y tostadas
1	cucharada de aceite
2	cucharadas de mantequilla o ghee

Preparación

* Preparar el arroz tradicional con aceite y mantequilla o ghee.
* Servir caliente rociado con las almendras.

ARROZ CHINO
(8 personas)

2	tazas de arroz
3	tazas de agua
2	tazas de arveja
2	tazas de cebolla larga finamente picada
2	tazas de apio picado en juliana
1	pepino cohombro picado con cáscara en juliana
1	taza de champiñones laminados
1	taza de raíces chinas o más si se desea
300	g de queso de soya rallado grueso
1	taza de salsa de soya
4	cucharadas de aceite

Preparación

* Cocinar el arroz en el agua con la salsa de soya y arvejas (no usar sal).
* En una sartén con aceite freír la cebolla hasta que esté dorada, añadir el apio y luego el pepino cohombro, dejar esta mezcla a fuego medio por 5 minutos.
* Aparte freír los champiñones a fuego alto por 3 minutos.
* En otra sartén con poco aceite dorar el tofu a fuego alto.
* Pasar las raíces por agua caliente.
* Mezclar todo con el arroz en una sartén grande, sin tapa, a fuego medio por 10 minutos revolviendo constantemente.
* Servir caliente.

ARROZ CON ALCACHOFAS
(6 personas)

2	tazas de arroz
1	cucharada de mantequilla o ghee
1/2	taza de perejil picado
300	g de jamón de vegetales picado
1	cucharada de aceite
1	cebolla cabezona grande cortada en rodajas gruesas
4	corazones de alcachofa blandos y partidos en gajos
2	tazas de caldo básico (ver receta)
2	tazas del caldo donde se cocinaron las alcachofas

Sal y pimienta al gusto

Preparación

* En una sartén con aceite freír la cebolla, el perejil y el jamón hasta que doren. Luego agregar las alcachofas.
* En una olla cocinar el arroz en las 4 tazas de caldo, a media cocción pasar todo el contenido a la sartén con el sofrito anterior, y revolver de vez en cuando. Añadir sal y pimienta. Cuando el arroz esté casi seco, pasarlo a una refractaria untada con mantequilla y llevar al horno a 250 grados por 10 minutos o hasta que dore.

ARROZ CON APIO Y AJONJOLÍ
(6 personas)

1 1/2	tazas de arroz parvorizado
2	tazas de apio finamente picado
1/2	taza de ajonjolí dorado
2	cucharadas de aceite
4	tazas de agua
2	cucharaditas de sal

Preparación

* Hervir el agua en una olla con el aceite, luego agregar el arroz; dejar a fuego alto hasta que se formen burbujas; en ese momento tapar y dejar a fuego lento por 20 minutos.
* Cuando el arroz haya crecido lo suficiente, agregar la sal disuelta en un poquito de agua y el apio picado.
* A tiempo de servir mezclar con el ajonjolí tostado.

ARROZ CON COCO Y PASAS
(6 personas)

1	taza de arroz
3	cucharadas de mantequilla o ghee
1	cucharada de aceite
2	cebollas cabezonas blancas finamente picadas
$1/2$	taza de agua caliente
$1/2$	cucharadita de páprika
$1/4$	cucharadita de pimienta
$2/3$	de taza de uvas pasas
$1/2$	taza de coco fresco rallado
1	cucharadita de sal

Ralladura de la cáscara de 2 naranjas

Preparación

* En una sartén de fondo grueso calentar la mantequilla y el aceite. Freír la cebolla hasta que esté blanda, pero sin tomar color. Echar el arroz lentamente y revolver hasta que esté dorado claro. Verter el agua hirviendo, agregar sal, revolver y seguir cocinando. Añadir la páprika, la pimienta y las uvas pasas. Cocinar a fuego bajo hasta que aparezcan huequitos en la superficie. Con una cucharita añadir, en estos huequitos, la ralladura de la cáscara de naranja y el coco. Tapar la olla y terminar la cocción a fuego bajo.
* Revolver a tiempo de servir.

ARROZ CON ZANAHORIA
(4 personas)

2	tazas de zanahoria rallada
1 $1/2$	tazas de arroz cocido
2	cucharadas de cebolla morada finamente picada
1	taza de caldo básico (ver receta)
$1/2$	taza de miga de pan
$1/2$	cucharada de orégano seco
1	cucharadita de sal
1	cucharada de aceite
1	taza de maní molido

Preparación

* Cocinar el maní molido en el caldo hasta que evapore un poco, agregar los demás ingredientes y después de 5 minutos revolver con el arroz.
* Poner la mezcla en una sartén de fondo grueso y conservar a fuego lento por 15 minutos.

ARROZ CON GERMINADOS Y LENTEJAS

(6 personas)

$^2/_3$	taza de lentejas rojas
$^1/_3$	taza de aceite de oliva
$^1/_3$	taza de vinagre
1 $^1/_2$	tazas de arroz cocinado
2	tazas de semillas germinadas
1	cucharada de perejil y eneldo fresco, picado

Jugo de 1 limón
Sal y pimienta al gusto

Preparación

* Cocinar las lentejas en agua con sal, sin remojar, por 10 minutos. Dejar enfriar.
* Sazonar las lentejas con aceite, vinagre, sal y pimienta. Refrigerar. Luego mezclar con el arroz y demás ingredientes.
* Agregar sal y pimienta al gusto.
* Servir frío.

ARROZ DE AHUYAMA
(6 personas)

1	lb de ahuyama pelada, sin semillas y cortada en cuadritos
2 $^1/_2$	tazas de arroz
5 $^1/_2$	tazas de agua
4	cucharadas de mantequilla
4	cucharadas de queso campesino rallado
2	gajos de cebolla larga finamente picada
$^1/_4$	cucharadita de nuez moscada

Sal y pimienta blanca molida

Nota: Las ahuyamas de cáscara verde son de mejor calidad que las de cáscara blanca.

Preparación

* Derretir la mantequilla, añadir la cebolla y freírla sin que dore. Agregar la ahuyama, hasta que dore, revolver para que no se pegue. Sazonar con sal y pimienta. Verter $^1/_2$ taza de agua y cocinar por 5 minutos.
* En la olla donde se va a preparar el arroz, hervir 5 tazas de agua con sal, agregar el arroz y la mezcla anterior, revolver y cocinar hasta que seque, luego tapar y poner la olla sobre una rejilla, bajar el fuego y seguir cocinando hasta que el arroz esté tierno.
* Antes de servir espolvorear con el queso y la nuez moscada. Mezclar todo muy bien y servir caliente.

ARROZ DE ALEJANDRO
(6 personas)

3	tazas de arroz cocido con anterioridad
$^1/_2$	taza de nueces picadas
$^1/_2$	taza de maní triturado
$^1/_2$	cucharadita de mantequilla
1	taza de queso mozzarella rallado
$^1/_2$	taza de ajonjolí dorado

Preparación

* Dorar las nueces y el maní con 1 cucharadita de mantequilla.
* Preparar una refractaria engrasada, alternar capas de arroz, nueces, maní y queso, hasta terminar los ingredientes. Por último cubrir con las semillas de ajonjolí, sal y pimienta.
* Llevar al horno precalentado a 250 grados por 15 minutos.

ARROZ DE PEREJIL

(4 personas)

1	taza de arroz
$1/_2$	taza de perejil picado
$1/_2$	taza de apio finamente picado

Jugo de medio limón
Aceite
Sal al gusto

Preparación

* Cocinar el arroz con el jugo de limón y el apio, seguir el procedimiento normal y 5 minutos antes de terminar la cocción revolver con el perejil picado.

ARROZ INTEGRAL

(6 personas)

1 $1/_2$	tazas de arroz integral
4	tazas de agua
2	cucharadas de cebolla picada
1	cucharadita de sal
1	cucharada de aceite

Preparación

* En la olla donde se va a hacer el arroz calentar el aceite y freír la cebolla, luego agregar el agua, la sal y el arroz. Una vez que hierva, tapar sin bajar la temperatura. Cuando haga burbujas gruesas, bajar el fuego, revolver, tapar y cocinar lentamente.

ARROZ IRANÍ CON HIERBAS

(8 personas)

1	lb de arroz basmati
1	taza de cebollín picado
2	cucharadas de perejil picado
3	cucharadas de cilantro picado
2	cucharadas de eneldo picado
2	cucharadas de mantequilla

Sal al gusto

Preparación

* Remojar el arroz en agua con sal por 2 horas y escurrir.
* En una olla grande hervir 2 $\frac{1}{2}$ litros de agua con sal. En éste momento agregar todo el arroz, cocinar por 5 minutos sin tapar, revolviendo de vez en cuando. Bajar del fuego, escurrir el arroz y enjuagarlo con agua tibia.
* Mezclar las hierbas picadas (perejil, cilantro, cebollín y eneldo).
* En una olla grande calentar la mitad de la mantequilla, añadir 4 cucharadas de agua, cubrir el fondo de la olla con una capa de arroz. Agregar una capa de hierbas, luego otra de arroz y así sucesivamente, terminando con arroz (formando como una montaña). Derretir el resto de la mantequilla y rociarla sobre el arroz. Con el mango de una cuchara de madera, hacer un hueco en el centro. Cubrir con un paño delgado (liencillo) y tapar la olla. Cocinar a fuego muy bajo por 30 minutos.

ARROZ THAI CON TOFU
(4 personas)

4	cucharadas de aceite		2	cucharadas de ajonjolí tostado
2	cebollas cabezonas en julianas		2	tazas de arroz cocido
1	diente de ajo triturado sin la vena central		$\frac{1}{2}$	taza de salsa de soya
1	cucharada de jengibre rallado		2	tomates pelados y picados en cuadritos
1	taza de deditos de tofu		2	cucharadas de cebollín picado
1	cucharadita de curry mussaman		8	hojas de albahaca picada

Preparación

* Freír en el aceite a fuego medio el ajo, el jengibre y la cebolla por dos minutos; agregar dos cucharadas de agua y luego el tofu; cocinar por 5 minutos; añadir el curry, el ajonjolí y la salsa de soya; hervir 3 minutos; luego agregar el arroz y los otros ingredientes. Seguir cocinando a temperatura media por unos 5 minutos.

Salsa curry mussaman

$\frac{1}{3}$	taza de aceite
1	cucharadita de comino molido
3	cucharadas de cilantro picado
1	cucharada de pimienta molida
1	cucharada de canela
$\frac{1}{2}$	cucharada de semillas de cardamomo

* Poner todos los ingredientes, menos el aceite, en una cazuela y dejar que caliente por dos minutos. Licuar todo en el aceite y guardar en frasco de vidrio.

ARROZ TOSTADO CON NUECES Y CHAMPIÑONES
(6 personas)

2   tazas de arroz
1   cucharada de mantequilla o ghee
2   tazas de champiñones frescos laminados
4   cucharadas de aceite
$^1/_4$ lb de nueces del brasil troceadas
4   tazas de agua
Sal al gusto

Preparación

* Calentar el aceite en una olla, dorar el arroz sin lavar, cuando esté amarillo agregar el agua y sal, y cocinar siguiendo el procedimiento normal.
* En una sartén con mantequilla dorar las nueces, luego agregar los champiñones y sofreír por 2 minutos, revolver con el arroz y servir caliente.

ARROZ TURCO
(10 personas)

1   frasco de mazorquitas
$^1/_2$ lb de guisantes
$^1/_2$ lb de habichuelas
1   cucharadita de pimienta blanca
1   cucharadita de jengibre en polvo
2   cucharadas de sal
2   cucharadas de semillas de cardamomo
2   dientes de ajo finamente picado
$^1/_2$ taza de nueces picadas
1   taza de caldo básico (ver receta)
$^1/_2$ cucharadita de curry
$^1/_2$ cucharadita de pimienta negra
1   taza de almendras tostadas o pistachos (opcional)
$^1/_2$ taza de leche de coco
1   taza de yogur sin dulce
2   tazas de arroz
6   cucharadas de cilantro finamente picado
1   cucharada de crema de leche
2   papas sabaneras en cuadros pequeños
1   lb de gluten sofrito en tiras

Preparación

* Mezclar las almendras tostadas y el cilantro.
* Cocinar *al dente* los guisantes y las habichuelas.
* Cocinar las papas en cuadros.
* Licuar el cardamomo en el caldo.
* Mezclar la leche de coco, el yogur, el caldo y la mitad de las almendras hasta formar una salsa; si queda muy líquida agregar harina de trigo. Cocinar en esta salsa los champiñones, el gluten y las papas por 5 minutos.
* Preparar el arroz con el procedimiento normal.
* Agregar las verduras cocinadas a la salsa anterior y dejar conservar 3 minutos. Por último añadir las mazorquitas partidas en dos.
* Servir el arroz caliente en un molde dejando un espacio en el centro, y llenarlo con la salsa; llevar la salsa restante en una fuente adicional.
* Rociar y decorar con el resto de las almendras.

ENSALADA DE ARROZ
(6 personas)

1	taza de arroz cocido del día anterior
2	cucharadas de almendras picadas
2	cucharadas de aceitunas deshuesadas y picadas
$^1/_2$	taza de flores de brócoli cocinada *al dente*
1	taza de tomates pelados y picados en cuadros
1	taza de orellanas picadas y doradas
$^1/_2$	taza de zanahoria en julianas
2	cucharadas de cebollín finamente picado
2	cucharadas de perejil finamente picado
$^1/_2$	taza de vinagreta básica (ver receta)
6	hojas de lechuga lavada y seca
1	aguacate en cuadros

Preparación

* Freír las almendras en mantequilla y mezclar con el arroz.
* Revolver con las verduras, las orellanas y la vinagreta, y dejar reposar por 5 minutos.
* Servir frío y adornar alrededor con lechuga y aguacate.

ENSALADA DE ARROZ CON PAPAYA

(8 personas)

1	papaya mediana madura, pelada y partida en cuadritos
3	tazas de arroz cocinado
3	tomates maduros pelados y en cuadritos
1	diente de ajo
1	cucharada de azúcar
1	cucharada de aceite
1	cucharadita de aceite de ajonjolí
2	cucharadas de hierbabuena fresca picada
1	cucharada de jengibre rallado
4	cucharadas de jugo de lima o mandarina
1	cucharada de salsa de soya

Sal y pimienta al gusto

Preparación

* Freír el tomate en una sartén con $^1/_2$ cucharada de aceite, sal y pimienta por 2 minutos, luego pasar a una fuente y revolver con el arroz, la hierbabuena y la papaya.
* Aderezo: Freír en $^1/_2$ cucharada de aceite $^1/_2$ diente de ajo, dejar enfriar; retirar el ajo y conservar el aceite; luego agregar el otro $^1/_2$ diente de ajo finamente picado sin la vena central, el jengibre, el azúcar, el jugo de lima, el aceite de ajonjolí y la salsa de soya.
* Mezclar el aderezo con el arroz, refrigerar por 5 minutos y servir.

MOLDE DE ARROZ Y VERDURAS
(8 personas)

2	tazas de arroz
1	taza de salsa de tomate
1	taza de tomates pelados y picados
1	taza de nueces partidas y tostadas
1/2	taza de arvejas verdes blandas
1/2	taza de espinacas blanqueadas y picadas finas
1/2	taza de zanahorias en láminas cocinadas *al dente*
1	taza de queso parmesano mezclado con 2 cucharadas de miga de pan
2	cucharadas de miga de pan
1/2	taza de cebolla picada
1	taza de salsa blanca

Preparación

* Cocinar el arroz y cuando esté a punto ponerlo en un colador y pasar por agua fría.
* Saltear las arvejas, las espinacas y las zanahorias en aceite con cebolla, sal y pimienta por 2 minutos.
* Cubrir un molde engrasado con miga de pan y poner una capa de arroz, luego una de verduras, la salsa de tomate y una parte de las nueces, después el resto del arroz, el tomate en trozos, la miga de pan con queso y las nueces.
* Llevar al horno a 250 grados por 15 minutos o hasta que gratine.
* Servir caliente y bañar con salsa blanca.

RISOTTO DE ALCACHOFA
(8 personas)

2	tazas de arroz arborio
2	tazas de caldo básico (ver receta)
3	cucharadas de vinagre de vino de arroz
2	cucharadas de aceite
4	cucharadas de mantequilla
2	cucharadas de perejil finamente picado
2	tazas de caldo donde se cocinaron las alcachofas
1	cucharada de cebolla cabezona picada
1	taza de queso parmesano
5	corazones de alcachofa cortados en cuadros y las hojas tiernas

Preparación

* Lavar las alcachofas en un chorro de agua fuerte, cortar la parte extrema del tallo y las puntas de las hojas. Dejarlas en agua con limón por 10 minutos. Luego cocinar en abundante agua con sal y aceite por 20 minutos. Dejar enfriar, retirar las hojas gruesas, la espina del centro y la pelusa que se forma debajo de esta, dejando los corazones y las hojas más tiernas.
* Calentar el aceite y sofreír el arroz por 2 minutos. Añadir el caldo de alcachofa y una taza de caldo básico. Cocinar por cinco minutos, tapar y bajar el fuego. Agregar poco a poco el caldo restante, seguir cocinando cuidando de que el arroz se mantenga húmedo.
* Mezclar con la alcachofa, el perejil, la mantequilla, la cebolla y el queso parmesano.
* Servir caliente y decorar con hojas de alcachofa.

Nota: El risotto debe quedar húmedo y el grano firme.

RISOTTO DE ESPINACAS
(6 personas)

500	g de arroz largo
2	cucharadas de mantequilla
1	cebolla cabezona blanca finamente picada
1	lb de espinaca
1	lt de agua
$^1/_2$	taza de queso parmesano fresco (opcional)
2	cucharadas de crema de leche
2	cucharadas de aceite

Sal y pimienta al gusto

Preparación

* Lavar y cocinar la espinaca en un litro de agua con pimienta y sal, retirar la espinaca y escurrirla. Saltearla en un poco de mantequilla y reservar el caldo de cocción.
* En la olla donde se va a hacer el arroz, freír en mantequilla la cebolla hasta que dore. Agregar el arroz y revolver hasta que se impregne del sabor. Verter el caldo de espinaca revolviendo poco a poco . Cuando el arroz esté a media cocción agregar la espinaca salteada y la crema de leche, seguir cocinando cuidando que el arroz conserve humedad. Al final revolver con el queso parmesano.
* Debe quedar cremoso, servir caliente.
* En el fondo de la olla queda una costra que se sirve como acompañamiento.

PAELLA

3	tazas de arroz grano largo parvorizado (400 g)
8	tazas de caldo básico (ver receta)
2	alcachofas cocinadas (reservar el caldo)
1	taza de caldo de alcachofa
6	chorizos de vegetales en trocitos
1/2	taza de garbanzo blando
1	lb de champiñones pequeños enteros
1	brócoli en florecitas
3·	zanahorias partidas en ruedas delgadas y por mitad
3	cebollas cabezonas moradas en medios aros
4	tomates maduros firmes en ruedas
4	papas de consistencia dura (sabanera) peladas y en cascos
8	aceitunas deshuesadas y partidas
1	pimentón procesado en tiras
1	lb de gluten en tiras marinado y frito
1	taza de cebolla puerro en ruedas
1	taza de habichuelas en trocitos
8	guisantes enteros
3	dientes de ajo macerados sin la vena central
2	cucharadas de páprika
1/2	taza de aceite de oliva
5	hebras de azafrán o cúrcuma
1/2	taza de salsa de soya

Preparación

* Remojar en media taza de caldo la cúrcuma o el azafrán.
* Alcachofas: separar las hojas de los corazones y partirlos en cuadritos.
* Vaporizar las verduras en el caldo básico.
* Agregar al caldo básico 4 cucharadas de aceite de oliva, 1 diente de ajo macerado, salsa de soya, pimienta, la media taza de caldo con azafrán y el caldo de alcachofa, rectificar el sabor agregando sal si fuera necesario; debe quedar con un sabor fuerte.
* Untar la paellera con 2 dientes de ajo, luego poner 3 cucharadas de aceite de oliva, la cebolla puerro y la páprika. Calentar y sofreír hasta que el ajo suelte el aroma, en este momento agregar 2 1/2 tazas de arroz lavado, los garbanzos y las papas, revolver por 1 minuto. Verter 2 tazas de caldo manteniendo el arroz a fuego alto, cuando empiece a hervir, poner a fuego medio. Colocar en círculos las verduras, los cuadritos de alcachofa, el gluten y los chorizos. Las hojas de alcachofa arreglarlas alrededor de la paellera. Rociar con el arroz restante, agregando caldo poco a poco (este procedimiento toma aproximadamente 15 minutos). Colocar por último tomates, champiñones enteros, perejil picado y una cucharada de aceite de oliva. Tapar y seguir cocinando sin revolver, a fuego bajo, hasta que las papas estén blandas. Es importante conservar la humedad del arroz añadiendo poco a poco cucharadas de caldo si fuera necesario.

AVENA

La avena fue cultivada por los hunos en el noreste de Asia; ahora se encuentran grandes cultivos en el norte de Europa y Canadá.

La avena es rica en grasas fácilmente asimilables, se emplea procesada en forma de harina y hojuelas, se utiliza cruda como cereal al desayuno, cocida como papilla, sopas, *porridge* y coladas de dulce o sal.

GRANOLA

2	tazas de avena en hojuelas	1	taza de uvas pasas
1	cucharada de germen de trigo	$^1/_2$	cucharadita de sal
1	taza de nueces troceadas	2	cucharadas de aceite
$^1/_2$	taza de coco deshidratado	$^1/_2$	taza de miel
$^1/_2$	taza de semillas de ajonjolí		

Preparación

* Fundir a fuego medio en una sartén el aceite y la miel.
* En otro recipiente combinar los ingredientes secos, cubrirlos con la mezcla de aceite y miel, revolviendo hasta que todo esté mezclado.

MUESLI

1	lb de avena en hojuelas
$^1/_4$	lb de salvado
1	taza de macadamias troceadas
1	taza de nueces troceadas
$^1/_2$	lb de manzana y albaricoque secos y picados
$^1/_2$	taza de jarabe de maple
1	cucharadita de esencia vainilla

Preparación

* Calentar el jarabe y la vainilla a fuego lento por 3 minutos.
* En un recipiente aparte revolver los demás ingredientes secos y bañarlos con el jarabe.

PAPILLA DE HOJUELAS DE AVENA
(4 personas)

2	tazas de agua
2	tazas de leche de almendras (ver receta)
1	cucharada de ghee (ver receta)
½	cucharadita de sal
4	cucharaditas de miel de abejas
4	cucharadas de avena

Preparación

* Cocinar la avena en el agua por 5 minutos, dejar reposar por 15 minutos, luego añadir, sal, ghee y leche, y revolver.
* Una vez servido rociar con miel.

PORRIDGE

2	tazas de avena en hojuelas
2	tazas de agua

Acompañamientos:

- Miel y canela en polvo
- Crema de leche o de almendras y uvas pasas
- Coco rallado y manzana en trocitos
- Manzana rallada y miel

Preparación

* Cocinar las hojuelas de avena por 10 minutos. Bajar del fuego.
* Servir caliente o frío y acompañar al gusto.

SOPA DE AVENA
(4 personas)

1	taza de avena en hojuelas
1	cucharada de hojas tiernas de apio picadas
1	taza de zanahoria, cebolla puerro y cebolla larga cortadas en rodajas
4	tazas de caldo básico
2	cucharadas de aceite de oliva
4	cucharadas de queso fresco o tofu rallado

Preparación

* En una olla con el aceite saltear la cebolla y los vegetales por 5 minutos, agregar el caldo, hervir y adicionar la avena revolviendo constantemente por 5 minutos.
* Servir rociado con queso.

CEBADA

La cebada es uno de los cereales más antiguos, cultivado en Abisinia y Nepal. La más usada es la cebada perlada, es un alimento refrescante y tiene propiedades calmantes, recomendado durante el periodo de crecimiento y la época de estudio. Es utilizada en la fabricación de cerveza y malta por su gran contenido en azúcares.

PAPILLA SUECA DE CEBADA
(6 personas)

1	taza de cebada perlada	6	rebanadas de pan de centeno
2	rábanos blancos	3	cucharadas de aceite de oliva
3	zanahorias	Sal marina al gusto	

Preparación

* Escoger la cebada, lavar y remojar en 2 tazas de agua caliente por 2 horas.
* Rallar el rábano y la zanahoria.
* Cocinar la cebada en agua con sal, agregar las verduras después de 5 minutos de cocción y cocinar hasta que la cebada esté blanda; rociar con aceite de oliva y sal.
* Servir sobre el pan de centeno.

RISOTTO DE CEBADA
(4 personas)

6	tazas de caldo básico (ver receta)
2	cucharadas de aceite de oliva
1	cebolla cabezona finamente picada
2	dientes de ajo macerados sin la vena central
1	taza de cebada perlada
$1/4$	taza de vinagre de vino de arroz
2	cucharadas de mantequilla
$1/2$	taza de queso parmesano rallado
$1/4$	taza de perejil picado o de finas hierbas

Jugo de 1 limón
Sal y pimienta al gusto

Preparación

* Mantener el caldo básico caliente.
* En una olla de fondo grueso calentar el aceite de oliva y agregar la cebolla y el ajo a fuego medio por 4 minutos o hasta que la cebolla esté transparente. Adicionar la cebada y revolver hasta impregnar totalmente los granos.
* Aumentar el fuego y agregar el vinagre de vino de arroz, mezclando frecuentemente hasta que éste sea absorbido, luego añadir 2 $1/2$ tazas de caldo, tapar y hervir hasta que el caldo se consuma, cuidando de mezclar frecuentemente. Adicionar de a $1/2$ taza de caldo, una vez se vaya consumiendo el anterior, sin dejar secar totalmente. Aproximadamente después de 40 minutos el grano debe estar blando y cremoso. No necesariamente se debe utilizar todo el caldo.
* Mezclar con el queso, la mantequilla, la mitad del perejil y el jugo de limón (al gusto), rectificar la sal, agregar la pimienta y rociar el perejil restante.
* Servir con vegetales surtidos.

Variación: Se pueden usar corazones de alcachofas picados o champiñones laminados sofritos dentro de la preparación del risotto, al momento de agregar el queso y la mantequilla.

CEBADA CON SETAS

(6 personas)

1	taza de cebada perlada
2	tazas de setas o champiñones
1	taza de tomate pelado y picado
1/2	taza de cebolla finamente picada
1/2	cucharadita de tomillo
1/2	cucharadita de laurel
2	cucharadas de apio finamente picado
1	cucharadita de páprika
1	cucharada de albahaca finamente picada
3	cucharadas de aceite de oliva
2	cucharadas de salsa de soya

Sal y pimienta al gusto

Preparación

* Escoger la cebada, lavar y remojar en 2 tazas de agua caliente por 2 horas.
* Preparar un guiso en una cucharada de aceite con cebolla, tomate, apio, tomillo y laurel.
* Escurrir la cebada y agregarla al guiso, adicionar 1/2 taza de agua y cocinar a fuego medio hasta que el grano esté *al dente*.
* En una sartén engrasada dorar las setas marinadas en la salsa de soya, luego agregarlas a la cebada y rociar con albahaca fresca y páprika; cocinar a fuego bajo por 5 minutos; servir caliente.

Guía nutricional de los cereales

Guía nutricional

Contenido en 100 g de parte comestible

Cereal	Cal. g	Agua g	Prot. g	Grasa g	CH g	Fibra g
Amaranto	366	8.0	17.0	6.2	60.7	4.9
Arroz blanco	359	12.2	7.8	0.4	78.8	0.3
Arroz integral	341	11.5	8.6	1	77	0.8
Avena	356	9	14.2	7.3	66.7	1.6
Cebada entera	311	14.6	10.2	1.6	69	2.7
Cebada perlada	359	11.4	9	0.7	76.8	1.0
Maicena	347	13.5	0.6	0.2	85.2	0.4
Maíz (t) blanco	348	25	8.7	0.9	74.6	0.5
Maíz (t) amarillo	361	12	8.4	1.2	77.3	0.5
Maíz mijo	328	11	8.5	2.6	73	3.4
Maíz tierno	136	64.2	4.7	1.2	27.0	1.2
Trigo entero	314	13.5	10.8	1.6	69.3	3.3
Trigo harina	342	12.9	11.8	1	73.2	0.5
Quinua	301	13	16.4	2	59.6	6

Fuente: Instituto Colombiano de Bienestar Familiar.

Guía de cocción

Cereal	Cantidad	Volumen de agua	Tiempo Cocción	Personas
Amaranto	200 g	3 veces	25 – 30 minutos	4 – 6
Arroz de grano largo (basmati)	200 g	2 veces	20 – 30 minutos	4 – 6
Arroz integral	200 g	2 – 2.5 veces	40 – 50 minutos	4
Bulgur	200 g	2 veces	Agregar agua hirviendo cocinar 15 – 20 min	4 – 6
Cebada	200 g	2.5 veces	35 – 40 minutos	4 – 6
Avena hojuelas	100 g	2.5 – 3 veces	15 – 30 minutos	2 – 3
Couscous	200 g	2 veces	Agregar agua hirviendo cocinar 15 – 20 min	4 – 6
Mijo	200 g	2.5 – 3 veces	30 – 45 minutos	4 – 6
Quinua	200 g	2 veces	15 minutos	4
Trigo	200 g	4.5 veces	45 – 60 minutos	4 – 6

Ca mg	P mg	Fe mg	Vit. A U.I
510	397	11	0
9	140	0.8	0
10	380	2	0
56	450	5.2	0
45	380	4.2	0
36	480	1.7	0
8	16	3.0	0
4	71	1.1	0
5	99	1.2	300
27	240	2	0
12	120	0	20
50	280	4.2	0
52	170	2.8	0
55	354	8.4	0

Legumbres

Fríjoles, garbanzos, lentejas, arvejas secas, habas secas, maní, reunidos bajo el nombre de legumbres, son las semillas secas comestibles de plantas leguminosas

La importancia de las legumbres en la alimentación reside en su elevado contenido proteico, casi dos veces el de los cereales (17-25 %). El fríjol de soya contiene de un 36 a un 38 % de proteína.

Los aminoácidos esenciales son complementarios de los que contienen los cereales, por ejemplo, la mayor parte de las leguminosas son ricas en lisina, aminoácido que escasea en los cereales. Para la síntesis de proteínas se necesita una proporción exacta de los diferentes aminoácidos, por lo tanto, es necesario incluir en las dietas leguminosas y cereales.

Contienen otros elementos nutritivos, como calcio, hierro, magnesio, fósforo, vitaminas B1, B2 y B3 y abundantes hidratos de carbono. Los fríjoles germinados aumentan su contenido vitamínico y se convierten en fuente de vitamina A y C.

Es vital una preparación correcta de las legumbres, pues contienen lectina, sustancia que pierde su toxicidad en el proceso de remojo y cocción. Deben escogerse, lavarse y remojarse en abundante agua por 8 horas mínimo, en el caso de los fríjoles y garbanzos. No agregar sal al agua de cocción y en algunos casos como el de las habas se recomienda quitar la piel. Es preciso masticarlas y ensalivarlas con generosidad.

No se deben cocinar dos legumbres y no deben acompañarse de alimentos excesivamente ácidos. Preferiblemente acompañarse en la comida del medio día.

Al igual que los cereales, se deben guardar en recipientes de vidrio oscuro, bien tapados, en lugares frescos y protegidos del sol para que la humedad no les quite sabor y calidad.

FRÍJOL DE SOYA

Proporciona todos los aminoácidos esenciales y más proteínas que otras legumbres, y minerales como potasio, calcio, magnesio, hierro y azufre. Se utilizan con más frecuencia sus derivados, como leche, tofu, tempeh, miso, proteína vegetal texturizada (carve), salsa de soya, tamari y seitán.

ELABORACIÓN DE LA LECHE DE SOYA
(2 tazas)

2   tazas de soya remojada, en suficiente agua, 24 horas
Agua caliente

Preparación

* Lavar la soya varias veces en agua caliente.
* Licuar la soya en cuatro tazas de agua caliente. Luego colarla en un lienzo, exprimiendo muy bien.
* Si se va a consumir como leche, hervirla con astillas de canela para suavizar el sabor.
* Si se va a utilizar esta leche para obtener tofu o queso de soya, no hervirla con canela y continuar con el siguiente procedimiento.

ELABORACIÓN DEL TOFU O QUESO DE SOYA
(Para obtener una libra)

5   tazas de soya remojada, en suficiente agua, 24 horas
10   tazas de agua caliente
1   cucharada de sulfato de magnesio disuelto en $^1/_2$ pocillo
         de agua tibia o $^1/_2$ pocillo de jugo de limón con
         una cucharada de sal

Preparación

* Repetir el procedimiento anterior para obtener la leche de soya, licuando cada vez una taza de soya con dos de agua caliente, hasta terminar.
* Calentar en una olla grande la leche de soya hasta hervir, en este momento apagar el fuego, agregar el sulfato o el limón y mezclar en forma suave y corta una vez, dejarlo reposar por una hora sin volver a mezclar, hasta que corte y suelte el suero. Dejar enfriar.
* Ir vaciando en un colador de tela (o un colador amplio cubierto con un lienzo), dejando escurrir totalmente el suero, repetir el procedimiento hasta terminar y exprimir bien. En este punto se logra un queso de consistencia blanda, para usar en dips o salsas.
* Para obtener un queso mas consistente llevarlo a un molde de rejilla con un peso encima, prensándolo por una hora.
* Se debe conservar en la nevera, en una vasija cubierto totalmente con agua.

Nota: No se debe congelar.

DIP DE TOFU AL AJO
(4 personas)

1	diente de ajo picado sin la vena central
1 $^1/_2$	tazas de vinagre de sidra
$^1/_2$	cucharadita de sal
$^3/_4$	lb de tofu blando

Preparación

* Licuar todos los ingredientes. Esta mezcla sirve para acompañar vegetales crudos.

DIP DE TOFU AL LIMÓN
(4 personas)

1	cucharada jugo de limón
$^1/_2$	cucharadita pimienta blanca
$^3/_4$	lb de tofu blando

Preparación

* Licuar todo. Se puede acompañar con tostadas y corazones de alcachofas.

HAMBURGUESA DE VEGETALES Y TOFU

(4 porciones)

¹/₂	lb de espinacas	¹/₂	cucharadita de pimienta
2	cucharadas de aceite de oliva	1	cucharadita de curry
1	cebolla puerro finamente picada	1	cucharadita de cilantro finamente picado
2	dientes de ajo macerados sin la vena central	1 ¹/₂	taza de miga de pan
1 ¹/₂	taza de champiñones picados	4	panes para hamburguesa
¹/₂	lb de tofu firme rallado		Sal y pimienta al gusto

Preparación

* Lavar la espinaca y cocinarla por 2 minutos.
* En una sartén con aceite dorar el ajo y la cebolla por 3 minutos, agregar los champiñones y el tofu, cocinar por 3 minutos más. Adicionar la espinaca, el curry, la sal y la pimienta, cocinar 1 minuto más, llevar al procesador por 30 segundos o hasta conseguir una consistencia suave y homogénea (o mezclar muy bien manualmente con la espinaca picada).
* Pasar a una fuente y mezclar con la miga de pan y el cilantro, dejar enfriar y amasar, formar 4 porciones de igual tamaño en forma de hamburguesa, refrigerar por 30 minutos y sacar.
* En una sartén con 1 cucharada de aceite caliente, dorar las hamburguesas 5 minutos por cada lado.
* Armar las hamburguesas en el pan ya sea con cebolla, tomate, lechuga o queso y acompañar con papas a la páprika.

Acompañamiento:

Papas a la páprika

2	papas grandes de consistencia dura (sabanera)
2	cucharadas de harina de trigo
1	cucharada de páprika
2	cucharadas de aceite de oliva

Preparación

* Partir las papas en cascos y cocinar en agua hirviendo por 10 minutos, escurrir y secar.
* Impregnar las papas en la mezcla de harina y páprika. En un molde de hornear, colocarlas y rociar con el aceite de oliva.
* Llevar al horno precalentado a 250 grados por 15 minutos o hasta que estén doradas.

MILHOJAS DE VEGETALES
(6 personas)

1	lb de masa de hojaldre	2	cucharadas de tahine
1	pepino cohombro		Vinagre balsámico
1	zuchini mediano (calabacín pequeño)		Salsa de soya
3	zanahorias		Aceite
1	cebolla cabezona blanca		Ajonjolí
1/2	libra de tofu		

Preparación

* Cortar las verduras en láminas finas, reservando una zanahoria; pincelar las verduras con aceite y salsa de soya; luego dorarlas en una sartén por 5 minutos.
* Extender el hojaldre muy fino y partirlo en cuadros de 10 x 10 cm; pincelarlos con aceite y cubrirlos con ajonjolí; luego llevarlos al horno precalentado a 250 grados por 7 minutos hasta que estén crocantes.
* Cocinar la zanahoria restante hasta que esté blanda, batirla en la licuadora con el tofu, un poco de aceite, el tahine y una cucharadita de vinagre balsámico, para formar un puré.
* Formar milhojas con capas de hojaldre, verduras y puré (por último capa de hojaldre); decorarlas con copos de puré servidos con manga de repostería.
* Especial como entrada sobre hojas de lechuga.

PERICOS DE TOFU
(6 personas)

1	bloque de queso de soya desmenuzado
1	taza de guiso de cebolla y tomate
1	cucharada de salsa de soya
2	cucharadas de aceite

Cilantro picado (opcional)
Sal y pimienta al gusto

Preparación

* En una sartén con aceite dorar el tofu por 5 minutos.
* Preparar un buen guiso, agregarlo al tofu dorado y remover constantemente, cocinar por 10 minutos. Rociar con la salsa de soya, el cilantro, la sal y la pimienta.
* Servir caliente.

Variación: Agregar maíz tierno dorado o jamón de vegetales en cuadros a la mezcla anterior.

QUICHE DE TOFU

Ingredientes del relleno

2	cucharadas de aceite
1 1/2	tazas de brócoli cortado en láminas
1/2	taza de calabacines cortados en tiras finas
1/2	lb de tofu firme
1 1/2	tazas de agua
1	cucharada de levadura fresca o granulada preparada según receta
1	cucharada de pimentón rojo procesado y picado en cuadros
2	cucharadas de salsa teriyaki

Perejil para adornar
Soda
Sal y pimienta al gusto

Ingredientes de la masa

1	taza de harina de trigo integral
1	cucharada de aceite
1	cucharada de semillas de ajonjolí

Preparación

* Mezclar poco a poco la harina con el aceite, luego adicionar el ajonjolí y soda suficiente para lograr una masa blanda sin trabajarla demasiado. Refrigerar por 30 minutos.
* Para el relleno, calentar el aceite en una sartén y saltear las verduras por 5 minutos.
* En una fuente mezclar el tofu, el agua, la salsa teriyaki y la levadura preparada; llevar a la batidora hasta que la mezcla esté homogénea; agregar sal y pimienta.
* Extender la masa en una superficie enharinada y luego forrar con ella un molde redondo de 3 cm de fondo. Llevar al horno precalentado a 200 grados por 15 minutos o hasta que dore, sacar y dejar enfriar. Luego colocar una capa de verduras salteadas, verter encima la mezcla de tofu y adornar con el pimentón. Hornear a 200 grados por 10 minutos.
* Servir frío o caliente rociado con perejil.

ROLLOS DE HOJALDRE Y TOFU

(6 personas)

1	lb de masa de hojaldre
1	taza de tofu desmenuzado
1	taza de champiñones
3	cucharadas de cebollín picado
3	cucharadas de crema de leche (opcional)
1	cucharada de finas hierbas

Aceite
Sal y pimienta al gusto

Preparación

* Partir los champiñones en láminas y freírlos en aceite y cebollín por 3 minutos.
* Sacar los champiñones, y en el jugo que sueltan mezclar el tofu desmenuzado con la crema de leche, la sal y la pimienta, revolver hasta formar una mezcla homogénea, luego agregar los champiñones, hierbas y mezclar de nuevo.
* Extender el hojaldre y colocar en el centro la preparación anterior, formar un rollo, sellando los extremos y llevar al horno precalentado a 250 grados por 20 minutos o hasta que el hojaldre esté dorado.

TOFU AL AJILLO EN CROTONES
(8 personas)

$^1/_3$	taza de aceite de oliva		1	cucharada de albahaca fresca picada
2	dientes de ajo finamente picados sin la vena central		$^1/_2$	taza de mantequilla derretida
			1 $^1/_2$	lb de tofu en dados gruesos
$^1/_2$	taza de tomates frescos, pelados y picados		2	panes molde sin cortar
$^1/_3$	taza de tomates secos picados		1	cucharadita de salvia picada
2	cucharadas de jugo de limón			Salsa de soya

Preparación

* Marinar el tofu con salsa de soya y salvia.
* En una sartén de fondo grueso calentar el aceite y dorar el ajo, luego agregar el tofu y dorarlo por todos lados, sin que se seque, adicionar los tomates frescos y secos, la albahaca y el limón por 2 minutos y retirar.
* Partir el pan en 6 tajadas de 3 centímetros de alto, retirar la masa del centro del pan, dejando base para formar una caja, untar con mantequilla el pan por dentro y por fuera, y llevar al horno a 250 grados hasta que doren.
* Para servir se rellenan las cajitas de pan con el tofu, rociados con albahaca fresca y acompañados de rueditas de limón.
* Servir con vegetales surtidos al wok.

TOFU CON ESPÁRRAGOS
(4 personas)

400	g de espárragos verdes procesados		$^1/_2$	cucharadita de pimienta
1	lb de tofu en cuadros de 2 x 2 cm		1	cucharadita de estragón
1	taza de arveja tierna cocinada			Aceite de oliva corriente para freír
1	taza de crema de leche			Sal al gusto
$^1/_2$	taza de salsa de soya mezclada con 2 cucharadas de agua			
1	cucharada de cebolla cabezona finamente picada			

Preparación

* En un tazón mezclar salsa de soya, cebolla, pimienta, estragón y sal; marinar el tofu en esta mezcla por ½ hora.
* A tiempo de servir retirar el tofu de la marinada y dorarlo en aceite de oliva.
* Mezclar en una fuente los espárragos escurridos, la crema de leche, la arveja y el tofu dorado caliente.
* Servir acompañado de puré de papa.

TOFU EN SALSA RIOJANA
(6 personas)

1	lb de tofu
6	tomates maduros, pelados y en cuadros
1	cucharada de perejil
2	cucharadas de cebolla cabezona finamente picada
5	hebras de azafrán
2	cucharadas de aceite
1	taza de champiñones limpios partidos en mitades
½	taza de arveja tierna cocinada
½	taza de zanahorias precocidas tiernas cortadas en juliana
½	cucharadita de tomillo
2	cucharadas de pasta de tomate

Aceite de oliva
Sal y pimienta al gusto
Hojas de laurel

Preparación

* Partir el tofu en cuadros de 2 x 2 cm y 1 cm de espesor, hervirlo en agua, sal y tomillo por 2 minutos.
* Para preparar la salsa cocinar los tomates y pasta de tomate con aceite, cebolla, laurel, azafrán, sal, pimienta y 1 taza de agua a fuego lento por 15 minutos.
* Pasar la salsa a una refractaria y poner los cuadros de tofu, los champiñones, las arvejas y las zanahorias, llevar al horno precalentado a 250 grados por 15 minutos.
* Servir acompañado con puré de papa.

TOFU CON NUECES
(6 personas)

6	cucharadas de salsa de soya	6	cucharadas de apio en trozos
3	cucharadas de agua	2	cucharadas de maicena
1	cucharada de crema de ajonjolí (tahine)	4	cucharadas de nueces picadas y tostadas
1	cucharadita de cebolla cabezona	1	taza de calabacín
6	cucharadas de cebollín	1	taza de agua fría
1	lb de tofu en cubos		

Preparación

* Marinar el tofu en 3 cucharadas de salsa de soya, la crema de ajonjolí, la cebolla, el cebollín y el aceite, por $1/2$ hora.
* En una sartén caliente vaciar el tofu con la marinada y cocinar por 3 minutos o hasta que seque un poco el líquido.
* En otro recipiente con una cucharada de aceite saltear las verduras y las nueces por 3 minutos, diluir la maicena con el resto de salsa de soya y agregarla sobre las verduras; cocinar por 3 minutos; luego revolver con la mezcla de tofu.
* Servir sobre arroz *al dente*.

TOFU EN CURRY A LA TAILANDESA
(6 personas)

1	cebolla cabezona pequeña picada	$1/4$	de taza de hojas de cilantro
1	cucharadita de cúrcuma	6	granos de pimienta negra molida
1	cucharadita de sal	2	cucharaditas de comino molido
2	dientes de ajo sin la vena central	2	cucharadas de cebolla larga picada
2	cucharadas de aceite	2	cucharaditas de ralladura de lima
2	cucharadas de raíz de limonaria macerada	2	cucharadas de salsa de soya
2	tazas de leche de coco		disuelta en media taza de caldo
1	cucharada de raíz de cilantro macerada		Cilantro picado
1	lb de tofu en cuadros		Picante al gusto
3	hojas de lima o naranjo		

Preparación

* Licuar las cebollas (larga y cabezona) con ajo, picante, limonaria, raíz de cilantro, mitad de las hojas de cilantro, pimienta, comino, ralladura de lima, cúrcuma, sal, aceite y salsa de soya.
* En una sartén con aceite verter la mezcla anterior, cocinar por 5 minutos y agregar la leche de coco, las hojas de lima y el tofu en cuadros.
* Cocinar con el resto de hojas de cilantro por 20 minutos a fuego medio.
* Acompañar con arroz blanco.

TOFU ISLEÑO
(4 personas)

1	lb de tofu
4	cucharadas de salsa de soya
1	cucharadita de pimienta
1	taza de crema de leche espesa
¹/₂	taza de salsa pesto (ver receta)
1	cucharada de aceite de oliva

Preparación

* Cortar el tofu en tajadas medianas, marinar en las salsas de soya y de pesto por 1 hora.
* Dorar en una sartén de fondo grueso con 1 cucharada de aceite las tajadas de tofu por cada lado, pinchándolas con tenedor para que conserven el pesto.
* Mezclar la crema de leche y la salsa de soya, cubrir cada plato con esta mezcla y poner encima las porciones de tofu caliente. Servir inmediatamente.

VERDURAS SALTEADAS CON TOFU
(6 personas)

300	g de tofu
2	berenjenas pequeñas procesadas (ver receta)
4	calabacines tiernos
1	taza de mazorca tierna desgranada
2	cucharadas de almendras laminadas y tostadas
2	cucharadas de aceite de oliva
2	cucharaditas de páprika

Salsa

1	cucharadita de mostaza
3	cucharadas de salsa soya
2	cucharadas de aceite de oliva
¹/₂	taza de jugo de naranja

Sal y pimienta al gusto

Preparación

* Mezclar en una taza todos los ingredientes de la salsa.
* Cortar el tofu en cubos, añadirlo con cuidado a esta salsa y dejarlo por una hora. Luego sacar el tofu y conservar la salsa.
* Verter la salsa en una sartén, añadir todas las verduras cortadas y revolver a fuego alto por cinco minutos.
* En otra sartén con poco aceite, dorar los cubos de tofu y agregarlos a las verduras.
* Por último, rociar con las almendras y dejar cocinar por 2 minutos.

SOYA TEXTURIZADA

Como la soya texturizada al hidratarla duplica su tamaño, si se necesita 1 taza de soya texturizada hidratada se debe remojar $\frac{1}{2}$ taza de la misma.

ALBÓNDIGAS DE SOYA TEXTURIZADA

(8 albóndigas)

1	taza de soya texturizada remojada $\frac{1}{2}$ hora en dos tazas de agua
1	taza de trigo americano remojado $\frac{1}{2}$ hora
2	cebollas largas picadas
2	tomates maduros pelados y picados
1	cucharada de albahaca picada
2	cucharadas de salsa soya
$\frac{1}{2}$	taza de ajonjolí mezclado con una cucharada de harina de trigo

Sal y pimienta al gusto

Preparación

* Pasar la soya texturizada con agua por la licuadora y exprimirla, amasar con el trigo y la salsa soya.
* Preparar en 1 cucharada de aceite un guiso de cebolla, tomate, albahaca picada y sal.
* Mezclar todo muy bien hasta tener una buena consistencia, si es necesario agregar un poco de avena en hojuelas, formar albóndigas pequeñas y pasarlas por ajonjolí.
* Freír en aceite caliente.
* Servir con mayonesa de curry (ver receta).

CROQUETAS DE SOYA TEXTURIZADA Y ARROZ

(8 personas)

2	tazas de arroz cocido del día anterior
1	taza de queso campesino
$^1/_2$	taza de soya texturizada
1	tallo de cebolla o cebollín picado
1	cucharada de aceite
1	taza de agua caliente

Miga de pan
Queso parmesano
Sal y pimienta al gusto

Preparación

* Hidratar la soya texturizada en agua caliente por 30 minutos, pasarla por la licuadora y exprimirla.
* Sofreír el cebollín en aceite.
* Moler el arroz y la soya texturizada licuada (molino o procesador), luego amasar con sal, pimienta y queso campesino.
* Revisar el sabor y formar las croquetas, pasarlas por la miga de pan y por el queso parmesano.
* Colocar las croquetas sobre una lata engrasada y llevar al horno a 350 grados por 20 minutos.
* Servir con mayonesa vegetariana.

QUIBBES

(20 unidades)

1	taza de harina de trigo o harina para arepas
3	tazas de trigo americano remojado
2	tazas de soya texturizada
$^1/_2$	taza de almendras o nueces picadas en el procesador
1	cebolla cabezona finamente picada
1	taza de gluten finamente picado
2	dientes de ajo macerado sin la vena central
1	cucharada de perejil picado
2	cucharadas de hierbabuena fresca finamente picada
2	cucharadas de salsa de soya

Aceite
Sal y pimienta al gusto

Preparación

* Remojar la soya texturizada en 4 tazas de agua caliente por $1/2$ hora.
* Pasarla por la licuadora, colar y exprimir dos veces, luego dorarle en un poco de aceite y salsa de soya.
* En otra sartén freír la cebolla y el ajo, agregar el gluten, las nueces, 1 cucharada de salsa soya, sal y pimienta, dejar a fuego bajo por 5 minutos.
* Amasar la harina con el trigo remojado y exprimido, agregar la soya texturizada, hierbabuena, sal y pimienta y amasar por 5 minutos. Formar bolas de 5 cm de diámetro, ahuecar en el centro con los dedos, rellenar con la fritura de gluten y nueces, cerrar y formar los quibbes.
* Freír en aceite caliente.

Nota: antes de formar cada quibbe enjuagarse las manos.

FRÍJOLES

BALÚ A LA CREMA
(4 personas)

Balú, chachafruto o nupo es un fríjol grande rico en proteína (21 %) y carbohidratos.

1	lb de balúes
1	cucharada de mantequilla
1	taza caldo básico
2	cucharadas crema de leche
1	cucharada de queso mozarella

Sal y pimienta al gusto

Preparación

* Desenvainar los balúes y ponerlos a cocinar en agua con sal por unos 40 minutos, dejar enfriar y quitarles la cáscara oscura.
* Llevar nuevamente a cocinar en el caldo básico hasta que estén blandos.
* Agregar los otros ingredientes menos el queso, cocinar a fuego bajo, cuando se hayan consumido $2/3$ partes del caldo, agregar el queso y servir caliente.

BALÚ A LA CRIOLLA
(4 personas)

1	lb de balúes
2	cucharadas de perejil finamente picado
4	cucharadas de cebolla finamente picada
4	tomates pelados y picados en trocitos
1	cucharada de canoas de apio finamente picado
1	cucharadita de cúrcuma

Aceite
Sal y pimienta al gusto

Preparación

* Desenvainar los balúes y ponerlos a cocinar en agua con sal por unos 40 minutos, dejar enfriar y quitarles la cáscara oscura.
* En una sartén con el aceite freír el apio y la cebolla hasta que estén transparentes.
* Agregar los demás ingredientes hasta formar una buena salsa.
* Verter los balúes en la salsa en y dejar cocinando a fuego bajo hasta que estén blandos, rectificar el sabor.

CUBANOS
(8 personas)

2	lb de fríjoles negros (caraotas)	2	cucharadas de panela en polvo
10	tazas de agua	2	cucharadas de vinagre de frutas
$1/2$	taza de aceite de oliva o girasol o ajonjolí	2	cucharadas de aceite de oliva
2	cebollas cabezonas finamente picadas	3	dientes de ajo triturados
1	ají picante (opcional)		
$1/2$	cucharadita de orégano		
2	hojas de laurel		

Preparación

* Seleccionar y lavar muy bien los fríjoles. Remojar con el ají entero (opcional) desde el día anterior, escurrir y enjuagar. Poner a cocinar en las 10 tazas de agua hasta que ablanden, 45 minutos aproximadamente. Apartar una taza de fríjoles blandos.
* En una sartén con aceite caliente freír la cebolla y el ajo. Agregar la taza de fríjoles y macerarlos bien, mezclar y verter todo esto a la olla con los fríjoles, añadir el orégano, el dulce, el laurel, sal y pimienta al gusto. Dejar cocinar a fuego bajo por una hora, mezclando esporádicamente.
* Antes de servir agregar el vinagre y el aceite de oliva.

FALAFEL DE FRÍJOLES NEGROS (Caraota)

(6 personas)

4	rebanadas de pan blanco humedecido
1	taza de garbanzos remojados 24 horas
2	cucharadas de harina de garbanzo
3	cebollas largas picadas
4	cucharadas de perejil picado
4	cucharadas de cilantro picado
$^1/_2$	lb de fríjol negro remojado 24 horas
1	cucharada de hojas de hierbabuena picada

Aceite
Pimienta al gusto

Preparación

* Moler los fríjoles y los garbanzos al tiempo con la cebolla, el perejil, el cilantro y la hierbabuena. Luego agregar el pan exprimido, sal y pimienta.
* Amasar y agregar la harina de garbanzo hasta lograr una masa homogénea, formar discos de 5 cm de diámetro, llevar al congelador por una hora para que tomen buena consistencia.
* Sacar del congelador y freír en aceite caliente.

FRÍJOL BLANCO DE CABECITA NEGRA EN ARROZ DE COCO

(6 personas)

1	taza de fríjol blanco de cabecita negra remojados durante 24 horas
1 $^1/_2$	taza de arroz
1	taza de leche de coco
1	cucharada de aceite

Sal y panela en polvo
Aceite

Preparación

* Enjuagar bien los fríjoles y cocinar en 1 $^1/_2$ taza de agua hasta que ablanden.
* En la olla del arroz poner dos tazas del caldo de la cocción del fríjol, agregar aceite, sal, dulce y la leche de coco; cuando esté hirviendo agregar el arroz lavado y escurrido. Conservar a fuego alto hasta que se formen burbujas, tapar y bajar el fuego. Cuando el arroz esté en término medio revolver agregando los fríjoles y seguir cocinando hasta que el arroz tenga su punto ideal.

BALÚ EN VINAGRETA
(4 personas)

1	lb de balúes
2	tazas de vinagreta básica (ver receta)
1	diente de ajo finamente picado sin la vena central
1	taza caldo básico
1	taza de eneldo finamente picado
$^1/_2$	taza de cilantro finamente picado

Preparación

* Desenvainar los balúes y ponerlos a cocinar en agua con sal por unos 40 minutos, dejar enfriar y quitarles la cáscara oscura.
* Llevar nuevamente a cocinar en el caldo básico hasta que estén blandos, dejar enfriar y partir en tajadas gruesas.
* Colocar los balúes en una vasija de vidrio o cerámica, agregar la vinagreta, el ajo, el cilantro y el eneldo, y dejarlos marinar por 2 horas.
* Servir frío.

SOPA DE FRÍJOL BLANCO A LA PROVENZAL
(6 personas)

1	taza de fríjol blanco remojado 24 horas
2	cucharadas de aceite
1	zanahoria mediana picada
1	tallo de apio cortado en láminas
1	cebolla puerro en tajadas delgadas (la parte blanca)
1	tomate maduro pelado y sin semillas
4	tazas de agua
1	papa de consistencia dura (sabanera) pelada y en cuadritos

Sal al gusto

Salsa

3	dientes de ajo
15	hojas de albahaca
1	tomate maduro pelado
2	cucharadas de aceite

Preparación

* Enjuagar los fríjoles y ponerlos a hervir en 4 tazas de agua a fuego alto por $1/2$ hora. Reducir el fuego y dejar hervir hasta que ablanden.
* En otra olla con el aceite freír la cebolla puerro por 5 minutos. Agregar la zanahoria, el apio y el tomate, cocinar a fuego bajo por 20 minutos. Añadir las papas, 1 taza del caldo de los fríjoles y cocinar hasta que los vegetales estén blandos. Agregar los fríjoles, sin el caldo, conservar al calor y adicionar sal al gusto. Si esta mezcla queda muy seca añadir un poco más de caldo de la cocción del fríjol.
* Preparar la salsa en la licuadora.
* Servir la sopa de fríjol y rociar con la salsa.

POTAJE DE FRÍJOLES TIERNOS
(6 personas)

2	lb de fríjoles en vaina
6	tomates maduros pelados y en trozos
2	cebollas largas finamente picadas
2	cucharadas de perejil fresco picado
$1/2$	taza de ahuyama (calabaza amarilla) picada
$1/2$	taza de zanahoria rallada
$1/2$	taza de mazorca tierna
3	cucharadas de aceite
5	tazas de agua

Sal y pimienta al gusto

Preparación

* Desgranar el fríjol. En la olla a presión saltear la cebolla en el aceite; agregar el agua y dejar hervir; adicionar fríjol, mazorca, zanahoria y ahuyama; tapar y cocinar por 5 minutos; dejar reposar; destapar y agregar sal, pimienta, el tomate y el perejil; seguir cocinando sin tapar a fuego medio hasta espesar.
* Servir acompañado de arroz o plátano frito y pisado.

TORTA DE BALÚ
(4 personas)

$^1/_2$	lb de balúes		3	cucharadas de reemplazante de huevo
$^1/_2$	taza harina de trigo		$^1/_2$	taza de queso mozzarella o pera rallado
1	taza panela en polvo		1	cucharadita de polvo para hornear
7	cucharadas de mantequilla			Esencia de vainilla

Preparación

* Desenvainar los balúes y ponerlos a cocinar en agua con astillas de canela por unos 40 minutos, dejar enfriar y quitarles la cáscara oscura.
* Moler o macerar los balúes.
* Mezclar todos los ingredientes y batir bien.
* Verter la mezcla en un molde previamente engrasado y llevar al horno.
* Hornear a 200 grados por 45 minutos.

LENTEJAS

ARROZ DE LENTEJAS
(8 personas)

1	taza de arroz	1	gajo de cebolla larga
1	taza de lentejas remojada 2 horas		Ramas de apio y perejil
1	taza de agua		Salsa de soya
2	hojas de laurel		Sal al gusto
4	cucharadas de aceite		
1	cucharadita de pimienta		
$^1/_2$	cucharadita de canela		
4	cebollas cabezonas en ruedas		

Preparación

* Enjuagar muy bien las lentejas y cocinarlas en 2 tazas de agua con sal, el laurel, las ramas de apio, el gajo de cebolla y el perejil (que no queden muy blandas). Escurrir, sacar las hojas y las ramas, conservar el agua en donde se cocinaron (mínimo una taza).
* Preparar la olla del arroz con el caldo de las lentejas, completar dos tazas con agua, sal, canela, pimienta y aceite, y cocinar el arroz siguiendo el procedimiento normal. Cuando se va a revolver el arroz, agregar las lentejas, mezclar bien y poner a fuego bajo sobre una rejilla hasta que el arroz esté a punto.
* En una sartén con poco aceite freír la cebolla hasta que tome un color dorado. Se puede rociar con salsa de soya.
* Servir el arroz en una fuente y cubrirlo con la cebolla frita.

ENSALADA DE LENTEJAS
(6 personas)

1	taza de lentejas remojada y cocinada
1	cebolla roja finamente picada
1	zuchini en láminas finas
2	zanahorias en cuadritos cocinadas al vapor
3	canoas de apio en julianas
2	tomates maduros pelados y en trozos
1	aguacate en cascos pequeños
2	cebollas cabezonas blancas fritas en aros
$^1/_2$	pocillo de jugo de naranja y de limón
1	cucharada de ralladura de naranja y de limón

Aceite de ajonjolí o de oliva
Sal y pimienta al gusto

Preparación

* Preparar una fuente con la lenteja, la cebolla, el zuchini, la zanahoria, el apio y los tomates.
* Aparte mezclar aceite, jugo de naranja y de limón, ralladura de naranja y de limón, sal y pimienta, batir fuertemente estos ingredientes y rociar la fuente de las lentejas.
* Para servir adornar con tajadas de aguacate, champiñones sofritos, berenjenas a la plancha, cebolla frita, perejil y albahaca picados.

CREMA DE LENTEJAS
(6 personas)

1	taza de lentejas remojada 2 horas
1/2	cebolla cabezona picada y sofrita
3	papas amarillas (criollas)
1	zanahoria pequeña finamente picada
1	cucharada de salsa de soya
2	cucharadas de perejil picado
5	tazas de agua con sal

Cuadros de pan tostado en aceite y ajo

Preparación

* Cocinar las lentejas, las papas y las zanahorias en agua con sal. Cuando estén blandas dejar enfriar y reservar la mitad.
* Licuar la otra mitad de lentejas con el resto de ingredientes y verterlas en la olla agregando las lentejas enteras, la cebolla y la salsa de soya. Hervir por 15 minutos.
* Servir en cazuelas adornadas con pan tostado y perejil picado.

HAMBURGUESAS DE LENTEJAS Y MAÍZ
(6 hamburguesas)

1	taza de soya texturizada hidratadoa y Escurrida
1	taza de lentejas remojadas 2 horas y bien escurridas
3	cucharadas de harina de trigo integral
1	tallo de cebolla picada
1	manojo de perejil
1	manojo de cilantro
1	cucharadita de curry
1/2	cucharadita de cominos molidos

Miga de pan
Sal y pimienta al gusto
Ghee o aceite para asar

Preparación

* Hervir las lentejas por 5 minutos, escurrir muy bien (deben quedar duras).
* Moler la soya texturizada y las lentejas junto con la cebolla, el perejil y el cilantro. Añadir la harina y amasar muy bien hasta obtener una masa de buena consistencia, condimentar y formar las hamburguesas.
* Pasar las hamburguesas por miga de pan y asarlas con un poco de ghee.

LENTEJAS CON LIMÓN Y HIERBABUENA

(6 personas)

1	taza de lentejas remojadas 2 horas
3	cucharadas de hierbabuena fresca finamente picada
2	dientes de ajo finamente picados sin la vena central
2	cucharadas de aceite de oliva

Jugo de 2 limones
Sal y pimienta al gusto

Preparación

* Enjuagar las lentejas y cocinarlas en una cantidad de agua que apenas las cubra, cuidando de que no se desbaraten.
* Agregar los demás ingredientes, menos el limón, y conservar a fuego lento por 15 minutos. Servir calientes, rociar con el limón y acompañar con arroz blanco.

Variación:

Lentejas frías

* Dejar enfriar y escurrir las lentejas si tienen mucho líquido.
* Agregar los demás ingredientes y el limón, dejar marinar por 15 minutos.
* Servir sobre pan o galletas.

SOPA GRIEGA DE LENTEJAS

(4 personas)

1	cebolla puerro	4	tazas de caldo básico
2	canoas de apio	1	cucharada de aceite de oliva
1	zanahoria grande		Ralladura de limón
1	cucharada de salsa de soya		Cúrcuma
$1/2$	taza de lenteja remojada		Sal y pimienta al gusto

Preparación

* Picar todas las verduras en diagonal y la cebolla puerro en tiras delgadas, colocarlas en una sartén con aceite, agregando la cúrcuma y la salsa de soya, sofreir por 5 minutos. Luego añadir el caldo y las lentejas enjuagadas, y cocinar hasta que las lentejas estén tiernas. Al final rociar con ralladura de limón.
* Servir con pan integral, untado de aceite y albahaca.
* También se puede acompañar con pesto de brócoli (brocoli pequeño blanqueado, 6 nueces tostadas, aceite de oliva y una pizca de miel; licuar todo y al final agregar una cucharadita de vinagre de ciruelas y frutas).

GARBANZOS

La harina obtenida del garbanzo seco (besan) es utilizada en mezclas para apanados, como las tempuras y pakoras, porque proporciona una cubierta crujiente.

GARBANZOS AL YOGUR
(6 personas)

2	pocillos de garbanzos remojados durante 24 horas	1	cucharada de aceite de oliva
1	vaso de yogur sin dulce tipo postre		Sal, pimienta y páprika al gusto
1	manojo de cilantro finamente picado		

Preparación

* Enjuagar muy bien los garbanzos y cocinar hasta que ablanden, escurrir bien y mezclar con el yogur, sal y pimienta, conservar unos 10 minutos a fuego lento y por último mezclar el cilantro dejando cocinar 5 minutos más.
* A tiempo de servir rociar con aceite de oliva y páprika; acompañarlo con cuñas de pan árabe tostadas.

POTAJE DE GARBANZOS
(6 personas)

$^1/_2$	taza de garbanzos remojados durante 24 horas
$^1/_2$	taza de ahuyama en cuadritos
3	hojas de acelga en trozos
2	zanahorias picadas
1	cebolla morada grande finamente picada
$^1/_2$	taza de cilantro y perejil finamente picados
4	papas (pastusa o sabanera) peladas y en cuadritos
1	cucharadita de páprika
$^1/_2$	cucharadita de azafrán
4	chorizos vegetarianos en trozos y fritos
4	tomates pelados y partidos
2	hojas de laurel
$^1/_2$	cucharadita de salvia
2	cucharadas de aceite

Agua suficiente para la cocción
Ajo, sal y pimienta al gusto

Preparación

* Enjuagar y cocinar los garbanzos en la olla a presión en buena cantidad de agua.
* Sofreír en una sartén de buen tamaño con el aceite, ahuyama, zanahoria, cebolla, cilantro, laurel, sal y pimienta por 10 minutos; agregar el agua en donde se cocinaron los garbanzos y cocinar por media hora. Adicionar las papas, los garbanzos, la acelga y seguir cocinando a fuego lento hasta que las papas estén tiernas.
* En otra sartén sofreír el tomate y el azafrán, agregar al cocido anterior conservando siempre buena cantidad de líquido. Alistar los chorizos vegetarianos fritos.
* Al momento de servir mezclar el potaje con los chorizos, la páprika y el perejil picado.
* Servir acompañado de arroz blanco.

GARBANZOS CON ACELGAS
(8 personas)

400	g de garbanzos remojados durante 24 horas
2	lb de acelgas
2	dientes de ajo sin la vena central
$\frac{1}{2}$	vaso de aceite de oliva
$\frac{1}{2}$	cucharada de páprika
1	hoja de laurel
$\frac{1}{2}$	cucharadita de cominos
2	litros de agua

Sal y pimienta al gusto

Preparación

* Cocinar los garbanzos en los 2 litros de agua por una hora. Agregar las acelgas limpias y troceadas y cocinar media hora más.
* En una sartén sofreír el ajo, la páprika, el laurel y los cominos. Sacar el sofrito, desechar la hoja de laurel y macerar el resto en un mortero con una cucharadita de sal.
* Escurrir los garbanzos y las acelgas, agregar el macerado del sofrito, rectificando la sal. Dejar cocinar unos 15 minutos más y servir caliente acompañado de pan campesino untado de aceite de oliva.

GARBANZOS MARINADOS CON JENGIBRE
(6 personas)

$1/_2$	lb de garbanzos remojados durante 24 horas
5	cucharadas de aceite de oliva
$1/_2$	cucharadita de clavos molidos
1	ajo macerado sin la vena central
2	cucharadas de vinagre de vino de cocina
1	cucharadita de jengibre
$1/_2$	taza de cebolla cabezona finamente picada

Sal y pimienta negra recién molida

Preparación

* Enjuagar los garbanzos refregándolos muy bien hasta que suelten la cascarilla.
* Cocinar los garbanzos hasta que estén blandos sin que se desbaraten.
* Mezclar en una refractaria aceite de oliva, clavos, ajo, jengibre, vinagre, cebolla, sal y pimienta. Escurrir bien los garbanzos, agregarlos a la mezcla anterior y cubrirlos con un paño. Dejarlos reposar por 2 horas.
* Servir fríos en *buffet* de ensaladas.

GARBANZOS MASALA
(8 personas)

1 $1/_2$	taza de garbanzos remojados durante 24 horas
1	cucharada de masala (mezcla de especies)
1	frasco mediano de salsa de tomate
$1/_2$	taza de cebolla larga o cebollín finamente picado
3	cucharadas de aceite de oliva
1	cucharadita de miel
1	cucharada de salsa de soya

Sal y pimienta al gusto
Aceite

Preparación

* Enjuagar y refregar los garbanzos remojados para quitarle, en lo posible, toda la cascarilla. Cocinar en abundante agua hojas de laurel, ramas de perejil y apio hasta que ablanden, cuidando que no se desbaraten.
* En una sartén de fondo grueso calentar aceite a fuego medio con el masala por 3 minutos hasta que suelte el aroma. Agregar el garbanzo escurrido, mezclando hasta que se impregne del sabor.
* Disolver la salsa de tomate en 1 taza del caldo del garbanzo y agregar sal, miel, salsa de soya y pimienta. Mezclar todo con el garbanzo y cocinar a fuego medio hasta que quede una salsa espesa. Bajar del fuego y agregar el aceite de oliva.
* Servir acompañado con arroz de ajonjolí.

GARBANZOS EN SALSA DULCE

(6 personas)

1	taza de garbanzos remojados 24 horas
1	taza de uvas pasas remojadas media hora
2	cebollas cabezonas finamente picadas
5	tomates maduros pelados y picados
2	cucharadas de pasta de tomate

Aceite

sal y pimienta al gusto

Preparación

* Enjuagar los garbanzos refregándolos muy bien y desechar la cascarilla que suelten.
* Cocinar los garbanzos en la olla a presión cuidando de que queden enteros. Escurrir y agregar sal y aceite.
* Aparte preparar una salsa con aceite, cebolla, tomate, pasta de tomate, uvas pasas, sal y pimienta, dejando conservar a fuego lento por 20 minutos.
* Servir los garbanzos calientes bañados con esta salsa y acompañados de couscous al vapor (ver receta).

HABAS

CREMA DE HABAS
(6 personas)

2	lb de habas frescas desgranadas sin la piel
2	cucharadas de aceite de oliva
1	cebolla puerro en rodajas finas
1	taza de caldo básico
2	cucharaditas de estragón
1	cucharada de perejil
$^1/_2$	taza de queso crema

Sal y pimienta al gusto

Preparación

* En una sartén con 1 cucharada de aceite saltear la cebolla por 5 minutos, agregar las habas y saltear por 5 minutos más, agregar el caldo y cocinar a fuego alto por 10 minutos o hasta que ablanden las habas.
* Dejar reposar y licuar las habas con el queso, el estragón, el perejil, sal y pimienta, pasar nuevamente a la sartén, rociar con la otra cucharada de aceite y calentar.
* Servir sobre tostadas.

POTAJE DE HABAS
(4 personas)

250	g de habas frescas
2	cebollas puerro en juliana
1	taza de calabaza pelada y en cuadros pequeños
1	papa grande sabanera (consistencia dura) pelada y en cuadros pequeños
2	cucharadas de arroz crudo
2	tazas de caldo básico
2	dientes de ajo entero sin la vena central
2	cucharadas de salsa de tomate
$^1/_2$	taza de aceite
4	hebras de azafrán tostadas

Sal y pimienta al gusto

Preparación

* Calentar una sartén con aceite, freír los ajos, retirarlos y reservarlos.
* Agregar a la sartén la cebolla, la calabaza y las habas, sofreír por 5 minutos, incorporar la pasta de tomate y sofreír 2 minutos más. Agregar el caldo, rociar con sal y pimienta, tapar y seguir cocinando a fuego bajo.
* Cuando las habas estén medio cocidas agregar las papas y el arroz. Cuando todo esté a punto, macerar los ajos con el azafrán, verterlo en el potaje, rectificar la sal y servir caliente.

HABAS CON CEBOLLITAS
(6 personas)

2	lb de habas frescas
15	cebollitas rojas
1	lechuga batavia
1	taza de caldo básico
2	cucharadas de aceite
2	cucharadas de perejil picado
$\frac{1}{2}$	cucharadita de mejorana
$\frac{1}{2}$	cucharadita de tomillo
1	cucharadita de panela en polvo
1	cucharada de salsa de soya
$\frac{1}{2}$	cucharada de vinagre de vino

Sal y pimienta al gusto

Preparación

* Lavar bien las cebollitas y conservar en agua por 10 minutos.
* Sofreír las cebollitas en una sartén con aceite, y cuando empiecen a dorar agregar las habas, tapar la sartén y cocinar a fuego bajo por 10 minutos.
* Agregar las hojas de lechuga, tomillo, mejorana, sal, pimienta, panela en polvo y el caldo, y cocinar a fuego bajo hasta que las habas estén tiernas.
* Poner la fuente de servir con salsa de soya y vinagre de vino, verter encima las habas calientes y adornar con perejil.

Guía nutricional de las legumbres

Guía nutricional

Contenido en 100 g de parte comestible

legumbre	Cal.	Agua.	Prot. g	Grasa g	CH g	Fibra g
Arveja verde	116	66.4	8.2	0.3	21.2	3.0
Arveja seca	308	12.4	23.9	0.8	54.0	6.5
Balú	66	80.5	4.0	0.1	13.3	1.0
Caraota	322	12.5	22.8	1.7	56.2	2.8
Cargamanto	313	11.9	22.8	1.5	54.4	6.0
Fríjol blanco	306	14.1	22.2	1.1	54.4	4.2
Fríjol cab.	317	12.8	21.6	1.4	56.6	3.9
Fríjol mungo	323	11.2	24.4	0.9	56.7	3.2
Fríjol radical	312	12.4	22.9	1.3	54.5	5.2
Fríjol rojo	302	14.8	20.4	1.2	54.6	5.0
Fríjol verde	151	58.2	10.5	0.4	27.2	1.8
Garbanzo	339	13.0	19.6	5.5	55.7	3.4
Haba verde	130	65.7	9.9	0.3	18.3	4.5
Habas	297	14.0	23.1	1.8	49.8	8.4
Lentejas	315	12.6	23.5	0.6	56.5	4.4
Maní tostado	577	2.7	29.6	50.4	12.8	1.8
Soya	366	9.5	34.0	16.1	27.9	7.3

Fuente: Instituto Colombiano de Bienestar Familiar.

Guía de cocción

Legumbre	Tiempo de remojo	Volumen de agua	Tiempo de cocción
Garbanzos	12 horas	1 a 4 veces	1 hora
Arveja fresca	No hace falta	1 a 3 veces	30 minutos
Habas	12 horas	1 a 4 veces	1 hora
Fríjol blanco	12 horas	1 a 3 veces	1 hora
Fríjol caraota	6 horas	1 a 3 veces	1 hora
Fríjol radical	12 horas	1 a 4 veces	1½ horas
Fríjol rojo	12 horas	1 a 3 veces	1½ horas
Fríjol cabecita negra	6 horas	1 a 3 veces	1 hora
Fríjol cargamanto	12 horas	1 a 4 veces	1½ horas
Fríjol mungo	No hace falta	1 a 3 veces	30 minutos
Soya	12 horas	1 a 4 veces	3 a 4 minutos
Lenteja roja	No hace falta	1 a 2 veces	20 minutos
Lenteja verde	1 hora	1 a 2 veces	30 minutos
Lenteja parda	½ hora	1 a 3 veces	30 minutos

a mg	P mg	Fe mg	Vit. A. U.I.
36	110	2.4	220
60	270	4.6	220
16	78	1.2	0
129	413	10.9	0
175	424	4.7	0
110	420	5.8	0
81	396	5.7	0
148	570	6.1	85
145	474	5.3	0
100	430	7.1	0
67	220	3.3	40
150	300	6.4	0
50	190	2	100
90	420	4.9	0
70	370	9.5	0
40	410	1.8	0
210	500	8.9	40

Hortalizas

Se denomina hortalizas a cualquier planta herbácea hortícola (cultivada en huerta). Las hortalizas constituyen un grupo de alimentos de gran variedad, tales como bulbos, hojas, raíces, tallos tiernos y jóvenes. Se pueden consumir crudas, cocidas o en conserva. Son de fácil digestión.

Las hortalizas son bajas en grasas, hidratos de carbono y proteínas; contienen un 90 % de agua; su importancia nutritiva radica en su contenido de carotenos (precursores de la vitamina A), vitamina C, sodio, calcio, magnesio, potasio, vitaminas del grupo B y fibra.

LIMPIEZA DE LAS VERDURAS

Todas las verduras se deben lavar previamente en una solución de 1 litro de agua por 2 gotas de hipoclorito (cloro natural), sumergiéndolas por unos 3 minutos, para luego enjuagar con agua filtrada y secar. Comercialmente se encuentran otros bactericidas naturales.

CALABACÍN

Se deben elegir firmes y brillantes, de tamaño mediano, no deben tener arrugas ni partes blandas en la piel. Son bajos en calorías.

BUÑUELOS DE CALABACÍN
(4 porciones)

2	calabacines finamente picados
5	cucharadas de aceite
2	cebollas cabezonas ralladas
1/4	lb de tofu o queso fresco rallado
5	cucharadas de eneldo picado
5	cucharadas de perejil picado
3	cucharadas de harina de trigo integral

Sal y pimienta al gusto

Preparación

* En una sartén con poco aceite freír la cebolla. Escurrir los calabacines en un colador y verterlos a la sartén, saltear por 5 minutos.
* En otro recipiente mezclar el queso, las hierbas y los condimentos; luego pasar a la sartén, mezclar bien con los calabacines y la harina integral.
* Freír la mezcla por cucharadas en poco aceite caliente.
* Servir acompañado de ensalada de tomate y de yogur con ajo.

CALABACINES CON TOFU AL HORNO
(6 personas)

1	lb de tofu en cuadritos
1	lb de calabacín en cuadritos
1	cebolla puerro picada
4	tomates
1/2	lb de queso mozzarella (opcional)
1	cucharadita de orégano fresco picado
1	cucharadita de salvia fresca picada
4	cucharadas de aceite
2	cucharadas de salsa de soya

Sal y pimienta al gusto

Preparación

* Marinar el tofu en 2 cucharadas de salsa de soya, $1/2$ taza de agua, orégano y salvia por $1/2$ hora, luego saltearlo en una sartén con aceite caliente.
* Preparar un guiso, en poco aceite, con la cebolla puerro y el tomate pelado y picado.
* En una sartén con 2 cucharadas de aceite, saltear el calabacín rociado con sal y pimienta.
* Engrasar una refractaria y poner por capas calabacín, tofu, queso mozzarella rallado y guiso, así hasta terminar.
* Cubrir con avena en hojuelas o miga de pan. Hornear a 250 grados por 30 minutos.

CALABACINES EN ESCABECHE
(6 personas)

6	calabacines lavados y cortados en rodajas
4	hojas de hierbabuena finamente picada
1	diente de ajo triturado (sin la vena central)
1	cucharada de vinagre de vino
2	cucharadas de aceite de oliva

Sal al gusto

Preparación

* Secar los calabacines.
* Freír por tandas los calabacines en una sartén con aceite caliente, sacar y poner sobre papel absorbente. Cuando estén fríos pasarlos a una cazuela, preferiblemente de barro, añadir la hierbabuena, ajo, sal y vinagre, y luego llevar a la nevera.

CALABACINES RELLENOS
(8 personas)

4	calabacines medianos
3	cucharadas de cebolla cabezona finamente picada
1	cucharadita de aceite
$1/2$	taza de queso de soya rallado
1	cucharadita de sal
1	cucharada de albahaca
1	pizca de tomillo
4	cucharadas altas de miga de pan
$1/2$	cucharada de mantequilla
$1/2$	taza de caldo básico

Preparación

* Lavar los calabacines, quitarles las puntas y cortarlos por la mitad a lo largo. Con una cucharita sacar parte de la pulpa para cocinarla en un poco de agua con sal.
* En una sartén con aceite caliente freír la cebolla y la pulpa cocinada, luego agregar el queso de soya, mantequilla, albahaca y tomillo picados.
* Engrasar una fuente, colocar el caldo, los calabacines rellenos con la mezcla anterior y rociar con la miga de pan.
* Llevar al horno a 250 grados por 20 minutos o hasta que gratine.

ENSALADA DE CALABACÍN Y ALFALFA
(6 personas)

4	calabacines pequeños tiernos	1	cucharada de albahaca picada
6	rábanos rojos	1	cucharada de perejil picado
½	taza de alfalfa verde fresca	2	cucharadas de aceite
1	cucharada de ajonjolí	1	cucharada de vinagre de hierbas
1	cucharada de cebolla larga o cebollín finamente picado	1	cucharadita de mostaza
1	diente de ajo sin la vena central		Sal y pimienta al gusto

Preparación

* Lavar los calabacines y partir en cubos pequeños.
* Freír en una sartén con aceite la cebolla y el ajo entero; retirar el ajo, agregar los calabacines y la albahaca; freír por 2 minutos.
* Pelar los rábanos y partir en ruedas muy delgadas, dejar en un recipiente con agua y limón.
* Enjuagar y separar la alfalfa.
* Preparar la vinagreta con aceite, vinagre, mostaza, sal y pimienta.
* En una ensaladera mezclar los calabacines, rábanos y alfalfa, rociar con vinagreta y ajonjolí. Adornar con albahaca y perejil picados.

LENTEJAS CON CALABACÍN
(6 personas)

1	taza de lentejas remojadas 2 horas	1	cucharada de jugo de limón
1	calabaza mediana (o calabacín)	1	cucharadita de curry
2	cebollas cabezonas cortadas a lo largo y en láminas	1	cucharadita de cúrcuma
1	diente de ajo macerado (sin la vena central)		Sal al gusto
½	taza de hojas de hierbabuena		

Preparación

* Enjuagar las lentejas y cocinar en 3 tazas de agua hasta que ablanden.
* Pelar la calabaza, partir en trocitos y freír en aceite con cebolla, hasta que ablande; mezclar con las lentejas y su caldo, hierbabuena, ajo, sal, cúrcuma y curry. Por último, añadir el jugo de limón al gusto, y dejar cocinar hasta que la salsa esté espesa.

SOUFLÉ DE CALABACÍN
(8 personas)

3	tazas de calabacín tajado delgado		1	cucharadita de páprika
$^1/_2$	taza de cebolla cabezona en rodajas finas		1	cucharada de mantequilla
2	tazas de salsa bechamel espesa (ver receta)		$^1/_2$	taza de miga de pan
1	taza de queso fresco o de soya firme rallado			

Preparación

* Engrasar un molde con mantequilla y rociarlo con miga de pan.
* Mezclar el calabacín con los demás ingredientes reservando un poco de queso y miga de pan. Verter esta mezcla en el molde, rociar con el resto de queso y miga de pan, llevar al horno a 250 grados por 40 minutos o hasta que gratine.

TAHINE DE VEGETALES
(4 personas)

1	cucharada de aceite		1	cucharada de albahaca picada
3	tazas de calabacitas o calabacines en rodajas		1	cucharada de perejil picado
2	cebollas cabezonas en anillos finos		$^1/_2$	taza de tallos de apio picado
4	tomates sin piel ni semillas, en trocitos			Sal y pimienta al gusto
1	taza de queso mozzarella rallado			

Preparación

* Cocinar todo en aceite caliente a fuego bajo, empezando por las cebollas y por último las hierbas. Cuando todo tenga consistencia cremosa, apagar y agregar el queso.
* Servir con pan árabe en trozos.

ESPÁRRAGOS

Elegir espárragos de punta compacta y cerrada, que estén firmes; se consiguen blancos o verdes.

¿Cómo cocinar los espárragos?

* Cortar un poco del tallo, enjuagar bien y poner a hervir en un recipiente alto y de boca estrecha, cuidando que las puntas queden por fuera del recipiente para que se cocinen al vapor.
* Dejar hervir aproximadamente 15 minutos o hasta que las puntas estén blandas. Sacar y sumergir inmediatamente en agua con hielo, para conservar su color y suspender la cocción.

ENSALADA DE ESPÁRRAGOS
(3 personas)

6   hojas de lechugas frescas, lavadas y secas
1   frasco de espárragos o espárragos crudos
Salsa verde (ver receta)

Preparación

* Servir los espárragos sobre lechugas bañadas con la salsa verde.
* Acompañar con tostadas o pan francés.
* Esta entrada también puede ir acompañada de rodajas de remolacha en encurtido (ver receta).

ESPÁRRAGOS LUZMITH

(3 personas)

6	tajadas de jamón de vegetales
6	tajadas delgadas de queso amarillo
6	espárragos verdes crudos partidos por la mitad
6	cucharadas de harina de trigo (o 3 de harina de trigo y 3 de harina de garbanzo)
$^{1}/_{2}$	taza de agua fría
1	cucharadita de bicarbonato
1	cucharadita de cúrcuma

Sal y pimienta al gusto

Preparación

* En cada tajada de jamón colocar una de queso, en la mitad poner 2 porciones de espárragos, enrollar y asegurar con un palillo en la mitad.
* Mezclar la harina con el agua y demás ingredientes, formando una salsa espesa, agregar más agua si fuere indispensable.
* Sumergir los rollos en esta salsa y freírlos en aceite caliente hasta que estén dorados.
* Retirar el palillo, servir sobre hoja de lechuga y acompañar con salsa de mostaza dijon y miel (ver receta).

ESPINACAS

Escogerlas de hojas sanas y color intenso.

ARROLLADO DE ESPINACA
(6 personas)

1 $^1/_2$	lb de espinaca
$^1/_2$	lb de queso crema
3	cucharadas de crema de leche
100	g de tomates secos picados en trocitos
3	cucharaditas de sagú o maicena
$^1/_2$	cucharadita de nuez moscada
1	cucharadita de páprika

Salsa de mostaza (ver receta)
Sal y pimienta al gusto

Preparación

* Lavar la espinaca, utilizar únicamente las hojas, sumergirlas en agua hirviendo por 5 minutos, pasarlas por agua fría y escurrirlas muy bien.
* Picar finamente la espinaca y ponerla en un recipiente, agregar una cucharada de crema de leche, nuez moscada, pimienta, sagú y sal. Extender esta mezcla sobre papel parafinado, previamente engrasado, formando un rectángulo de 25 x 35cm. Colocar sobre una lata de horno. Hornear por 5 minutos en horno precalentado a 250 grados. Sacar del horno, dejar reposar y llevar a la nevera por 10 minutos.
* Entretanto, batir el queso crema, con 2 cucharadas de crema de leche, sal, pimienta, páprika y los tomates secos. Poner a enfriar. Tomar el rectángulo de espinaca, cubrirlo con la mezcla de queso, enrollarlo, desprendiendo lentamente la espinaca del papel parafinado. Envolver el rollo en vinilpel o papel aluminio y poner a enfriar, para que compacte. A tiempo de servir, partir el rollo en rodajas de 2 cms.
* Servir la salsa de mostaza caliente cubriendo el plato en que se va a llevar a la mesa y sobre esta salsa servir las rodajas del arrollado de espinaca.

RAITA
(6 personas)

1	lb de espinacas frescas blanqueadas, escurridas y finamente picadas	1	cucharadita de comino en grano molido
1 $^1/_2$	taza de yogur natural sin dulce	$^1/_2$	cucharadita de cúrcuma
		Sal y pimienta al gusto	

Preparación

* Para blanquear: Pasar la espinaca por agua hirviendo por 1 minuto y luego por agua fría.
* Mezclar todos los ingredientes formando una salsa.
* Servir frío acompañando diferentes frituras. La raita se puede preparar con distintas verduras, como acelga, apio, zanahoria rallada, etc.

ENSALADA DE ESPINACA Y MANGO

(6 personas)

$^1/_2$	lb de espinaca lavada, bien seca y partida en tiras finas
10	tajadas de jamón vegetariano partido en cuadritos
2	mangos maduros firmes pelados y picados en tiras finas

Vinagreta

1	cucharada de vinagre
2	cucharadas de salsa soya
1	cucharadita de mostaza
1	cucharadita de sal
1	cucharadita de panela en polvo
2	cucharadas de aceite de oliva
2	cucharadas de agua

* Todos los ingredientes se colocan en un frasco con tapa y se agitan para que mezclen bien.

Preparación

* En una sartén con poco aceite dorar los trozos de jamón por unos 5 minutos. Luego mezclarlos con los demás ingredientes en una ensaladera.
* Servir con papas al queso y tostadas con ajo.

Papas al queso

10	papas de consistencia harinosa (pastusas) peladas, cocinadas en agua con sal y partidas en trozos
1	cucharada de mantequilla
1	cucharada de cebollín finamente picado
2	cucharadas de crema de leche
3	cucharadas de queso paipa o sabana rallado

* En una cazuela colocar mantequilla, cebollín y crema de leche a fuego lento, luego ir agregando las papas y cocinar por 10 minutos. A tiempo de servir añadir el queso rallado.

HALU PALAK
(6 personas)

1	taza de espinaca lavada y picada
4	papas de consistencia harinosa (pastusas) en cuadritos
1	ajo triturado sin la vena central
1	tomate maduro, pelado y sin semilla
1	cucharada de cilantro picado
1	cucharadita de jengibre rallado
$^1\!/_2$	cucharadita de canela
1	cucharada de cebolla larga finamente picada

Ají al gusto
Aceite
Sal al gusto

Preparación

* Freír las papas en aceite caliente.
* Moler en el mortero el jengibre, la canela, el ají, el ajo y la sal.
* Preparar un guiso con los condimentos molidos, cebolla, cilantro y tomate. Cuando el guiso esté listo, añadir la espinaca y conservar a fuego bajo por 3 minutos. Agregar las papas y acompañar con tofu frito.

AHUYAMA

Pelar una ahuyama es bastante difícil. Se puede primero partir en trozos con un cuchillo bien afilado y luego asar para quitar más fácilmente la piel. Para cremas y guisos se puede utilizar sin pelar.

AHUYAMA ESTILO GOURMET
(6 personas)

2	tazas de ahuyama pelada y partida
1	cucharada de mantequilla
$^1\!/_2$	taza de crema de leche
1	cucharada de cebollín finamente picado
1	cucharada de harina de trigo integral (opcional)
2	cucharadas de leche

Sal al gusto

Preparación

* Cocinar la ahuyama en agua con sal hasta que esté blanda, escurrir muy bien el agua, hacer un puré, agregar los demás ingredientes y cocinar por 30 minutos hasta que tome buena consistencia.

PONQUÉ DE AHUYAMA
(6 personas)

1	lb de ahuyama cocida y prensada
2	tarros pequeños de leche condensada
$^3/_4$	de taza de leche en polvo
125	g de mantequilla derretida y reposada
2	tazas de harina de trigo cernida
3	cucharaditas de polvo de hornear
$^1/_4$	cucharadita de sal
1	cucharada de jugo de limón y ralladura de la cáscara

Uvas pasas, nueces y coco rallado

Preparación

* Cocinar la ahuyama con cáscara, retirar la pulpa y formar un puré.
* Cernir la harina, el polvo de hornear y la sal.
* Mezclar muy bien la ahuyama con la leche condensada, la leche en polvo y la mantequilla; poco a poco incorporar la harina de trigo, la ralladura y el jugo de limón y los demás ingredientes.
* Verter en un molde engrasado y enharinado.
* Llevar al horno precalentado a 350° por 40 minutos.

Variación: En lugar de jugo de limón puede utilizar esencia de vainilla.

HABICHUELAS

HABICHUELAS CON ENELDO

1	lb de habichuelas
$^1/_2$	taza de vinagre de frutas
$^1/_2$	taza de panela en polvo
2	cucharadas de mostaza
1	taza de agua
$^1/_4$	cucharadita de sal
5	pepas de pimienta dulce

Ramas de eneldo

Preparación

* Quitar las puntas de las habichuelas, lavar y partir en trozos de 3 cm.
* Poner todos los ingredientes en una cazuela de fondo grueso. Cocinar a fuego medio hasta que las habichuelas tengan buena textura. Dejar enfriar.
* Conservar en frasco de vidrio con el líquido en que se cocinaron.
* Sirve para surtir las ensaladas.

HABICHUELAS CON SALCHICHAS DE VEGETALES Y ORÉGANO
(6 personas)

2	tazas de habichuelas verdes cocidas *al dente*
$^1/_4$	taza de mayonesa aromatizada con orégano (ver receta)
2	cucharadas de nueces en trozos
1	cucharada de semillas de ajonjolí
4	salchichas en rueditas doradas en aceite
2	cucharadas de hojas de perejil

Preparación

* Mezclar las habichuelas con la mayonesa. Agregar las salchichas. Espolvorear con las nueces y ajonjolí.
* Adornar con las hojas de perejil y servir a temperatura ambiente.

CHAMPIÑONES

Elegir setas frescas de aspecto firme, descartar cuando tengan zonas oscuras o humedad. Conservar refrigeradas en bolsa de papel. Las setas secas no deben tener aspecto polvoriento ni humedad.
El champiñón cultivado es más joven y tierno. Shitake, originario del Japón, se encuentra seco y envasado. Orellana o seta ostra se consigue fresca, utilizada en muchas preparaciones. Portobello es una seta grande de sombrero plano, se prepara a la plancha o al horno.
Para limpiar los champiñones antes de mojarlos, rociar con harina de trigo, frotar, sacudir, enjuagar rápidamente con agua y secar.

Recomendación para que los hongos duren frescos por 2 meses

Para conservar los hongos frescos hasta por 2 meses y para que no se achiquen al freírlos o cocinarlos, así sea para usarlos el mismo día, hacer la siguiente preparación:

1	caja de hongos
2	tazas de agua
1	cucharada de vinagre
2	limones (jugo)
2 $^1/_2$	tazas de agua hervida (fría)

* Poner los hongos en 2 tazas de agua y el jugo de limón por 2 horas, cocinar en esta misma agua y contabilizar 3 minutos a partir del momento en que suelte el primer hervor, apagar el fuego rápidamente para que no se achiquen, dejarlos enfriar en la misma agua.
* En un frasco sin tapa poner las 2 $^1/_2$ tazas de agua hervida con el vinagre, escurrir los hongos del agua en que están y pasarlos al frasco. Deben quedar perfectamente cubiertos.
* Guardar en la nevera y no taparlos por ningún motivo.

TARTA DE CHAMPIÑONES
(8 porciones)

Ingredientes para la masa

200	g de mantequilla
300	g de harina de trigo
1	cucharada de sémola de trigo
3	cucharadas de agua
Sal al gusto	

Preparación

* Poner en un recipiente todos los ingredientes, amasar con la punta de los dedos y luego con las manos hasta lograr una masa suave.
* Forrar un molde de tarta de aproximadamente 25 cm de diámetro, cortando el excedente de los bordes.

Ingredientes para el relleno

1	cebolla cabezona finamente picada		1/2	taza de florecitas de brócoli laminadas
4	cucharadas de pasta de tomate		1	cucharadita de finas hierbas
1	tomate maduro, pelado y picado		2	cucharadas de queso ricotta
2	cucharadas de aceite		1/2	taza de tomaticos cherry
3	cucharadas de sémola de trigo		6	hojas de rúgula
1	cucharada de harina de trigo		Sal y pimienta al gusto	
500	g de champiñones laminados			

Preparación

* Sofreír en una sartén con aceite las cebolla hasta que esté transparente, agregarle los champiñones laminados y sofreír por 3 minutos, reservar la mitad. Luego añadirle la pasta de tomate, el tomate picado, las finas hierbas, el brócoli, sal y pimienta. Dejar a fuego medio por 3 minutos más.
* Dejar enfriar y mezclar con la harina de trigo, sémola y queso, revolver muy bien y rellenar el molde de tarta. Llevar al horno precalentado a 250 grados por 30 minutos.
* A tiempo de servir, cubrir con los champiñones sofritos reservados, tajadas de tomaticos cherry y hojitas de rúgula.

CHAMPIÑONES MARINADOS
(4 personas)

1	lb de champiñones enteros
3	cucharadas de jugo de limón
1/2	taza de aceite de oliva
1	cucharada de hierbas frescas mezcladas (estragón, mejorana, orégano)
2	cucharadas de perejil finamente picado
1	cucharada de salsa de soya
Sal y pimienta al gusto	

Preparación

* Limpiar los champiñones. Colocarlos en una refractaria honda con tapa, mezclar con todos los ingredientes y dejar marinar por 12 horas.
* Servir frío como entrada acompañado de pan francés.

ARROZ CON CHAMPIÑONES

(8 personas)

2	tazas de arroz, lavado y escurrido
4	tazas de agua
1	cebolla cabezona grande finamente picada
2	cucharadas de aceite
2	hojas de laurel
1 $^1/_2$	lb de champiñones laminados

Sal al gusto

Preparación

* En una olla con aceite freír por unos minutos el laurel y la cebolla. Agregar los champiñones laminados y freírlos hasta que sequen.
* Incorporar el arroz y la sal. Dorar por 3 minutos. Agregar el agua caliente, tapar y cocinar por 20 minutos o hasta que los granos de arroz estén blandos.

CHAMPIÑONES A LA GRIEGA

(6 personas)

1 $^1/_2$	lb de champiñones frescos, lavados y secos
1	zanahoria rallada
1	taza de jugo de tomate
2	cucharadas de jugo de limón
3	cucharadas de cebolla cabezona finamente picada
3	cucharadas de aceite de oliva
1	cucharadita de hinojo, eneldo y laurel
1	diente de ajo finamente picado sin la vena central

Sal y pimienta al gusto

Preparación

* Freír en aceite caliente la cebolla y la zanahoria.
* Frotar los champiñones con jugo de limón.
* En una sartén aparte con aceite freír los champiñones laminados, luego mezclar con la anterior fritura, agregar las hierbas aromáticas, el tomate, sal y pimienta, y dejar que evapore un poco. Por último mezclar el ajo y dejar reposar por $^1/_2$ hora.
* Servir frío.

CHAMPIÑONES STROGANOFF
(6 personas)

3	lb de champiñones lavados y secos
3	cucharadas de cebolla cabezona finamente picada
3	cucharadas de aceite
1	cucharada de páprika
1	cucharada de mostaza
3	cucharadas de vinagre de vino de arroz
1	cucharadita de miel
2	cucharadas de salsa de soya
$^1/_2$	taza de crema de leche
1	cucharada de sagú o maicena

Caldo básico
Sal y pimienta al gusto

Preparación

* Marinar los champiñones con salsa de soya y pimienta por 10 minutos.
* En una sartén amplia con aceite freír la cebolla finamente picada y cuando esté a alta temperatura agregar los champiñones poco a poco, para sellarlos. Rociarlos con páprika y agregar el vinagre de vino de arroz, la miel, mostaza y sal al gusto; mezclar constantemente por 5 minutos.
* Agregar la crema de leche cuando los champiñones tengan buena consistencia. Si la salsa queda clara, espesar con sagú disuelto en caldo.
* Servir caliente acompañado con papas a la francesa.

Variación: Para obtener la salsa *stroganoff* utilizar los champiñones laminados.

ESTOFADO DE FRÍJOL VERDE Y CHAMPIÑÓN
(4 personas)

4	papas sabaneras (de consistencia dura)	$^1/_2$	taza de salsa napolitana (ver receta)
$^1/_2$	lb de fríjol verde fresco en vaina	$^1/_2$	taza de agua o caldo básico
1	taza de champiñones	$^1/_2$	taza de pan rallado
2	berenjenas		Aceite
3	tomates pelados y picados		Sal al gusto
1	cebolla cabezona en rodajas		

Preparación

* Cocinar las papas con cáscara al vapor, pelarlas y partirlas en tajadas gruesas.
* Desgranar el fríjol, cocinarlo hasta que esté blando, escurrirlo y freírlo en una sartén con aceite, cebolla, champiñones y tomate por 5 minutos.
* Pelar las berenjenas, dejarlas en agua con suficiente sal por 1 hora, enjuagarlas y secarlas. Pasarlas por una plancha con muy poco aceite hasta que estén blandas.
* En una refractaria engrasada poner una capa de papa, fríjoles con salsa y berenjenas; bañar con salsa napolitana disuelta con el agua o caldo básico. Rociar con pan rallado, llevar al horno a 250 grados por 20 minutos.
* Servir con arroz de perejil, (ver receta).

PLANCHA DE CHAMPIÑONES
(1 persona)

$^1/_2$	lb de tomates cherry
$^1/_2$	lb de champiñones medianos
1	cucharada de salsa de soya
1	cucharadita de cebollín finamente picado
$^1/_2$	cucharadita de mostaza
$^1/_2$	cucharadita de ajo macerado sin vena central
150	g de queso mozzarella rallado grueso (opcional)
1	cucharada de perejil liso finamente picado
$^1/_2$	cucharadita de albahaca

Jugo de 1 limón
Sal y pimienta al gusto
Aceite

Preparación

* Abrir los tomates en cruz en la parte superior.
* Lavar muy bien los champiñones con limón y agua, secar. Después marinarlos con salsa de soya, cebollín, mostaza, ajo, sal y pimienta, por $^1/_2$ hora.
* Poner los champiñones en una sartén plana muy caliente hasta que doren. Luego pasarlos a un recipiente de poco fondo con los tomates, cubrir con el queso y llevar al horno a 250 grados por 5 minutos para fundir el queso.
* A tiempo de servir cubrir con perejil y albahaca.
* Acompañar de pan integral o papas fritas.

PORTOBELLOS GRATINADOS CON SEMILLAS DE AJONJOLÍ

(4 personas)

1	cucharada de semillas de ajonjolí		1	cucharada de cebollín finamente picado
2	cucharadas de salsa teriyaki		1	cucharada de aceite de ajonjolí
1	cucharada de vinagre de vino de arroz		4	portobellos
¹/₂	cucharada de panela en polvo o miel			Cebollín picado largo

Preparación

* Dorar las semillas de ajonjolí.
* Limpiar los portobellos (o setas), marinarlos por 5 minutos con teriyaki, vinagre de vino de arroz, miel, cebollín y aceite.
* Dorar los portobellos por cada lado en una plancha caliente unos 5 minutos, pincelándolos con la marinada. Ponerlos en una lata de horno y bañarlos con la marinada sobrante. Llevarlos al horno precalentado a 250 grados por 10 minutos o hasta que estén dorados.
* Espolvorear con las semillas de ajonjolí y el cebollín picado largo.

ROLLO DE CHAMPIÑONES

(6 personas)

1	lb de masa de hojaldre		¹/₂	taza de cebollín finamente picado
5	tajadas de queso cheddar		2	zanahorias grandes cocinadas en caldo básico
1	lb de champiñones laminados			Aceite
¹/₂	taza de nueces picadas			Sal y pimienta al gusto
1	manojo de espinacas sin el tallo			

Preparación

* Cocinar las zanahorias en el caldo básico hasta que ablanden. Licuar en poco caldo hasta formar una crema.
* Extender el hojaldre con rodillo sobre una superficie plana.
* Colocar en el centro y a lo largo las tajadas de queso, nueces picadas, champiñones, cebollín picado y espolvorear con sal y pimienta.
* Hacer un rollo de unos 5 cm de diámetro y sellar los extremos, poner sobre una lata engrasada.
* Llevar al horno precalentado a 250 grados por 15 minutos o hasta que el hojaldre esté dorado.
* Cocinar las espinacas, exprimirlas y saltearlas en una cucharada de aceite con cebollín, sal y pimienta.
* Servir el rollo, cortado en seis porciones, sobre la crema de zanahoria caliente y adornarlo con las hojas de espinacas.

PORTOBELLOS EN CURRY VERDE

(4 personas)

5	champiñones portobello
1	mango maduro y firme
6	estrellas de anís (anís estrellado)
4	cucharadas de crema de leche
3	cucharadas de salsa de soya
1	cucharadita de curry verde
	(se consigue en supermercados)

Aceite
Sal y pimienta al gusto

Preparación

* Lavar y secar bien los champiñones. Cortar un champiñón en rodajas finas.
* Pelar el mango y partirlo en cascos medianos.
* Dorar los champiñones enteros en 1 cucharada de aceite caliente por 5 minutos, luego agregar las rodajas y dejar 3 minutos más.
* Agregar salsa soya, mango y anís, revolver por 3 minutos más, adicionar la crema de leche y el curry, dejar 1 minuto más y servir inmediatamente.

BERENJENAS

Escogerlas de aspecto liso y brillante, sin manchas café. Se deben conservar en un lugar fresco. Crudas son tóxicas. Se deben desangrar antes de utilizarlas para quitarles su sabor amargo. Hay tres formas de hacerlo:
* Sumergirlas en agua con abundante sal por 1 hora.
* Cubrirlas con agua leche proporción 2:1 y sal por 1 hora.
* Frotarlas con abundante sal, colocarlas en un colador con un peso encima y dejar que escurran por 1 hora.
* Finalmente enjuagar con abundante agua y secar.

ALBÓNDIGAS DE BERENJENA

25   g de mantequilla
2   tallos de apio finamente picados
2   berenjenas peladas, partidas y desangradas
1   cucharadita de puré de tomate
$^{1}/_{2}$ cucharadita de comino molido
100   g de pepitas de calabaza tostadas y finamente picadas
60   g de pan integral rallado
Sal y pimienta al gusto

Preparación

* En una sartén con mantequilla saltear el apio a fuego medio hasta que esté tierno. Adicionar la berenjena y cocinar hasta que se forme una pulpa, luego agregar el tomate, el comino, las pepas de calabaza, el pan, sal y pimienta. Mezclar bien y formar bolitas.
* Hornear a 250 grados por 10 minutos.

BERENJENAS A LA BRASA
(4 personas)

3   berenjenas muy sanas
3   cucharadas de salsa de soya
1   cucharada de panela en polvo
$^{1}/_{2}$ taza de caldo básico
1   cucharada de aceite de ajonjolí
2   cucharadas de semillas de ajonjolí
Aceite

Preparación

* Partir las berenjenas en rebanadas gruesas, sumergirlas en abundante agua salada por 1 hora, enjuagar y secar.
* Freír las berenjenas en aceite caliente.
* En otra sartén poner aceite y semillas de ajonjolí, salsa de soya, caldo básico y panela en polvo; revolver y cocinar por 2 minutos. Rociar las berenjenas con la salsa anterior.

Variación de salsa: Puede agregar cebollín picado, jengibre rallado, ajo, picante y una cucharadita de sagú disuelto en agua, cocinar por 5 minutos y rociar las berenjenas.

BERENJENAS EN ESCABECHE
(6 personas)

2	lb de berenjenas
2	cucharadas de aceite
1	cucharada de vinagre
1	diente de ajo picado sin la vena central
1	cucharadita de orégano

Sal y pimienta verde al gusto

Preparación

* Cortar las berenjenas en rodajas bastante gruesas y hervir en agua salada, sacar cuando aún estén consistentes, escurrir un rato para que boten el agua. Poner en una vasija de vidrio o de porcelana y agregar el resto de ingredientes, mezclar cuidadosamente sin romperlas. Conservar más o menos 8 horas.

BERENJENAS GRATINADAS
(6 personas)

6	berenjenas medianas
1	taza de guiso de tomate y cebolla
2	cucharadas de aceite de oliva
1	taza de queso mozzarella rallado grueso
$1/2$	taza de salsa blanca (ver receta)
$1/2$	taza de miga de pan
$1/2$	lb de queso de soya rallado (pasado por agua caliente 5 minutos)
2	cucharadas de crema de leche (opcional)

Preparación

* Partir las berenjenas por mitad a lo largo. Sacar con una cuchara la parte central de la berenjena y picar esta pulpa en cuadritos. Poner la pulpa y la coca de la berenjena en agua con sal por 1 hora. Enjuagar y escurrir.
* Rociar las cocas de berenjena con sal y pimienta y bañar con aceite de oliva. Freír el picadillo de la berenjena con el guiso hasta que esté blando. Luego agregar el queso de soya, la crema de leche y la miga de pan.
* Rectificar el sabor y revolver todo con la salsa blanca.
* Rellenar las cocas de berenjena con el preparado anterior, cubrirlas con el queso mozzarella y llevar al horno precalentado a 250 grados hasta que gratinen.
* Servir calientes.

BERENJENAS MANCHEGO
(6 personas)

6	papas	$^1/_2$	cucharadita de orégano
3	berenjenas	5	tomates frescos maduros
1	cucharada de albahaca fresca picada	$^1/_2$	taza de queso parmesano
1	cucharadita de páprika	1	cucharadita de canela y nuez moscada
Aceite			

Preparación

* Cocinar los tomates con 2 cucharadas de agua por 5 minutos, retirar, licuar y colar.
* Pelar las papas y partir en tajadas gruesas, prepararlas fritas o al vapor (que queden firmes).
* Partir las berenjenas en cuadritos, sumergirlas en abundante agua salada por 1 hora, enjuagar, secar y rociar con especies, pasar por la plancha caliente con un poco de aceite.
* Arreglar en cazuelas por capas: papas, berenjenas rociadas con albahaca, páprika, orégano, salsa de tomate y el queso parmesano. Llevar al horno precalentado a 250 grados hasta que gratine.

BERENJENAS MASALA
(4 personas)

2   berenjenas peladas y partidas en trozos grandes
1   cucharadita de cúrcuma
$^1/_2$ taza de cebollín
$^1/_2$ cucharadita de panela en polvo
5   cucharadas de yogur natural (sin dulce)
1   cucharadita de comino tostado y molido
Sal al gusto
Aceite de mostaza (3 cucharadas de aceite por $^1/_2$ cucharadita de mostaza)

Preparación

* Sumergir las berenjenas en abundante agua salada por 1 hora, enjuagar y secar con papel absorbente. Frotarlas con cúrcuma y freírlas en poco aceite caliente, escurrirlas sobre papel absorbente.
* Freír en poco aceite la cebolla con la panela, agregar el yogur y cocinar por 2 minutos. Cuando empiece a hervir, agregar la berenjena y dejar hervir por 5 minutos. Antes de retirarlas, rociar con el comino molido.

BERENJENAS MEDITERRÁNEAS
(4 personas)

2	berenjenas peladas y cortadas delgadas a lo largo
2	tomates grandes maduros pelados y partidos en tajadas
8	tajadas de queso mozzarella
1	cucharadita de orégano
3	cucharadas de aceite de oliva
1	cucharada de albahaca fresca picada
1	cucharadita de laurel
Sal y pimienta al gusto	

Preparación

* Sumergir las berenjenas en agua con abundante sal por 1 hora, escurrir y enjuagar.
* Dorar las berenjenas a la plancha con poco aceite. Preparar una refractaria de poco fondo, entremezclar tajadas de berenjena, tomate y queso, rociar con los demás ingredientes. Llevar al horno precalentado a 250 grados por 5 minutos.
* Servir caliente como entrada.

MOUSSAKA DE BERENJENA
(8 personas)

3	berenjenas medianas
1	lb de tomates pelados, picados pequeños
$^1/_2$	lb de hojaldre
1	cebolla cabezona grande en rodajas
1	lb de gluten picado fino o molido grueso
2	cucharadas de vinagre de vino tinto o de arroz
2	cucharadas de aceite de oliva corriente
1	cucharada de perejil picado
1	cucharada de menta o hierbabuena fresca picada
$^1/_2$	cucharadita de canela

Salsa de queso

2	cucharadas de mantequilla
$^1/_3$	taza de harina
2	tazas de leche
$^2/_3$	taza de queso emmental o gruyere rallado

Sal y pimienta blanca al gusto

Preparación

* Colocar en una refractaria de 5 cm de hondo una capa de hojaldre pinchado con tenedor y poner a hornear, hasta que la masa esté crocante.
* Pelar las berenjenas y partirlas en ruedas, sumergirlas en abundante agua salada. Después de 1 hora enjuagarlas y secarlas con papel absorbente.
* En una sartén saltear el gluten con la cebolla a fuego alto por 10 minutos, agregar el vinagre, el tomate, las hierbas y las especias. Cocinar a fuego bajo hasta formar una salsa espesa.

Salsa de queso

* En otra sartén derretir la mantequilla y agregar la harina, mezclar mientras se cocina a fuego lento. Agregar leche tibia revolviendo, para que no se formen grumos, hasta que hierva. Retirar del fuego y agregar el queso.
* En una sartén freír las berenjenas hasta que estén doradas. Arreglar por capas en la refractaria con hojaldre parte de las berenjenas, luego el gluten, el resto de las berenjenas, cubrir con la salsa de queso y hornear a 250 grados por 20 minutos.
* Servir tibio.

CAZUELA DE BERENJENA Y PAPA
(6 personas)

6	papas de consistencia dura (sabaneras)
4	berenjenas partidas en láminas medianas
1	taza de salsa boloñesa (ver receta)
1	taza de salsa blanca

Queso parmesano o pan rallado
Aceite

Preparación

* Pelar las papas, partirlas en rebanadas gruesas y freír en un poco de aceite (deben quedar medio crudas).
* Conservar las berenjenas por 1 hora en agua con bastante sal, enjuagar y dorar a la plancha o en sartén con poco aceite.
* En una cazuela amplia poner en capas salsa boloñesa, papas, salsa blanca, berenjenas, y así sucesivamente hasta acabar los ingredientes.
* Cubrir con pan rallado o queso parmesano. Llevar a fuego medio y cocinar hasta que las papas estén tiernas.

CAPONATA DE BERENJENAS
(4 personas)

2	berenjenas
1	cebolla finamente picada
2	tomates pelados y en rodajas
1	cucharada de alcaparras picadas
1	tallo de apio picado
1	cucharada de aceitunas picadas
2	cucharadas de vinagre
1	cucharadita de panela en polvo
	Uvas pasas (opcional)
	Almendras (opcional)

Preparación

* Cortar las berenjenas en cuadros sin pelar, sumergirlas en abundante agua salada por 1 hora o agua leche y sal.
* En una sartén freír la cebolla, el tomate, las alcaparras, el apio y las aceitunas; dejar dorar todo y apartar del fuego.
* Lavar las berenjenas, secarlas y freírlas en otra sartén con aceite caliente. Dejarlas enfriar y mezclar con la preparación anterior. Añadir el vinagre y la panela. Poner nuevamente al fuego para que el vinagre se evapore (se le puede agregar pasas y almendras al tiempo con el vinagre).
* Servir frío como entrada o como complemento de barra de ensaladas.

AGUACATE

Es un fruto con alto contenido en grasa, de mayoría monoinsaturada. Para conocer un aguacate maduro, presionar la base y la punta, las cuales cederán un poco; pueden comprarse verdes o maduros; para acelerar su maduración conservar en bolsa de papel.

CREMA DE AGUACATE Y PAPA
(6 personas)

1	lechuga
2	aguacates maduros y blandos
1	cucharada de aceite de oliva
1	cucharada de cilantro picado
$^1/_2$	cucharadita de pimienta

Sal al gusto

Preparación

* Licuar todos los ingredientes muy bien (menos la lechuga).
* Servir en copas de coctel sobre fondo de lechuga, agregar la sal al momento de servir para que no se oscurezca.
* Acompañarlo con papas fritas chips o a la francesa.

ENSALADA DE AGUACATE Y ACEITUNAS
(8 personas)

2	aguacates maduros y firmes
1	frasco de aceitunas negras o moradas deshuesadas
$^1/_2$	lb de tomates cherry o tomates maduros partidos en cuadritos
1	lechuga romana
1	lechuga morada crespa
2	cucharadas de aceite de oliva
2	cucharadas de perejil finamente picado
1	cucharada de vinagre balsámico

Sal y pimienta negra recién molida

Preparación

* Lavar las lechugas, secarlas y trocearlas con los dedos, desechando la parte gruesa.
* Partir el aguacate y formar bolitas con una cucharita pequeña o un sacabocados. Lavar los tomates.
* En una ensaladera plana colocar por capas las lechugas, el aguacate, los tomates y las aceitunas. Preparar vinagreta: vinagre balsámico, aceite de oliva, sal y pimienta; rociar con perejil.

ENSALADA DE AGUACATE Y ORÉGANO
(4 personas)

2	aguacates grandes y maduros
1	lechuga
4	tomates maduros
175	g de queso Manchego
6	cucharadas de aceite de oliva
2	cucharadas de vinagre de vino blanco
1	cucharadita de orégano seco

Sal y pimienta negra al gusto

Preparación

* Cortar los aguacates por la mitad, pelarlos y sacarles la pepa.
* Poner en cada plato una hoja de lechuga y encima una mitad de aguacate, con el lado del corte hacia abajo.
* Cortar el aguacate por el centro a lo largo y luego en rebanadas sin que pierda su forma.
* Lavar los tomates, pelarlos y cortarlos por la mitad, rebanar cada mitad.
* Rebanar el queso al mismo tamaño del tomate y alternarlo entre el tomate y el aguacate.
* Rociar con sal y pimienta; luego mezclar el aceite y el vinagre, y nuevamente rociar con este aderezo la ensalada.
* A tiempo de servir espolvorear cada plato con un poco de orégano.

ALCACHOFAS

Preparar las alcachofas lavándolas en un chorro de agua fuerte, cortar la parte extrema del tallo y las puntas de las hojas. Dejar en agua y limón por 10 minutos, enjuagar y luego cocinar en olla a presión con abundante agua y sal, por 15 minutos, si no se utiliza esta olla cocinar de 30 a 40 minutos. Dejar enfriar, retirar las hojas gruesas, la espina del centro y la pelusa que se forma debajo de ésta. Coger la alcachofa de lado y podar medio centímetro de las hojas, dejando los corazones y las hojas más tiernas. De las hojas gruesas se puede utilizar la base con vinagreta o mantequilla derretida, o licuadas y coladas para hacer cremas.

ALCACHOFAS A LA GRIEGA

(4 personas)

4	alcachofas pequeñas y tiernas
3	limones
2	tazas de agua
1	taza baja de aceite de oliva
2	cucharaditas de cilantro finamente picado
1	cucharadita de pimienta fresca molida
1/2	cucharadita de tomillo
1/2	cucharadita de laurel
1/2	cucharadita de perejil
1/4	cucharadita de hinojo seco

Sal al gusto

Preparación

* Lavar las alcachofas, partirlas a la mitad, prepararlas según la indicación anterior y frotarlas con el jugo de 1 limón.
* Quitar la piel de 1 limón y ponerlo en una sartén con el agua, jugo de 2 limones, aceite y los demás ingredientes; cuando empiece a hervir añadir las alcachofas y cocinar por 30 minutos. Sacarlas y escurrirlas, seguir cocinando el líquido hasta que se reduzca a la mitad, colar y verter sobre las alcachofas.

ALCACHOFAS CON CHAMPIÑONES

(6 personas)

6	alcachofas		1/2	taza de crema de leche
1 1/2	lb de champiñones		4	cucharadas de perejil picado
1	cucharada de mantequilla		2	cucharadas de harina de trigo
2	cucharaditas de aceite		Sal y pimienta al gusto	
4	cucharadas de cebollín			

Preparación

* Preparar las alcachofas según la indicación inicial.
* Limpiar los champiñones y partir en láminas gruesas. En una sartén calentar la mantequilla con aceite para evitar que esta se queme, freír el cebollín e ir pasando poco a poco los champiñones hasta que queden brillantes. Retirar los champiñones de la sartén, en la grasa que queda agregar la harina de trigo y disolver con el caldo del champiñón formando una salsa. Añadir la crema de leche, sal y pimienta. Si la salsa queda muy seca adicionar un poco del caldo de las alcachofas. Dejar hervir 5 minutos y volver a poner los champiñones.
* Rociar las alcachofas con sal y pimienta, calentar en mantequilla, pasarlas al plato y bañarlas con la salsa de champiñones.
* Acompañar con puré de papas.

CORAZONES DE ALCACHOFAS A LA GITANA
(4 personas)

4	alcachofas grandes	1	diente de ajo sin la vena central
5	cucharadas de aceite de oliva	6	aceitunas negras
1	cucharada de vinagre	1	tomate maduro pelado
1	ramita de estragón fresco	4	hojas de lechuga verde fresca
1	pimentón rojo procesado		Sal y pimienta al gusto

Preparación

* Preparar las alcachofas según la indicación inicial.
* Procesar el pimentón, eliminando piel y semillas, y cortarlo en tiras pequeñas, luego freír en 2 cucharadas de aceite caliente por 2 minutos.
* Picar el diente de ajo, añadirlo al pimentón, sazonar con sal y pimienta y dejar enfriar. Cuando las alcachofas estén blandas, escurrirlas y dejarlas enfriar. Quitar las hojas gruesas, redondeando los corazones y conservando las hojas tiernas, separar la parte comestible de las hojas gruesas con la ayuda de una cucharita o cuchillo; preparar una vinagreta con el resto del aceite, vinagre, sal y pimienta, añadir el estragón y la parte comestible de las hojas gruesas.
* Preparar una bandeja con lechugas, colocar las alcachofas y cubrirlas con la vinagreta, ruedas de tomate y aceitunas picadas.

CREMA DE ALCACHOFA
(4 personas)

5	tazas de caldo básico
4	alcachofas
1	mazorca desgranada
1	cucharada de perejil y cilantro finamente picado

Papas en fosforito o cuadros de pan tostado
Crema de leche (opcional)

Preparación

* Cocinar en el caldo básico las alcachofas, siguiendo la preparación indicada, con la mazorca desgranada, por 25 minutos o hasta que todo esté blando.
* Sacar las alcachofas y enfriar. Separar las hojas gruesas de los corazones, licuar estas hojas en el caldo y colar.
* Partir los corazones en cuadritos y reservar.
* Volver a licuar el caldo colado con la mazorca, hervir 5 minutos y rectificar el sabor.
* Agregar los corazones picados.
* Servir caliente acompañado con papas en fosforito, cilantro, perejil y un poco de crema de leche.

ZANAHORIA

Elegir zanahorias firmes al tacto, de tamaño mediano y piel lisa.

GAJAR VADA
(5 porciones)

4	zanahorias ralladas (por la parte fina del rallador)	1	cucharadita de levadura en polvo
2	cucharadas de nueces maceradas	1	cucharadita de cúrcuma
1	cucharada de coco rallado	3	cucharadas de harina de trigo integral
1	cucharada de cilantro y perejil frescos picados	1	cucharada de harina de trigo
1	cucharadita de mezcla de comino y jengibre rallado o en polvo	Aceite para freír	

Preparación

* Preparar la levadura en polvo en $^1/_2$ taza de agua tibia con una pizca de dulce, dejar reposar en un ambiente tibio por 5 minutos; cuando forme la espuma, mezclar con las zanahorias y el resto de ingredientes hasta lograr una pasta firme.
* Calentar el aceite en una sartén de fondo grueso a fuego moderado, freír por cucharadas la mezcla anterior hasta que doren las tortitas (4 a 5 minutos).
* Servir con raitas de verduras (ver receta en espinacas) o con yogur natural.

HALVA CON ZANAHORIA
(8 personas)

1	lb de zanahorias peladas y finamente ralladas	5	vainas de cardamomo desgranado
1	lt de leche fresca o de soya	$^1/_2$	taza de uvas pasas
$^1/_4$	lb de panela en polvo	$^1/_2$	taza de nueces o almendras en trozos
3	cucharadas de mantequilla		

Preparación

* Cocinar las zanahorias en la leche y con la panela en polvo. Cuando la leche empiece a hervir, seguir cocinando a fuego bajo, revolviendo de vez en cuando hasta que evapore parte del líquido; en este momento mezclarle las uvas pasas y las nueces.
* Calentar la mantequilla con las semillas del cardamomo, agregar a la mezcla anterior y cocinar hasta que esté cremoso.
* Servir frío.

ÑOQUIS DE ZANAHORIA

(6 personas)

1	taza de arroz integral cocido
2	zanahorias cocidas al vapor
$^1/_2$	taza de queso parmesano
1	taza de sémola
3	tazas de caldo básico

Harina de trigo integral según la necesidad
Sal marina y pimienta al gusto

Preparación

* Pasar por el procesador o moler el arroz cocido hasta formar una masa homogénea. Repetir la operación con las zanahorias. Unir ambas preparaciones y formar un puré. Agregar la sémola y la harina integral hasta llegar a una consistencia que permita hacer rollos. Amasar sobre la mesa enharinada formando bastones. Cortar los bastones de 4 cm para obtener los ñoquis y colocarlos en una bandeja

* Hervir el caldo e ir agregando los ñoquis sin que se vayan a pegar entre sí (hacerlo en dos etapas si es necesario).

* Escurrir y espolvorear con queso, sal y pimienta. Conservar calientes.

* Servir los ñoquis en una fuente y cubrir con la salsa deseada (puede ser tomate fresco o pesto de albahaca).

ZANAHORIA A LA ITALIANA
(6 personas)

1 ½   lb de zanahorias pequeñas
½   taza de arroz
3   cebollas cabezonas medianas
200   g de queso paipa (emmental) rallado
1   cucharada de mantequilla

1   cucharada de aceite de oliva
¼   cucharadita de tomillo
1   cucharadita de orégano
Sal y pimienta al gusto

Preparación

* Picar las cebollas muy finas.
* En una cazuela gruesa calentar el aceite, agregar el arroz y la mitad de las cebollas. Revolver con frecuencia sin dejar dorar el arroz. Bajar del fuego y añadir 1 taza de agua hirviendo. Añadir el tomillo, el orégano, sal y pimienta. Poner nuevamente la olla a fuego lento por 15 minutos, siempre tapada, hasta que el arroz esté blando. Entre tanto, limpiar las zanahorias y partirlas en láminas finas y luego en cuartos.
* En una sartén con una cucharada de aceite, freír las zanahorias y el resto de la cebolla. Agregar sal y pimienta, cocinar por 3 minutos.
* Revolver con el arroz, las zanahorias y la mitad del queso. Colocar en una fuente y rociar con el resto del queso.
* Llevar al horno a 250 grados hasta que gratine.

ZANAHORIA CON CHAMPIÑONES
(4 personas)

1   lb de zanahoria mini
½   lb de champiñones pequeños enteros
1   cucharada de aceite y mantequilla
1   cucharadita de azúcar
1   cucharadita de nuez moscada

1   taza de caldo básico
1   cucharada de crema de leche
Cebollín y perejil, picados
Sal y pimienta al gusto

Preparación

* Lavar rápidamente los champiñones y secar.
* En una sartén con mantequilla y aceite rociar el cebollín y freír los champiñones por 2 minutos. Condimentar con sal y pimienta.
* Limpiar las zanahorias sin pelar y partirlas en trozos de 2 cm. Ponerlas en una cazuela con el caldo, la sal, la pimienta, la nuez moscada y el azúcar. Hervir por 3 minutos. Luego mezclar con los champiñones y conservar hasta que seque un poco el caldo.
* Acompañar con cuadros de pan tostado.

PEPINOS

CEVICHE DE VEGETALES
(4 personas)

2	tomates pelados, sin semilla y picados
$^1/_2$	lb de pepino cohombro
2	aguacates picados en cuadros y rociados con limón
2	cebollas cabezonas moradas partidas en cascos
1	taza de cebollín picado
1	coliflor mediana en florecitas
8	tortillas de maíz crujientes
1	taza de hojas de rúgula

Aderezo

1	cucharadita de semillas de cilantro molidas
1	cucharadita de azúcar
2	cucharadas de crema de leche o yogur
2	cucharadas de cilantro picado

Ají al gusto
Jugo de un limón
Ralladura de una naranja y su jugo

Preparación

* Batir los ingredientes del aderezo y dejar reposar en un recipiente tapado.
* Pelar los pepinos, picarlos en cuadritos, espolvorearlos con sal y dejarlos que boten agua durante $^1/_2$ hora luego enjuagarlos y escurrirlos.
* Cocinar la coliflor 2 minutos en agua hirviendo con sal y refrescar en agua fría; ponerla en un recipiente grande para mezclar con los demás ingredientes picados y la salsa; dejar reposar media hora.
* Servir en las tortillas de a 2 por persona, decorando con la rúgula picada.

Variación: La coliflor puede reemplazarse por la parte blanda de las hojas y corazones de alcachofa picados.

PEPINOS AL YOGUR

(6 personas)

2   pepinos cohombro
4   cucharadas de queso crema
2   cucharadas de yogur sin dulce
1   cucharadita de páprika
2   cucharaditas de cebollín picado
Sal y pimienta al gusto

Preparación

* Pelar parcialmente los pepinos, cortar cada uno en 3 trozos, vaciarlos formando cajitas, espolvorearlos con sal y dejarlos que boten agua durante media hora, luego enjuagar y escurrir.
* Mezclar los demás ingredientes, formando una crema, rellenar las cajitas del pepino con la preparación del queso y refrigerar.

FATTUCH

(6 personas)

6	panes árabes tostados	$^1/_2$	taza de cebollín picado
4	pepinos cohombros pelados y picados	1	cebolla cabezona picada
1	lechuga grande lisa picada		Jugo de un limón grande
$^1/_2$	taza de aceitunas (preferiblemente negras) picadas		Sal, pimienta y aceite
1	taza de hierbabuena fresca picada		Tomate (opcional)
1	cucharada de hierbabuena seca		

Preparación

* Espolvorear los pepinos con sal y dejarlos que boten agua durante $^1/_2$ hora luego enjuagarlos y escurrirlos.
* Picar el resto de las verduras, enjuagarlas y dejarlas en un colador.
* Humedecer el pan en agua sin que se desate y revolver con las verduras agregándole los demás ingredientes.
* Esta ensalada acompaña quibbes, falafel o empanaditas de espinaca.

PEPINOS CRIOLLOS

(6 personas)

6	pepinos criollos para rellenar	$^1/_2$	taza de cebolla larga picada
1	taza de salsa boloñesa (ver receta)	1	taza de tomate pelado y picado
$^1/_2$	taza de arroz cocido	$^1/_2$	taza de caldo básico
$^1/_2$	taza de puré de papa criolla	6	cucharadas de queso parmesano
3	cucharadas de aceite	$^1/_2$	cucharadita de cúrcuma
	Sal y pimienta al gusto		

Preparación

* Lavar los pepinos, abrirlos y retirar las semillas. Ponerlos en agua hirviendo por 3 minutos y escurrir.
* Preparar la salsa boloñesa, revolver con el arroz y el puré. Rellenar los pepinos con esta mezcla.
* Preparar un guiso con la cebolla, el tomate, la cúrcuma, sal y pimienta, y aclararlo con el caldo básico.
* Poner los pepinos en una fuente engrasada, cubrir con el guiso, rociar con el queso parmesano y llevar al horno precalentado a 250 grados por 15 minutos.

APIO

APIO ORIENTAL
(6 personas)

2	tazas de tallos de apio en trozos cortados en diagonal
3	cucharadas de aceite
1	lb de champiñones partidos por mitad
1	frasco de maíz miniatura en trocitos o mazorca tierna
2	tazas de caldo básico
2	cucharadas de maicena
$^1/_2$	taza de agua
1	cucharada de salsa de soya

Sal y pimienta al gusto

Preparación

* En una sartén con aceite caliente freír el apio, los champiñones y la mazorca; conservar por 5 minutos a fuego bajo. Agregar el caldo, la salsa de soya y la maicena disuelta en el agua. Condimentar con sal y pimienta. Dejar conservar a fuego lento, hasta que se forme una salsa espesa.

ARROZ CON APIO Y AJONJOLÍ
(6 personas)

1 $^1/_2$	taza de arroz precocido o integral	2	cucharadas de aceite
2	tazas de tallos de apio picado	4	tazas de agua
$^1/_2$	taza de ajonjolí	2	cucharaditas de sal

Preparación

* Poner en una olla el agua con las dos cucharadas de aceite. Cuando empiece a hervir agregar el arroz, lavado y escurrido. Dejar a fuego alto hasta que se formen burbujas, en ese momento tapar y dejar a fuego lento por 20 minutos. Cuando el arroz haya crecido lo suficiente, agregar la sal disuelta en un poquito de agua y el apio picado y sofrito; revolver.
* A tiempo de servir, mezclar con el ajonjolí tostado.

CAZUELA DE APIO
(6 personas)

2	matas de apio
3	tomates grandes maduros
2	cebollas cabezonas
2	zanahorias medianas
2	cucharadas de mantequilla
2	cucharadas de aceite
3	tazas de caldo básico
1	ramillete de hierbas aromáticas (ej: perejil, orégano, tomillo, etc.)

Sal y pimienta al gusto

Preparación

* Tomar las partes blancas del apio, partir en trozos y cocinar por 3 minutos. Luego pasar por agua fría y secar.
* Pelar las cebollas y partir en rodajas. Limpiar las zanahorias y partirlas en cubos. Pelar los tomates, quitarles las semillas y partirlos en trozos.
* En una sartén mezclar la mantequilla con el aceite. Freír la cebolla y luego las demás verduras. Por último, añadir los tomates, el ramillete de hierbas y el caldo, rectificar el sabor y agregar sal y pimienta. Dejar a fuego lento por $1/2$ hora.
* Servir caliente.

ACELGAS

Elegir hojas oscuras y brillantes con el tallo blanco o rojizo. Los tallos y las hojas se deben cocinar por separado.

TALLOS DE ACELGAS AL CURRY
(8 personas)

2	lb de acelgas (usar la parte blanca)	2	cucharadas de harina de trigo
1	tallo grande de apio	1	cucharadita de curry
1	cebolla cabezona morada	3	tazas de cuadros de pan tostado o crotones
4	cucharadas de puré de tomate	400	g de jamón de vegetales
1	taza de caldo básico	2	cucharadas de mayonesa vegetariana (ver receta)
1	cucharada de mantequilla		

Preparación

* Limpiar la parte blanca de las acelgas, cortarlas en trozos de 4 o 5 cm y cocinarlas en agua con sal por 15 minutos.
* Picar en julianas el apio y la cebolla. En una sartén gruesa derretir la mantequilla y colocar los trozos de acelgas con el apio y cebolla; sofreír un poco y agregar el puré de tomate.
* En 1 taza de caldo de cocción, disolver la harina de trigo y agregarla a las acelgas. Luego, sin dejar de revolver suavemente, poner el curry.
* Tostar los cuadros de pan en una sartén untada de aceite.
* Picar el jamón en cuadros y revolverlos con la mayonesa.
* Agregar los cuadros de pan y servir en una bandeja alrededor de las acelgas calientes.
* Acompañar con arroz o papas.

TORTA DE HOJAS DE ACELGAS
(6 porciones)

Ingredientes

2	lb de hojas de acelga (utilizar la parte verde)
1	paquete de hojaldre o pasta quebrada
2	cucharadas de mantequilla
200	g de salchichas de vegetales en picadillo
3	cucharadas de perejil picado
2	dientes de ajo finamente picados sin la vena central
1	cucharada de harina de trigo

Sal y pimienta al gusto

Preparación

* Cocinar las acelgas en agua hirviendo por 5 minutos. Sacar, escurrir y picar la parte verde.
* En una sartén con mantequilla freír por 5 minutos las salchichas, el ajo y las acelgas, rociadas con sal y pimienta; por último agregar el perejil picado.
* Engrasar con mantequilla un molde, preferiblemente redondo. Tener el hojaldre a temperatura ambiente, estirarlo con un rodillo sobre una superficie enharinada, cubrir el molde con una capa de hojaldre y rellenar con picadillo, luego colocar la tapa de hojaldre y sellar bien los bordes con los dedos humedecidos en agua fría. Llevar al horno a 250 grados por unos 20 minutos.
* Dejar reposar por 5 minutos y desmoldar.

TOMATES

Deben ser firmes pero no muy duros, de piel lisa y buen color; por ningún motivo deben consumirse verdes. Es imprescindible desinfectarlos en un litro de agua con dos gotas de hipoclorito (clorox) por una hora.

ASADO DE TOMATES Y PIMIENTOS
(6 personas)

4	pimientos rojos procesados y en julianas
6	tomates grandes maduros
4	cucharadas de albahaca picada
1	cucharada de tomillo en polvo
2	dientes de ajo picados sin la vena central
2	dientes de ajo partidos por mitad sin la vena central
3	cucharadas de aceitunas negras partidas
4	cucharadas de aceite de oliva
$^1/_2$	lb de tofu en tiras

Pimienta al gusto
Miga de pan fresco

Preparación

* Poner los pimientos sobre una parrilla a fuego alto o en el horno, hasta que se quemen y tornen negros, guardarlos en bolsa plástica sellada para que el vapor acabe de ablandar la cáscara, luego sacar, pelar y quitar la semilla. Si no se utilizan inmediatamente, guardar en frasco de vidrio con aceite de oliva y ajo partido por mitad.
* Pelar los tomates y partir en rodajas.
* Aceitar levemente la refractaria. Cubrir el fondo con una capa de tomate. Luego el tofu en tiras, cubrir con albahaca, tomillo, ajo picado y la mitad de las aceitunas. Sazonar con pimienta. Añadir la mitad del pimentón y otra capa de tomate. Repetir el proceso (2 capas), cubrir con miga de pan. Rociar con aceite.
* Hornear a 250 grados por 10 minutos. Servir caliente.

TARTA DE ESPINACA Y TOMATE
(6 personas)

8   hojas de espinaca
5   tomates
3   cucharadas de aceite de oliva
2   cucharadas de salsa de soya
1   cucharadita de azúcar
Pimienta al gusto

Preparación

* Blanquear las espinacas (en agua caliente por 3 minutos). Pelar los tomates, quitar las semillas y partir en cuadros, ponerlos en una mezcla de aceite, pimienta, azúcar y salsa de soya, a fuego lento, sin dejarlos cocinar (apenas tibiar).
* Cubrir un molde pequeño individual, engrasado, con las hojas de espinaca escurridas.
* Llenar con 1 ½ cucharada del tomate. Tapar con las mismas hojas. Desmoldar boca abajo sobre el plato que se va a llevar a la mesa. Rociar con pimienta recién molida.

TOMATES RELLENOS CON ESPINACA
(12 personas)

12   tomates medianos, no muy maduros
2   tazas de espinaca cocida
4   cucharadas de crema de leche
6   cucharadas de queso parmesano
6   cucharadas de cebollín finamente picado
2   cucharadas de mantequilla
Sal y pimienta al gusto

Preparación

* Lavar muy bien los tomates y quitar la tapa de la parte redonda. Sacar las semillas. Rociar los tomates por dentro con un poco de sal y ponerlos boca abajo. Exprimir la espinaca y picarla fina.
* Freír el cebollín en mantequilla, agregar la espinaca, crema de leche, 2 cucharadas de queso, pimienta y sal. Rellenar los tomates, cubrirlos con el resto del queso y servirlos fríos o calientes.

TOMATES MARINADOS

(6 personas)

6	tomates medianos maduros firmes y parejos
1	taza de extracto de tomate
¹/₂	taza de salsa de tomate
¹/₃	taza de vinagre balsámico
1	cucharadita de mostaza
1	cucharadita de tomillo en polvo o fresco
1	cucharadita de laurel en polvo
1	cucharadita de perejil fresco finamente picado
1	cucharadita de orégano finamente picado
¹/₃	taza de aceite de oliva

Sal y pimienta al gusto

Preparación

* Pelar los tomates sin maltratarlos y colocarlos enteros en una fuente de cristal amplia.
* Formar una salsa con los demás ingredientes.
* Cubrir los tomates con la salsa y conservarlos tapados en nevera mínimo 6 horas .

TOMATES RELLENOS DE ARROZ
(6 personas)

6	tomates pequeños maduros
2	cucharadas de aceite
$\frac{1}{2}$	taza de cebollín finamente picado
3	cucharadas de perejil picado grueso
$\frac{2}{3}$	taza de arroz cocinado
$\frac{1}{2}$	taza de caldo básico
2	cucharadas de aceite de oliva
2	cucharadas de concentrado de tomate

Sal y pimienta al gusto

Preparación

* Quitar la parte superior de los tomates. Eliminar las semillas. Retirar la pulpa y reservarla.
* Freír en una cazuela el cebollín a fuego lento y revolver con el arroz. Agregar la pulpa de tomate y el concentrado. Dejar cocinar a fuego lento por 5 minutos. Agregar perejil, sal y pimienta.
* Calentar el horno, rellenar los tomates, ponerlos sobre una bandeja con el caldo y rociarlos con aceite de oliva.
* Hornear por 30 minutos (cubiertos con papel aluminio) a 250 grados.

COLIFLOR

Una buena coliflor debe estar firme sin manchas oscuras y las hojas exteriores que protegen los ramitos deben estar verdes.

COLIFLOR A LA CANELA
(4 personas)

1	coliflor en florecitas	1	cucharadita de canela molida
2	cucharadas de concentrado de tomate	1	cucharadita de cúrcuma
3	cucharadas de vinagre de vino	2	cucharadas de aceite de oliva
$\frac{1}{2}$	taza de caldo básico		Sal y pimienta negra al gusto

Preparación

* Mezclar el vinagre con el concentrado de tomate. Cubrir la coliflor con esta salsa y dejar reposar.
* En otro recipiente mezclar el resto de ingredientes y agregar a la coliflor. Cocinar a fuego bajo, revolviendo constantemente por 10 minutos.
* Servir caliente.

GRATINADO DE PAPA Y COLIFLOR
(6 personas)

$^1/_2$	lb de papas
1	coliflor mediana
$^1/_2$	taza de mayonesa vegetariana
1	cucharada de mantequilla de soya
2	cucharadas de perejil finamente picado
$^1/_2$	taza de agua

Sal y pimienta al gusto

Preparación

* Cocinar las papas al vapor partidas en rodajas de 1 cm. Cocinar la coliflor en florecitas por 5 minutos y escurrir.
* En una refractaria untada de mantequilla, poner una capa de papas y una de coliflor, cubrir totalmente con la mezcla de mayonesa, perejil, pimienta, sal y agua. Llevar al horno por 10 minutos hasta que dore.

COLIFLOR EN CAZUELA
(6 personas)

2	lb de coliflor
3	cucharadas de aceite
1	diente de ajo finamente picado sin la vena central
2	cucharadas de pasas remojadas
$^1/_2$	taza de nueces o almendras partidas
$^1/_2$	taza de perejil picado

Sal y pimienta al gusto

Preparación

* Lavar la coliflor y hervirla en agua ligeramente salada y sacar cuando aún esté consistente. Cortar en trocitos y pasar a una cazuela con el aceite. Añadir las pasas, las semillas, sal y pimienta; cocinar y cuando estén a punto, rociar el ajo y el perejil picado.

COLIFLOR CON UVAS

(4 personas)

1	coliflor
$^1/_2$	taza de uvas pasas hidratadas
1	pera
1	cucharada de vinagre
1	cucharada de jugo de limón
1	cucharadita de sal
$^1/_4$	cucharadita de pimienta
2	cucharadas de aceite de oliva

Preparación

* Lavar y cocinar la coliflor en agua con sal (que la cubra) durante 5 minutos desde el momento en que empiece a hervir. Escurrir, dejar enfriar y separar las florecitas. Rociar con vinagre.
* Pelar la pera, quitarle la semilla y el corazón. Cortar en cuadros pequeños, mezclar con las uvas pasas y el jugo de limón en otra fuente.
* A tiempo de servir, mezclar todos los ingredientes y sazonar con sal, pimienta y aceite.

BRÓCOLI

El brócoli fresco es firme, compacto, verde y sin partes amarillas; conservar refrigerado y consumir máximo en dos días.

BROCHETAS DE BRÓCOLI
(6 personas)

1	brócoli grande, se usan las flores
1	cucharada de salsa de soya
2	cucharadas de mantequilla
3	cucharadas de perejil finamente picado
2	cucharadas de cebollín finamente picado

Jugo de un limón

2	cucharadas de albahaca
1	diente de ajo macerado sin la vena central
6	pinchos de bambú sumergidos en agua por $^1/_2$ hora

Caldo básico suficiente para cubrir el brócoli

Preparación

* Poner las flores de brócoli en pinchos. En una cacerola poner el caldo básico y la salsa de soya. Llevar al fuego y cocinar las brochetas hasta que queden *al dente*.

Salsa

* Derretir en una sartén la mantequilla y agregar los demás ingredientes, menos el limón y cocinar por 5 minutos.
* Al final rociar con aceite, bañar con esta salsa las brochetas y por último echar limón al gusto.

BRÓCOLI CON ALMENDRAS
(4 personas)

1	brócoli, flores y tallos
3	cucharadas de crema de leche
$^1/_2$	taza de almendras partidas y doradas, nueces o macadamia
1	cucharada de hojas de eneldo
1	cucharada de mantequilla

Sal y pimienta al gusto

Preparación

* Lavar y cocinar el brócoli en poca agua sin sal, que quede *al dente*. Cortar las florecitas, pelar los tallos y picarlos en trozos. Las almendras se doran en mantequilla. Poner el brócoli en una refractaria engrasada, salpimentar, cubrir con la crema de leche y las hojas de eneldo, llevar al horno a 350 grados por 10 minutos.
* Antes de servir agregar las almendras doradas.

BRÓCOLI CON UVAS
(4 personas)

1	brócoli cocido *al dente*	1	cucharada de hojas de eneldo fresco
¹/₂	taza de uvas pasas remojadas en agua tibia	2	cucharadas de aceite de oliva
¹/₂	taza de uvas verdes peladas y sin semillas	Sal y pimienta al gusto	
4	cucharadas de nueces picadas y doradas		

Preparación

* Pelar las uvas, partirlas por la mitad y quitarles las semillas. Partir el brócoli en florecitas, revolver con todos los ingredientes en una refractaria y llevar al horno precalentado a 250° por 10 minutos.

REPOLLO

Es una col con cabeza compacta que puede ser de color blanco, verde o morado. Elegir los firmes con hojas exteriores frescas.

ENSALADA DE REPOLLO Y PERA
(4 personas)

4	tazas de repollo morado finamente picado
2	peras sin pelar (o manzana) en casquitos
2	cebollas en rodajas finas
1	zanahoria rallada
2	cucharadas de cebollín finamente picado
4	hojas de lechuga crespa verde

Vinagreta

4	cucharadas de jugo de pera
1	cucharadita de mostaza
3	cucharaditas de aceite de oliva
1	cucharadita de vinagre de vino
1	cucharadita de cebollín finamente picado

Sal y pimienta al gusto

* Mezclar fuertemente en un frasco con tapa.

Preparación

* Poner el repollo en agua y refrigerar por 1 hora, cambiando 2 veces el agua en ese lapso. Escurrir.
* Dejar la cebolla partida en agua con sal por 15 minutos. Escurrir bien.
* En una fuente mezclar el repollo, la cebolla y la pera.
* Arreglar, en una fuente para ensalada, las hojas de lechuga enteras, verter sobre estas la mezcla anterior y rociar con la zanahoria rallada y la vinagreta.

ROLLITOS DE REPOLLO
(6 personas)

2	tazas de soya texturizada
$1/2$	taza de yogur sin dulce
1	diente de ajo macerado sin la vena central
12	hojas de repollo blanco
$3/4$	taza de avena cruda
1	cucharadita de mejorana y romero picado

Sal y pimienta al gusto

Salsa

3	cucharadas de mantequilla
$1/2$	taza de cebollín finamente picado
3	tazas de tomate frito
2	cucharadas de pasta de tomate disuelta en 1 cucharada de agua
$1/2$	cucharadita de sal
$1/2$	cucharadita de azúcar

Pimienta al gusto

* En una sartén grande freír en la mantequilla el cebollín, el tomate y la pasta de tomate, agregar sal, azúcar y pimienta. Cocinar por 10 minutos.

Preparación

* Lavar las hojas del repollo, desbastar la parte central de la hoja y ponerla en agua hirviendo por 3 minutos. Escurrir muy bien.
* Remojar la soya texturizada en agua caliente por 10 minutos, pasar por la licuadora brevemente, escurrir, pasar por agua fría y exprimir, dorar en aceite caliente.
* Mezclar la soya texturizada con avena, yogur, sal, pimienta, romero y mejorana.
* Extender las hojas y poner en el centro 2 cucharadas de soya texturizada preparada; formar rollos, colocarlos en una cazuela, cubrirlos con la salsa y cocinar por 1/2 hora a fuego bajo.

ROLLOS PRIMAVERA VERDURAS Y TAILANDÉS
(20 porciones)

Masa para los rollos

1	lb de harina de trigo
200	g de mantequilla
1	cucharadita de bicarbonato
Agua	

Preparación

* Poner la harina cernida y el bicarbonato sobre una superficie firme.
* Agregar la mantequilla blanda y amasar con los dedos hasta que todo esté mezclado.
* Agregar agua poco a poco hasta formar una masa suave.
* Reposar en la nevera durante 1/2 hora.
* Sacar la masa y estirarla con un rodillo hasta que quede muy delgada.
* Formar láminas de 15 X 6 cm para hacer los rollos.

Nota: Los rollos se pueden preparar con láminas de arroz, que se encuentran en tiendas naturistas.

Relleno de verduras

1	cucharada de aceite	2	cucharadas de nueces picadas
1	diente de ajo entero	2	cucharaditas de harina de maíz o sagú
1	cucharada de cebollín finamente picado	1	cucharada de aceite de ajonjolí
1	cucharadita de jengibre	1	cucharada de salsa de soya
2	tallos de apio en rodajas muy finas	1	taza de zanahoria rallada gruesa
1	taza de repollo en julianas	1/2	taza de tofu en tiras finas
1	taza de raíces chinas		Pimienta al gusto

Preparación

* Poner en el wok el aceite y saltear el ajo, la cebolla y el jengibre. Agregar las verduras y cocinar en su propio jugo por 2 minutos, retirar el diente de ajo. Añadir la harina de maíz o sagú disuelta en 2 cucharadas de agua, aceite de ajonjolí, salsa de soya y pimienta. Mezclar hasta que la salsa espese. Dejar enfriar y hacer los rollos.
* Calentar aceite y freír los rollos en tandas hasta que estén bien dorados. Escurrirlos sobre papel absorbente.
* Servir con salsa agridulce o de soya.

Relleno tailandés

30	g de fideos cocinados *al dente* y escurridos
1	cucharada de aceite
2	dientes de ajo macerados sin la vena central
1	cucharadita de jengibre rallado
1	cucharada de raíces de cilantro finamente picadas
2	cucharadas de cebollín picado
$^1/_2$	taza de gluten finamente picado
1	tallo de apio finamente picado
1	cucharada de sagú o de maicena
1	zanahoria rallada
1	cucharada de cilantro finamente picado
2	cucharadas de salsa chili dulce
2	cucharadas de salsa de soya
1	cucharadas de panela en polvo

Preparación

* Freír el ajo, el jengibre, las raíces de cilantro, el cebollín y el apio. Agregar el gluten hasta que dore, luego la zanahoria, el cilantro, el sagú disuelto en 3 cucharadas de agua y las salsas, mezclando constantemente, por último agregar los fideos.
* Formar los rollos como en el caso anterior.

REPOLLO AGRIDULCE

(8 personas)

1	repollo morado pequeño cortado en tiras finas sin los corazones
¹/₂	pocillo de vinagre
1	cucharada de panela en polvo
¹/₄	cucharadita de canela molida
¹/₄	cucharadita de clavos molidos
1	cucharadita de sal

Preparación

* Poner todo en la olla a presión, dejar 5 minutos después de que pite y retirar.
* Servir frío o caliente.
* Conservar en vasija de vidrio y refrigerar.

HINOJO

Es un bulbo de sabor anisado; elegir los firmes de color homogéneo y redondeado, con abundantes hojas verde claras.

HINOJO AL HORNO
(6 personas)

3   bulbos medianos de hinojo limpios, finamente cortados
2   puerros limpios cortados en rodajas
400   g de queso campesino o de soya rallado
$\frac{1}{4}$ cucharadita de nuez moscada rallada
1   diente de ajo, partido por la mitad, sin la vena central
25   g de queso parmesano rallado
25   g de pan rallado
Mantequilla
Sal y pimienta al gusto

Preparación

* Retirar las hojas exteriores del hinojo, y reservar algunas para decorar.
* Colocar en una fuente el hinojo y los puerros, agregar el queso campesino, nuez moscada, sal y pimienta. Mezclar bien.
* Frotar una refractaria con el ajo. Colocar la mezcla del hinojo, alisando la superficie. Espolvorear con la mezcla de queso parmesano y pan rallado. Tapar con papel aluminio y hornear a 250 grados por 1 hora o hasta que el hinojo esté tierno. Retirar el papel aluminio y hornear 10 minutos más para dorar.
* Servir decorado con las hojas de hinojo reservadas.

RÁBANO

Es una raíz de color rojo o blanco, redonda o alargada; se caracteriza por su sabor picante. Para su compra son adecuados los de aspecto fresco y crujiente.

ENSALADA DE RÁBANO Y PAPA

(4 personas)

1	lb de papa de consistencia dura (sabanera), lavada y partida por la mitad sin pelar
¹/₂	pepino cohombro
2	cucharadas de sal
5	rábanos rojos laminados
1	cucharada de jugo de limón
1	diente de ajo macerado sin la vena central
1	lechuga verde o morada

Salsa

1	cucharada de mostaza dijón
2	cucharadas de aceite de oliva
2	cucharadas de vinagre de vino blanco
2	cucharadas de hierbas finamente picadas y mezcladas (perejil, cilantro, mejorana)

* Mezclar todos los ingredientes y refrigerar.

Preparación

* Rallar el cohombro entero a lo largo con un tenedor y poner en agua con sal por 15 minutos; escurrir, enjuagar, retirar semillas y partir en rodajas delgadas.
* Marinar los rábanos laminados en la mezcla del jugo de limón y el ajo por 10 minutos, escurrir.
* Cocinar las papas en agua hirviendo por 10 minutos o hasta que estén blandas y dejar enfriar.
* En una fuente para ensalada colocar hojas de lechuga, cohombro y rábano alrededor de la bandeja en forma decorativa; apilar las papas en el centro y rociar con la salsa.

RÁBANOS SALTEADOS

10	rábanos rojos y blancos
1	cebolla puerro partida en rodajas
1	cucharadita de tomillo
1	cucharada de mantequilla

Sal y pimienta fresca al gusto
Agua

Preparación

* Cortar las hojas de rábano dejando un poco de los tallos verdes y macerarlos. Si las hojas están en buenas condiciones y tiernas, lavarlas y reservarlas. Partir los rábanos pequeños por mitades y los grandes por cuartos.
* En una sartén derretir la mantequilla y saltear la cebolla con el tomillo por 1 minuto. Agregar los rábanos, sal, pimienta y agua que los cubra. Cocinar por 5 minutos o hasta que los rábanos estén tiernos. Sacar los rábanos a otra fuente.
* Adicionar las hojas al líquido que quedó y cocinar por 1 minuto, luego bañar los rábanos.

VEGETALES

OKRA A LA PLANCHA

La okra es usual en la cocina india, sur de Estados Unidos y países africanos. Para su compra, debe tener un color intenso y sin manchas. Es también conocida como quimbombó o gumbo.

1	lb de okra

Aceite de ajonjolí

Preparación

* En una sartén calentar el aceite y poner las okras por tandas hasta que doren.
* Sacar y pasar por papel absorbente rápidamente y servir calientes.
* Acompañar con mayonesa verde o estofado de fríjol y maíz.

RADICCHIO

2	radicchios (tipo de lechuga morada)
3	cucharadas de aceite de oliva
2	cucharadas de perejil finamente picado
2	cucharadas de queso parmesano rallado
$^1/_2$	cucharada de aceite

Sal y pimienta al gusto

Preparación

* Cortar el radicchio a lo largo en 4 partes, rociarlo con aceite de oliva, sazonar con sal y pimienta, marinar por 1 hora.
* En una sartén con aceite y a fuego alto dorar los radicchios por 5 minutos, retirar y pasar a cada plato. Rociar con perejil y queso parmesano.

TERRINA DE VERDURAS
(6 personas)

3	hojas grandes de acelga sin tallo
1	lb de tofu semiblando
2	calabacines en ruedas
2	zanahorias partidas delgadas
1	cebolla puerro en láminas
1/2	taza de tomates secos picados
4	tajadas de jamón vegetariano
2	tomates maduros pelados partidos en ruedas
3	cucharadas de aceite de oliva
2	cucharadas de salsa de soya
1	cucharadita de albahaca fresca picada
1/2	cucharadita de jengibre
1/2	cucharadita de páprika
3	cucharadas de reemplazante de huevo preparado
2	cucharadas de miga de pan

Sal y pimienta al gusto

Preparación

* Pasar las hojas de acelga al vapor por 2 minutos para que queden firmes.
* Amasar el tofu con salsa de soya, páprika, reemplazante de huevo, y pimienta y sal. Agregar miga de pan si la mezcla queda blanda.
* Marinar las verduras con albahaca, jengibre, aceite, sal y pimienta.
* Alistar un molde alargado de aproximadamente 7 cm de alto, engrasarlo y cubrirlo con las hojas de acelga, dejando que el sobrante de las hojas caiga por fuera. Luego poner por capas tofu, verduras y jamón, terminar con tofu, cubrir con el sobrante de hojas y presionar para compactar.
* Tapar el molde con papel de aluminio, ponerlo dentro de otro molde más amplio con agua y llevar al horno precalentado a 250 grados por 30 minutos.
* Dejar enfriar y refrigerar hasta el día siguiente, desmoldar y servir en tajadas de 2 cm de ancho.

VERDURAS AL WOK

(6 personas)

1	zanahoria en julianas	1	cucharada de cebollín picado
1	cucharada de aceite de ajonjolí	2	cucharadas de salsa de soya
1	cebolla puerro en tiras largas	2	cucharadas de nueces picadas
1	taza de habichuelas en julianas	1	cucharadita de jengibre fresco picado
1	taza de raíces chinas	1	cucharadita de sagú o maicena
1/2	taza de florecitas de brócoli	Sal marina	
1	cucharada de cilantro y perejil picado	Agua	

Preparación

* Poner en el wok aceite de ajonjolí y el jengibre picado, a medida que vaya calentando poner las habichuelas, luego el brócoli, la zanahoria, el puerro, las raíces y el resto de los ingredientes.
* Manejar las verduras con dos cucharas salteándolas por 5 minutos, cuidando de que queden crujientes; ir rociando poco a poco con agua, para que hagan vapor y tapar por 2 minutos.
* A tiempo de servir rociar las verduras con una mezcla de 1/2 taza de agua, soya y una cucharadita de sagú o maicena; dejarlas 1 minuto más y servir caliente.
* Decorar con fideos de arroz fritos y ajonjolí tostado.

VERDURAS AL GRUYÈRE
(6 personas)

3	zanahorias en láminas
2	cebollas puerro en rodajas finas
1	taza de cogollos de apio partidos en diagonal
1	taza de champiñones pequeños enteros
2	cucharadas de harina de trigo
2	cucharadas de crema de leche
100	g de queso gruyère rallado
1	cucharada de mantequilla
1	cucharadita de nuez moscada
1	taza de caldo básico

Jugo de medio limón
Sal y pimienta al gusto

Preparación

* Saltear las verduras en 1 cucharada de mantequilla con sal y pimienta.
* En otra sartén con $1/2$ cucharada de mantequilla y aceite dorar los champiñones; sacarlos y en esta mantequilla preparar una salsa blanca con la harina de trigo, el jugo de limón, la crema, el caldo y la nuez moscada. Agregar los champiñones a esta salsa y con todo esto bañar las verduras.
* Rociar con el queso gruyère y servir caliente.

VERDURAS PRIMAVERA
(6 personas)

1	taza de champiñones partidos en trozos
2	zanahorias medianas en julianas
1	taza de palmitos en julianas
4	cucharadas de cebollín finamente picado
1	taza de raíces chinas
1	col china en julianas
2	cucharadas de salsa de soya

Aceite
Sal y pimienta al gusto

Preparación

* Calentar el wok con aceite, sal y pimienta.
* Añadir la zanahoria, la col y mezclar; agregar el resto de vegetales con la salsa de soya y el cebollín.
* Dejar 5 minutos con el wok tapado para que la verdura ablande al gusto.
* Servir con salsa agridulce o utilizar para acompañar pasta.

VERDURAS SALTEADAS
(8 personas)

1	taza de apio en trozos
2	cebollas puerro en laminitas
2	tazas de habichuela en julianas
2	tazas de zanahorias tiernas en bastoncitos
$^1/_2$	taza de cilantro picado
$^1/_2$	taza de perejil picado
$^1/_2$	taza de salsa de soya
4	cucharadas de aceite de girasol (o de ajonjolí)
1	coliflor pequeña en florecitas

Preparación

* Calentar el aceite en una sartén amplia y de fondo grueso a fuego alto.
* Agregar en su orden: cebolla puerro, zanahoria, apio, habichuelas y coliflor; revolver constantemente, y dejar tapado para que forme vapor por 5 minutos.
* Bajar el fuego, ir agregando poco a poco la salsa de soya y seguir cocinando a fuego lento hasta lograr la consistencia deseada.
* A tiempo de servir agregar el cilantro y el perejil.

VEGETALES CRUDOS CON VINAGRETA PICANTE
(4 personas)

10	hojas de espinacas *baby* troceadas
8	nueces de nogal picadas
1	aguacate grande
1	taza de germinado de alfalfa
1	pimentón procesado en julianas (opcional)
1	bulbo de hinojo en tiras finas

Vinagreta picante

$^1/_2$	cucharadita de ají
1	cucharadita de azúcar morena o miel
1	cucharada de cilantro fresco picado
$^1/_2$	taza de aceite de oliva
2	cucharadas de vinagre de vino

Sal y pimienta al gusto

Preparación

* Licuar todos los ingredientes de la vinagreta junto con $^1/_2$ pimentón y refrigerar.
* Disponer en una ensaladera todos los vegetales y rociar con la vinagreta a tiempo de servir.

VERDURAS SURTIDAS CON JENGIBRE
(6 personas)

3	papas criollas picadas medianas
4	papas harinosas (pastusas) picadas medianas
3	calabacines raspados y en cuadros
2	zanahorias en cuadritos
3	tomates pelados sin semilla
1	cebolla cabezona
1	cucharadita de jengibre fresco rallado
1	cucharadita de páprika

Sal y pimienta al gusto
Aceite

Preparación

* Colocar en una olla de fondo grueso las papas y las zanahorias con $^1/_2$ taza de agua, sal y aceite, dejar cocinar a fuego lento por 15 minutos.
* Freír en una sartén con aceite el jengibre rallado, por 3 minutos hasta que suelte olor, agregar la cebolla y el tomate troceado, dejar freír 5 minutos y agregar el calabacín, cocinar por 2 minutos más e incorporar la páprika, sal y pimienta, mezclar con las papas y zanahorias y cocinar por 2 minutos más.
* Para acompañar milanesas de gluten, servir caliente.

VEGETALES CON COCO
(4 personas)

1	zanahoria cortada en julianas
$^1/_2$	taza de calabacín cortado en julianas
1	cebolla cabezona roja cortada en julianas
$^1/_2$	taza de cebolla puerro en rodajas finas
2	tazas de champiñones frescos en láminas
1	diente de ajo macerado sin la vena central
2	cucharadas de aceite de maní o de ajonjolí
$^2/_3$	de taza de leche de coco
2	cucharadas de cilantro picado

Sal, pimienta y ají al gusto

Preparación

* Freír en un wok con el aceite de maní, el ajo, la pimienta y el ají por 3 minutos. Agregar las cebollas y freír por 1 minuto, y luego los champiñones por 2 minutos.
* Agregar calabacín, zanahoria, sal y la leche de coco. Cocinar sin tapar hasta que el líquido se reduzca a la mitad.
* Rociar con cilantro a tiempo de servir.

Guía nutricional

Contenido en 100 g de parte comestible

Hortaliza	Cal. g	Agua g	Prot. g	Grasa. g	CH. g	Fibra.
Pimentón	24	92,3	0,8	0,2	5,1	1,1
Zanahoria	36	88,9	0,7	0,1	8,4	1,1
Ahuyama	39	88,3	0,9	0,4	8,4	1,1
Guascas	42	86,1	3,2	0,5	7,0	1,3
Espinaca	27	89,7	3,5	0,3	3,3	1,1
Berro	19	93,6	1,7	0,3	2,8	0,5
Acelga hojas	26	90,0	2,4	0,2	4,3	1,0
Acelga tallo	12	94,5	0,8	0,1	2,1	0,9
Tomate	17	94,3	0,9	0,1	3,3	0,8
Repollo	24	90,8	2,2	0,1	4,1	1,5
Cohombro	9	96,7	0,5	0,1	1,8	0,5
Lechuga	13	95,1	1,1	0,2	1,9	1,0
Hongos	22	94,5	1,5	1,2	22	0,0
Lechuga romana	13	94,8	1,1	0,1	2,3	1,0
Pepino rellenar	13	95,3	0,6	0,1	2,6	0,7
Aceitunas	128	75,8	1,2	13,6	3,1	1,7
Rábano rojo	15	94,7	0,8	0,1	3,0	0,7
Brócoli	30	89,9	4,0	0,3	3,7	+1,9
Berenjena	19	92,6	1,0	0,0	3,9	2,0
Apio	20	92,8	0,7	0,1	4,3	0,9
Calabaza	20	93,9	0,8	0,0	4,5	0,4
Alcaparras	27	78,6	2,3	0,6	4,6	1,2
Coliflor	29	89,7	3,0	0,1	4,8	1,4
Nabo	22	92,6	0,7	0,0	5,0	0,9
Habichuela	29	90,0	2,1	0,0	5,5	1,6
Alcachofas	37	86,4	2,6	0,2	6,9	3,0
Guisantes	45	86,2	2,6	0,1	9,0	1,5
Remolacha	42	87,2	1,4	0,0	9,6	0,8
Palmitos	57	82,8	1,6	0,2	12,5	1,4
Ibias	55	84,6	1,1	0,1	12,6	0,7
Cubios	58	83,4	1,6	0,1	13,1	0,9
Chuguas	58	84,1	1,5	0,0	13,3	0,3
Cebolla puerro	60	82,4	1,6	0,1	13,7	1,4

Fuente: Instituto Colombiano de Bienestar Familiar.

Guía nutricional de las hortalizas

Ca. mg	P. mg	Fe. mg	Vit.A U.I.
11	31	0,7	7800
33	28	0,6	7000
26	87	0,3	3400
245	45	7,1	3200
118	50	4,1	2500
195	46	2,0	2400
112	52	2,9	1800
31	14	0,8	60
7	19	0,7	1100
344	46	1,4	1100
7	30	0,3	20
44	42	1,0	260
6	39	0,8	0
30	30	1,6	290
11	32	0,6	30
36	5	1,7	291
32	24	0,8	0
106	137	1,1	750
17	29	0,4	0
70	33	0,6	0
13	29	0,3	0
66	8	4,2	11
44	70	0,7	20
41	29	0,5	0
60	54	1,0	170
47	66	0,9	240
44	54	1,4	160
18	28	1,0	0
70	40	0,5	0
8	42	0,5	0
7	49	0,7	0
15	57	0,4	0
86	51	0,8	0

Ensaladas, tempuras y sushi

Las siguientes recetas de ensaladas sólo son sugerencias, ya que cada persona debe usar su imaginación y creatividad, para mezclar los diferentes ingredientes que le den vida y color, y a la vez hacerlas adecuadas como entrada al plato principal, y preparar el estómago para una buena digestión. Otro factor importante es la escogencia del aderezo, de acuerdo a las mismas.

ENSALADA AURORA

(4 personas)

6	hojas de lechuga morada y verde
6	hojas de rúgula
$^1/_2$	taza de hojas de albahaca
$^1/_2$	taza de semillas de ajonjolí dorado o girasol
100	g de queso parmesano en bloque
2	cucharadas de vinagre balsámico
3	cucharadas de aceite de oliva

Sal y pimienta negra al gusto

Preparación

* Lavar, escurrir y trocear las lechugas. Igualmente trocear la rúgula quitándole la parte gruesa del tallo.
* En una ensaladera mezclar las hojas con la albahaca, las semillas, el aceite de oliva y el vinagre, rociar con sal y pimienta y revolver.
* Por último adornar con el queso parmesano rebanado por la parte más ancha del rallador.

ENSALADA DE ALFALFA

(4 personas)

1	taza de coco fresco rallado
2	cucharadas de salsa de soya
2	cucharadas de jugo de lima o naranja dulce
2	cucharadas de agua
2	cucharadas de aceite de girasol
1	diente de ajo partido por la mitad sin la vena central
1	cebolla cabezona finamente picada
2	pomelos grandes pelados con los gajos separados
1 $^1/_2$	taza de alfalfa germinada

Preparación

* En una sartén a fuego bajo dorar el coco rallado y reservar en una taza.
* Agregar a la sartén la salsa de soya, el jugo de lima y el agua, calentar por 1 minuto y nuevamente añadir el coco.
* En otra sartén con aceite caliente freír la cebolla y el ajo por 2 minutos, retirar el ajo, adicionar la mezcla del coco y revolver.
* En una bandeja para ensalada, colocar alrededor los gajos de pomelo y en el centro la alfalfa germinada. Rociar con la mezcla de coco.

ENSALADA DE ENDIVIAS CON ALMENDRAS

(4 personas)

4	endivias frescas		1	cucharada de salsa de soya
3	cucharadas de aceite de oliva		$^1/_2$	taza de almendras laminadas y doradas
1	cucharada de vinagre balsámico			Pimienta al gusto

Preparación

* Lavar las endivias, secarlas y partirlas por la mitad a lo largo.
* Marinar las endivias con aceite, pimienta y salsa de soya.
* Calentar una plancha o un sartén de fondo grueso.
* Dorar las endivias 2 minutos por cada lado.
* Servir caliente rociado con aceite de oliva y vinagre balsámico.
* A tiempo de llevar a la mesa, rociarlas con las almendras doradas.

ENSALADA DE MANDARINA

(6 personas)

6	hojas de lechuga lisa troceada		1	cucharada de aceite de oliva
5	hojas de espinaca lavadas y picadas en tiras		1	mandarina en trocitos sin semilla
1	zanahoria pequeña en láminas finas			El jugo de una mandarina

Preparación

* Mezclar en un tazón la lechuga y la espinaca con el jugo de mandarina, el aceite y la zanahoria.
* Macerar suficientemente con la mano, para que los vegetales se impregnen del jugo de la mandarina; luego adornar con la mandarina en trozos sin semillas.

ENSALADA DE GERMINADOS
(6 personas)

$1/2$	taza de alfalfa germinada
2	cucharadas de lentejas germinadas
$1/2$	taza de trigo germinado
3	cucharadas de cebollín finamente picado
$1/2$	taza de calabacín picado
1	cucharada de aceitunas picadas
1	cucharadita de orégano seco molido

Preparación

* En una fuente mezclar todos los ingredientes y adornar con perejil fresco picado.

Preparación de germinados

* Seleccionar bien el grano que se va a utilizar, lavar y remojar una noche en agua tibia en un recipiente grande.
* Al día siguiente enjuagar con agua tibia y colocar en un frasco de vidrio de boca ancha, agregar agua tibia hasta $2/3$ parte de los granos, cubrir el frasco con una malla y ajustar con una banda de caucho.
* Enjuagar dos veces al día con agua tibia y agregarles nuevamente agua tibia para mantenerlos siempre húmedos, el frasco debe permanecer en un lugar medianamente oscuro y tibio, cuando aparece la raíz en los granos es por que ya están listos para consumir, en este momento se ponen al sol a través de un vidrio, por un día, y luego se pueden guardar en la nevera hasta por tres días, cambiándoles el agua diariamente.
* Estos germinados son especiales para agregarles a las ensaladas.

ENSALADA DE PAN CENTENO CON YOGUR
(6 personas)

1	pan de centeno mediano en trocitos
1	vaso de yogur sin dulce
$1/2$	taza de jugo de limón
3	cucharadas de aceite de oliva
2	cucharadas de hierbabuena finamente picada
2	tomates pelados y picados en cuadritos
3	cucharadas de cebolla cabezona finamente picada
1	ajo macerado sin la vena central
4	hojas de lechuga verde lisa

Sal y pimienta al gusto

Preparación

* Remojar el pan con el yogur con 1 hora de anticipación.
* Añadir el resto de ingredientes y mezclar muy bien.
* Dejar reposar en la nevera por unos 15 minutos.
* Servir sobre fondo de lechugas.

ENSALADA DE PALMITOS

(6 personas)

1	tarro de palmitos escurridos y en trozos
1	lechuga morada o verde, lavada, escurrida y troceada
1	taza salsa belgrand

Para la salsa belgrand

4	cucharadas de crema de leche
1	cucharada de limón
1	cucharada de mostaza
1	cucharada de salsa de tomate
1	cucharada de cebollín finamente picado
1	cucharada de perejil finamente picado
$^1/_2$	cucharada de vinagre

Sal y pimienta al gusto

Preparación

* Batir los ingredientes de la salsa y rociar sobre la fuente arreglada con lechugas y palmitos.

ENSALADA DE TOMATE Y CILANTRO

(4 personas)

3	tomates maduros pelados y troceados
2	cucharadas de cilantro finamente picado
1	cucharada de azúcar morena
2	cucharadas de zumo de lima o mandarina

4	cucharadas de cebollín finamente picado
1	cucharada de aceite de oliva

Sal al gusto

Preparación

* Mezclar todo y dejar reposar.

ENSALADA DE ARRACACHA Y UVAS

(4 personas)

1	arracacha grande
¹/₂	taza de nueces picadas
¹/₂	lb de uva blanca pelada (o pasas remojadas)
2	cucharadas de yogur sin dulce
1	limón
1	cucharadita de mostaza
1	cucharada de perejil picado
4	tajadas de jamón de vegetales picado en cuadros pequeños

Sal y pimienta al gusto

Preparación

* Limpiar la arracacha y enjuagar con limón. Cocinar en abundante agua con sal. Cuando esté blanda, escurrir y picar en cubos pequeños.
* Partir las nueces, pelar las uvas y picar el jamón.
* Poner todo lo anterior en una ensaladera y aparte preparar la salsa con el resto de ingredientes.
* Rociar la ensalada con la salsa y espolvorear con perejil.

ENSALADA DE TRIGO ENTERO

(6 personas)

1	taza de trigo entero	2	cucharaditas de pimienta negra
2	tazas de agua	1	cucharada de hierbabuena finamente picada
4	tomates maduros pelados		Jugo de 1 limón
3	cucharadas de aceite de oliva		Sal al gusto
3	cucharadas de cilantro picado		

Preparación

* Lavar muy bien el trigo y remojarlo en 2 tazas de agua desde el día anterior.
* Escurrir muy bien el trigo y mezclar con los demás ingredientes, marinar por 2 horas.
* Servir frío.

ENSALADA ESPECIAL

(6 personas)

$^1/_2$	taza de queso de soya en cuadros
3	papas grandes de consistencia dura (sabanera), cocinadas y en tajadas
1	taza de guisantes o habichuelas tiernas cocinadas *al dente*
3	corazones de alcachofas en trozos
$^1/_2$	taza de aceitunas picadas
6	hojas de lechuga troceadas
3	tomates maduros pelados y en cuadros
1	cucharada de perejil finamente picado
2	cucharadas de aceite mezclado con 1 ajo macerado sin la vena central
3	cucharadas de vinagreta básica

Preparación

* Marinar el queso de soya en $^1/_2$ taza de salsa de soya aclarada con agua, por 15 minutos; dorar a la plancha.
* Adobar las papas, los guisantes y las alcachofas con el aceite de ajo y refrigerar.
* A tiempo de servir, poner en la ensaladera las lechugas troceadas, el tomate, las aceitunas picadas, el perejil, el queso de soya y los vegetales refrigerados; rociar con vinagreta básica (ver receta).

ENSALADA GRIEGA

(6 personas)

2	pepinos cohombros
200	g de queso feta
4	tomates maduros, pelados y en trozos
3	cucharadas de aceite de oliva
1 $^1/_2$	cucharada de vinagre
1	taza de aceitunas negras y verdes deshuesadas
$^1/_2$	taza de albahaca fresca
1	cucharada de orégano fresco finamente picado

Sal y pimienta al gusto

Preparación

* Pelar los pepinos, partirlos por la mitad a lo largo, rociarlos con sal marina y ponerlos boca abajo unos 10 minutos. Luego enjuagarlos y quitar un poco de semilla gruesa. Partirlos en láminas delgadas.
* Trocear las aceitunas y desmenuzar el queso.
* En la ensaladera mezclar todos los ingredientes y rociar con orégano, sal y pimienta.

(6 personas)

6	hojas de lechuga romana
6	hojas de lechuga verde lisa
6	hojas de lechuga crespa morada
1	taza de hojas de rúgula
$^1/_2$	taza de hojas de albahaca
1	zanahoria partida a la juliana cocinada *al dente*
$^1/_2$	taza de habichuelín en trozos cocinada *al dente*
1	cucharada de perejil finamente picado
1	cucharada de cebollín en trozos
1	taza de tomates cherry partidos por mitad
$^1/_2$	taza de tomates secos troceados
$^1/_2$	taza de aceitunas verdes en ruedas
$^1/_2$	taza de aceitunas negras o moradas picadas
6	bolas de queso mozzarellino partidas por mitad
1	cucharada de semillas de girasol
1	cucharada de semillas de ajonjolí
2	cucharadas de aceite de oliva

Vinagreta

3	cucharadas de aceite de oliva
1	cucharada de vinagre de frutas
1	cucharada de salsa de soya
1	cucharadita de jengibre rallado
1	cucharadita de miel
1	cucharada de ajonjolí dorado

Pimienta fresca al gusto

* Licuar todos los ingredientes y guardar en frasco de vidrio.

Preparación

* Lavar todas las hojas y retirar la parte gruesa, picar con los dedos y secar. Entremezclar con los demás ingredientes y rociar con 2 cucharadas de aceite de oliva.
* Llevar a la mesa y a tiempo de consumir rociar con la vinagreta.

ENSALADA TURCA

(6 personas)

3	tomates pelados, sin semilla y en cuadros de 1 cm		1	cucharada de vinagre
1	pepino europeo en cuadros de 1 cm		3	cucharadas de aceite de oliva
2	cucharadas de hierbabuena seca		Sal y pimienta al gusto	

Preparación

* Mezclar bien todo y servir acompañado de pan campesino de corteza gruesa.

ENSALADA WALDORF

(6 personas)

3	manzanas verdes cortadas en cuadritos		1	taza de mayonesa vegetariana (ver receta)
5	tallos de apio		Jugo de 1 limón	
1	lechuga verde lisa troceada		Sal al gusto	
1/2	taza de nueces picadas y doradas			

Preparación

* Pelar las manzanas, partirlas en trozos pequeños y conservarlas en agua con limón.
* Lavar los tallos de apio sin las hojas y picarlos en diagonal en láminas muy delgadas, para conservar la fibra.
* Escurrir las manzanas, mezclar con todos los ingredientes en un tazón y refrigerar.

TABULE

(8 personas)

1/2	taza de trigo partido o trigo americano		4	cucharadas de jugo de limón
1/2	taza de cebollín finamente picado		1/2	taza de cebolla cabezona finamente picada (opcional)
1/2	taza de hierbabuena finamente picada			
1	taza de perejil finamente picado		1/2	taza de aceite de oliva
1/2	taza de tomate pelado y picado		Sal y pimienta al gusto	

Preparación

* Remojar el trigo en abundante agua por 2 horas y escurrir.
* Mezclar todos los ingredientes y dejar marinar por 2 horas, si no se va a consumir inmediatamente agregar el limón 1 hora antes.

ENCURTIDO DE BERENJENA Y ZANAHORIA

4   berenjenas sin pelar, en rebanadas de $\frac{1}{2}$ cm
6   zanahorias pequeñas cortadas en rodajas
2   dientes de ajo macerados sin la vena central
Aceite de oliva
Vinagre de frutas
Hojas de laurel y ramas de tomillo seco

Preparación

* Colocar las berenjenas en rebanadas en un colador, recubiertas con sal, por 2 horas, enjuagar y cocinar con mitad de agua y mitad de vinagre por 15 minutos, dejar en esta agua por 3 horas. Saltear las zanahorias en aceite. Dorar los ajos en otra sartén con aceite y sacarlos.
* En una refractaria con tapa poner el aceite donde se doró el ajo, una capa de berenjena, aceite, zanahoria y así hasta terminar.
* Cubrir por encima con hojas de laurel y ramas de tomillo.
* Guardar en nevera por dos o tres días.

CAVIAR DE BERENJENA

4   berenjenas grandes
2   dientes de ajo sin la vena central
2   cucharadas de aceite
1   taza de aceitunas negras sin semilla
Jugo de 1 limón
Sal, pimienta y páprika

Preparación

* Cortar el tallo de las berenjenas, lavarlas, sin pelar, asarlas en parrilla o en horno caliente, retirarlas cuando la piel esté arrugada.
* Sacar la pulpa, volverla puré y dejarla enfriar.
* Dejar unas aceitunas enteras, las otras triturarlas con el ajo mezclado con 2 cucharadas de aceite de oliva, añadir esta mezcla a las berenjenas con el resto del aceite batiendo con cuchara de palo como si fuera una mayonesa, agregar el jugo de limón, pimienta y páprika.
* Colocar en una fuente y adornar con el resto de las aceitunas.

ENCURTIDO DE REMOLACHA

3   remolachas
$^1/_2$ taza de aceite de oliva
$^1/_2$ taza de cebollín o cebolla
1   cucharadita de romero
$^1/_2$ cucharadita de orégano
$^1/_2$ taza de vinagre
$^1/_2$ taza de azúcar morena o panela en polvo
Sal al gusto

Preparación

* Remolachas cocinadas, peladas y partidas en tiras delgadas.
* En una fuente poner aceite, cebollín, romero, orégano, sal, azúcar y vinagre, macerar todo y mezclar con las remolachas; marinar por 1 hora.
* Guardar en frascos de vidrio en la nevera.

ENCURTIDO DE PEPINILLOS

2	lb de pepinillos
2	tazas de vinagre de sidra
1/2	taza de semillas o de hojas de eneldo
1/2	taza de azúcar morena

Preparación

* Raspar parcialmente los pepinillos y poner en un recipiente con agua por 3 días cambiando el agua de vez en cuando. Luego cocinar en suficiente agua por 15 minutos, agregar el vinagre, el azúcar y el eneldo y cocinar por 20 minutos más o hasta que den una textura *al dente*.
* Guardar en la nevera en frascos de vidrio.

CHUTNEY DE MANGO

5	mangos casi maduros, pelados y partidos en trozos
3	cucharadas de aceite
1	taza de cilantro picado

Sal y pimienta al gusto

Preparación

* Licuar los mangos, mezclar con los demás ingredientes y guardar en recipiente de vidrio.

ENCURTIDO DE PEPINO CON ENELDO

2	pepinos cohombros
2	cucharadas de aceite
3	cucharadas de ramas de eneldo

Sal y pimienta al gusto

Preparación

* Cocinar *al dente* los pepinos, pelados, sin semillas, en medias ruedas, en agua con sal.
* Sazonar con aceite tibio, cubrir con eneldo, sal y pimienta.

ENCURTIDO HINDÚ

2   tazas de azúcar morena
1   taza de vinagre de sidra
2   cucharaditas de jengibre en polvo
1   cucharadita de sal
4   tomates grandes maduros, pelados y sin semilla
1   cebolla blanca picada
5   mangos grandes maduros, pelados y cortados en cubitos
1   taza de ciruelas pasas sin semilla
Ají al gusto

Preparación

* Mezclar el azúcar, el vinagre, el jengibre y la cebolla en una olla de fondo grueso; cocinar a fuego bajo revolviendo hasta que el azúcar se disuelva.
* Agregar mangos, ciruelas y tomates, cocinar a fuego medio por 1 hora o hasta que espese. Revolver para que no se pegue, enfriar y guardar en frascos de cristal.
* Para acompañar con pan laminado, chapatis o tostadas.
* Especial para servir con molde de gluten y tofu.

CEBOLLITAS AGRIDULCES

2	tazas de cebollitas moradas
¹/₂	taza de azúcar morena o panela en polvo
¹/₂	taza de vinagre
¹/₂	taza de agua
Aceite	

Preparación

* Pelar las cebollitas y conservarlas en agua fría por 1 hora, escurrir.
* En una sartén de fondo grueso con aceite freír las cebollitas hasta que estén doradas. Luego añadir el azúcar, agua y vinagre mezclados mitad y mitad (cantidad suficiente que cubra las cebollitas). Hervir hasta que se consuma el líquido y quede una salsa ligera. Para obtener un color más oscuro agregar tintura de panela.
* Conservar en la nevera en frascos de vidrio.
* Especial para bufetes de ensaladas.

TEMPURAS

Son deliciosos vegetales troceados pasados por una mezcla espesa de harina de trigo y garbanzo, y fritos en abundante aceite, que se sirven acompañadas con diferentes salsas: limonaria, mayonesa de curry, agridulce, de soya, etc.

ANILLOS DE CEBOLLA

2	tazas de harina de trigo
¹/₂	taza de maicena
¹/₂	taza de agua fría
¹/₂	cucharadita de bicarbonato
1	cebolla grande
1	cucharadita de sal
2	cucharaditas de pimienta
Aceite para freír	

Preparación

* Cortar los anillos de cebolla.
* En un tazón mezclar ¹/₂ taza de harina, sal y pimienta. Rodar los anillos de cebolla para que se impregnen.
* En otra taza mezclar el resto de harina, maicena, bicarbonato y agua. Sumergir los anillos en esta mezcla y pasarlos por aceite caliente 2 o 3 minutos, secar sobre papel absorbente. A la última mezcla se le puede poner hierbas picadas.

PAKORAS

(6 personas)

1 ¹/₂	taza de harina de garbanzo
¹/₂	cucharadita de sal
1¹/₂	cucharadita de polvo de hornear
1	cucharadita de semillas de comino
¹/₂	cucharadita de pimienta de cayena
1	taza de agua
2	dientes de ajo macerados sin la vena central
1	cebolla finamente picada
1	lb de champiñones lavados y secos
2	cucharaditas de curry

Aceite
Rodajas de limón para adornar
Cilantro para adornar

Preparación

* En una taza mezclar bien harina de garbanzo, sal, polvo de hornear, comino, curry y pimienta; hacer un hueco en el centro, ir agregando agua y revolver hasta formar una crema espesa, añadir el ajo y la cebolla, mezclar bien y dejar reposar por 10 minutos.
* Sumergir los champiñones en la crema y freír por tandas en aceite bien caliente por 2 minutos o hasta que estén dorados.
* Poner en papel absorbente. Servir caliente y adornar con cilantro y limón.

Variación: Se pueden hacer pakoras con otras verduras (brócoli, coliflor, zanahoria, aros de cebolla, etc.).

TEMPURA DE VERDURAS
(6 personas)

2	zanahorias medianas en trozos delgados
1	cebolla roja en rodajas
1	lb de champiñones enteros
$^1/_2$	lb de guisantes
1	taza de harina de trigo
$^1/_2$	cucharadita de bicarbonato
$^1/_2$	taza de agua tibia
1	cucharadita de sal
1	cucharadita de cúrcuma

Nota: Una taza de soda reemplaza la taza de agua y el bicarbonato. Se puede utilizar $^1/_2$ taza de harina de trigo y $^1/_2$ taza de harina de garbanzo.

Salsa

$^1/_2$	taza de salsa de soya
2	cucharaditas de ajonjolí dorado
1	cucharadita de jengibre rallado
1	cucharadita de miel
1	cucharadita de vinagre

* Mezclar todos los ingredientes.

Preparación

* Mezclar con un tenedor la harina, el bicarbonato y el agua tibia (o soda), hasta formar una masa suave.
* Calentar el aceite en una sartén de fondo grueso. Pasar las verduras crudas por la masa y luego por el aceite caliente, freír poco a poco para que queden crocantes.
* Conservar al calor y luego servir con la salsa.

TEMPURA CON CILANTRO
(8 personas)

1	taza de harina de garbanzo
$1/2$	taza de maicena
2	cucharaditas de sal
1	taza de agua bien fría
1	cucharadita de bicarbonato
$1/3$	taza de cilantro picado
2	aguacates maduros pero no muy blandos
1	limón partido en cuartos delgados

Aceite para freír

Nota: Una taza de soda reemplaza la taza de agua y el bicarbonato.

Preparación

* En una fuente honda poner la harina, la maicena y la sal. Hacer un pocito en el centro y añadir toda la taza de agua de una vez (o 1 taza de soda).
* Cubrir bien la fuente y refrigerar por 30 minutos como mínimo. Cuando esté listo para usarla añadir el bicarbonato y el cilantro. Mezclar muy bien.
* Calentar moderadamente el aceite en una sartén gruesa, la cantidad de aceite debe tener una profundidad de 2.5 cm.
* Pelar y partir los aguacates en tajadas no muy gruesas a lo largo. Rociar la sal restante sobre el aguacate y dejar reposar 1 minuto. Sumergir por tandas pequeñas pedazos de aguacate en el batido que los cubra y freír hasta que estén ligeramente dorados. Dar vuelta solamente una vez.
* Servir inmediatamente acompañados con pedazos de limón; después de $1/2$ hora el aguacate se vuelve amargo.

TEMPURA DE TOFU
(6 personas)

$1/2$	lb de tofu firme en cuadros de 2 x 2 cm
$1/2$	cucharadita de jengibre rallado
$1/2$	taza de harina de trigo
$1/2$	taza de harina de garbanzo
$1/2$	taza de agua con 3 cucharadas de salsa de soya
$1/2$	taza de agua bien fría
1	cucharadita de bicarbonato
1	cucharadita de curry
1	cucharadita de tomillo seco

Sal y pimienta al gusto

Preparación

* Marinar el tofu en la mezcla de agua, salsa de soya, tomillo y jengibre por $^1/_2$ hora.
* Preparar la mezcla de harinas, bicarbonato, agua fría, curry, sal y pimienta. Escurrir el tofu, pasar cada cuadro por la mezcla anterior y freír en abundante aceite caliente.
* Servir caliente acompañado de una salsa agridulce o picante.

SUSHI

CONSEJOS PARA ELABORAR COMIDA JAPONESA

* Siempre tener las manos frías.
* Una toallita húmeda y un recipiente con agua fría.
* Cuchillo cortante.
* Vegetales para adornar.
* El jengibre que se utilice debe ser pelado.
* Las salsas se sirven en recipientes pequeños e individuales por persona.
* La esterilla para hacer el sushi ojalá sea de bambú.
* El vino de cocina debe ser blanco.

ROLLOS DE SUSHI

1 $^1/_2$	taza de arroz de grano corto para comida japonesa
4	cucharadas de vinagre de arroz
3	cucharadas de vino de cocina
1	cucharada de azúcar
$^1/_2$	cucharada de sal marina
1	taza de agua con 1 cucharada de vinagre de arroz (para sumergir las cucharas y manos)
8	planchas de algas nori
3	aguacates maduros, firmes, pelados, cortados en tiras y mezclados con el jugo de $^1/_2$ limón

Preparación

* Cocinar el arroz en agua con sal. En otro recipiente mezclar bien el vinagre, el vino, el azúcar y la sal marina (puede calentarse por 5 minutos y dejar enfriar antes de usar). Pasar el arroz a un recipiente de cristal o madera y verter sobre él la mezcla anterior. Revolver con una cuchara de madera para que quede bien mezclado y con los granos sueltos (sumergir la cuchara de madera en el vinagre para que no se pegue el arroz). Cubrir con un paño de algodón y dejar en reposo por 10 minutos. No refrigerar.
* Si las planchas de nori están verdes, ya han sido tostadas. Si son negras, tostarlas pasándolas por la llama abierta o un quemador hasta que adquieran un color verde brillante. Esto sucede en segundos.
* Colocar cada plancha de nori con el lado brillante hacia abajo, en una esterilla de bambú para enrollar. Con una cuchara humedecida en agua con vinagre extender 4 cucharadas del arroz en cada hoja.
* Colocar las tiras de aguacate en el centro del arroz y enrollar el nori, luego cortar cada arrollado en rodajas de 2 cm.

Variación: El relleno del centro puede ser con vegetales al vapor, como zanahoria, pepino, calabacín, palmitos, etc. cortados en julianas.

*Acompañar con salsa de soya, salsa agridulce o salsa de pepino, soya y jengibre, vegetales al wok y tempuras.

Sopas y cremas

La sopa es un alimento sano, ligero y nutritivo que conviene a todos, alegra el estómago y lo prepara para recibir y digerir. De acuerdo con sus ingredientes puede ser desde una entrada hasta un plato único y a la vez adecuarse al menú según el clima.

Época fría

Almuerzo:

Ajiaco, sancocho, crema de espinaca, mote de ñame, cuchuco de trigo, crema de ahuyama y fríjoles criollos.

Cena:

Sopa de cebolla, sopa de remolacha, sopa de tomate y fideos, crema de apio, minestrone especial y crema de alcachofa.

Época caliente

Almuerzo:

Consomé de coco y champiñones, cuchuco de cebada o maíz, sopa de calabaza y curry, *ratatouille*, crema de brócoli, sopa griega de lentejas, sopa de zanahoria con naranja y sopa de verduras provenzal.

Cena:

Consomé de apio y sopa japonesa de fideos.

SOPAS

CALDO BÁSICO
(6 personas)

1	cebolla larga en trozos	¹/₂	tallo de cebolla puerro
1	zanahoria en rodajas		Laurel según la sopa
2	tallos de apio y sus hojas aparte		Mazorca (especialmente para sopas criollas)
7	tazas de agua		Sal al gusto
5	ramas de cilantro y perejil		Aceite

Preparación

* Poner en la olla del caldo tallos de apio, cebolla larga, puerro y zanahoria con media cucharadita de aceite, calentar a fuego medio y revolver con frecuencia hasta que los vegetales estén dorados, agregar los demás ingredientes y el agua suficiente según la cantidad de personas, dejar hervir por una hora y agregar sal.

CONSOMÉ
(6 personas)

6	tazas de caldo básico
2	cucharadas de salsa de soya

Preparación

* Agregar al caldo la salsa de soya y los ingredientes según el acompañamiento que se quiera, por ejemplo champiñones picados, maní triturado, papa frita en fósforo, tortitas de harina o verdura picada muy fina en poca cantidad.

Tortitas de harina:

3	cucharadas de harina de trigo integral
¹/₂	taza de agua
1	pizca de bicarbonato
	Sal y pimienta al gusto

* Mezclar muy bien con tenedor, freír a cucharaditas en abundante aceite muy caliente, escurrir sobre papel absorbente.

CONSOMÉ DE APIO

(6 personas)

1   taza de apio fresco
5   tazas de caldo básico
2   cucharadas de estragón fresco picado
Sal y pimienta al gusto
Jugo de limón al gusto

Preparación

* Lavar el apio y picar las ramas y hojas. Hervir lo anterior en el caldo a fuego bajo.
* Dejar enfriar, luego licuar y colar.
* Calentar sazonando con sal, pimienta y unas gotas de jugo de limón. Añadir el estragón cuando se haya retirado del fuego.

AJIACO

(6 personas)

18   papas de consistencia dura (sabaneras) medianas peladas
9   papas amarillas (criollas) grandes peladas
18   papas harinosas (pastusas) medianas peladas
1   rama de apio
1   zanahoria pequeña partida
1   rama de perejil
1   gajo de cebolla larga
12   hojas de guasca

1   diente de ajo macerado sin la vena central
3   mazorcas en trozos
1   libra de gluten partido en tiras y marinado en salsa de soya
Aguacates
Alcaparras
Crema de leche
Sal al gusto

Preparación

* Poner en una olla 8 porciones de agua medidas en la cazuela en que se va a servir, agregar zanahoria, cebolla, perejil, apio, mazorcas y sal. Dejar hervir por 1 hora. Sacar las ramas, la zanahoria y la mazorca, para servirla desgranada después.
* Agregar la papa sabanera en cuadros; cuando esté medianamente cocida, agregar la papa pastusa y la papa criolla en cuadros. Cocinar a fuego lento por 15 minutos y empezar a revolver de vez en cuando. Cuando los cuadros de papa hayan limado las esquinas, agregar las guascas bien lavadas y conservadas en agua fría. Debe lograrse una consistencia ligeramente espesa.
* Dorar el gluten y conservarlo en un poco de crema de leche.
* Servir acompañado de mazorcas, crema de leche, alcaparras, aguacate en cuadros y el gluten caliente.

AJIACO ESPECIAL
(8 personas, 16 porciones)

16	tazas de agua o caldo básico
5	mazorcas tiernas medianas partidas en cuatro
2	mazorcas medianas enteras para desgranar cuando estén blandas
2	lb de papa consistencia dura (sabanera R15), pelada, cortada en trozos de 2 x 4 cm
2	lb de papa amarilla (criolla), pelada y partida en tajadas delgadas
2	lb de papa harinosa (pastusa), pelada y en tajadas delgadas
2	arracachas tiernas medianas, peladas y en rodajas delgadas
2	zanahorias tiernas peladas y partidas en rodajas delgadas
9	cebollas largas sin la parte verde, en trozos de 2 cm
1	taza de arveja verde tierna (opcional)
2	tazas de hojas de guascas frescas
120	g de mantequilla (no margarina)
16	cucharadas de crema de leche
16	cucharaditas de alcaparras
4	aguacates maduros y firmes
2	lb de gluten en tiras guisado

Sal al gusto

Preparación

* Calentar el agua o el caldo antes de que hierva; agregar las mazorcas y cocinar por 15 minutos; sacar las mazorcas y añadir la cebolla, la zanahoria, la arracacha y la arveja; dejar hervir por 15 minutos a fuego medio y revolver; luego agregar la papa sabanera, cocinar por 15 minutos más y revolver; añadir la papa pastusa y criolla; después de 5 minutos agregar la mantequilla y seguir revolviendo para que no se pegue en el fondo. Cuando tenga la consistencia deseada poner sal al gusto y de nuevo las mazorcas enteras y el maíz desgranado.
* Servir rociado con 1 cucharada de crema de leche y 1 cucharadita de alcaparras, acompañado de 1 tajada de aguacate, gluten guisado y rebanadas de pan francés.

CONSOMÉ DE COCO Y CHAMPIÑONES
(4 personas)

4	tazas de caldo básico
1	tallo de limonaria con raíz
1/2	taza de leche de coco
1	taza de champiñones en láminas

Sal y pimienta al gusto

Preparación

* Preparar el caldo básico y cuando esté hirviendo bajar del fuego. Agregar la limonaria macerada y dejar en infusión por 5 minutos, luego sacar la limonaria y agregar la leche de coco, los champiñones, y sal y pimienta. Dejar hervir.

CUCHUCO DE TRIGO
(8 personas)

$^1/_2$	taza de cuchuco de trigo remojado 12 horas
$^1/_2$	taza de habas tiernas desgranadas y peladas
$^1/_2$	taza de arvejas tiernas desgranadas
1	lb de papa amarilla (criolla) pequeña sin pelar
1	lb de papa harinosa (pastusa) pelada y en cuadros
$^1/_2$	taza de hojas de acelga picada
2	zanahorias peladas y picadas en cuadritos
$^1/_2$	taza de cebolla larga finamente picada
$^1/_2$	taza de cilantro picado
$^1/_2$	cucharadita de color
1	diente de ajo sin la vena central
10	platos de caldo básico

Sal y pimienta al gusto
Picante al gusto

Preparación

* Escoger muy bien el trigo y refregar con las manos para que suelte el almidón. Pasar el trigo con el agua por un colador. Tomar el grano y reservar el agua con el almidón.
* Poner en una olla amplia 8 platos de caldo, el grano de trigo con un poco de cebolla y cilantro, zanahoria, arveja y habas. Cocinar hasta que el grano y las verduras estén casi blandos, más o menos 40 minutos a fuego medio. Agregar en este momento las papas y sal si fuera necesario. Cocinar por 20 minutos.
* Poner en el mortero las hojas de cilantro, el diente de ajo y el almidón que ya debe estar asentado en el agua, moler muy bien y agregar esta mezcla al cuchuco, por último las hojas de acelgas y el resto de cebolla picada; dejar hervir hasta que las hojas estén blandas. Si el cuchuco se espesa mucho agregar más caldo básico.
* Servir con un picadillo de cebolla, cilantro, picante al gusto y tajadas de aguacate.

Variación: Esta sopa se puede preparar con cuchuco de maíz, cebada o quinua.

SANCOCHO
(8 personas)

1	plátano verde grande
1	lb de yuca
2	mazorcas grandes tiernas
1	lb de arracacha
8	papas medianas harinosas (pastusas)
1/2	lb de ahuyama
2	hojas de apio
1	zanahoria en trozos
1	cebolla larga en trozos
3	ramas de cilantro
3	ramas de perejil
2	hojas de laurel
1/2	cucharada de mantequilla
1	cucharada de color
1	taza de guiso de tomate y cebolla
1/2	taza de cilantro picado
2	lb de gluten en trozos, marinado con salsa de soya y cebolla macerada
12	tazas de agua

Aceite para freír
Sal y pimienta al gusto

Preparación

* Poner en una olla la mantequilla, la zanahoria, la cebolla, las hojas de laurel, las ramas de cilantro y el perejil; sofreír por 5 minutos y luego agregar el agua; cocinar por 15 minutos, hasta lograr un caldo.
* Pelar las mazorcas, partirlas en 8 porciones, partir la ahuyama en trozos y adicionarlas al caldo; seguir cocinando por 20 minutos. Retirar hojas y ramas. Salpimentar el caldo.
* Pelar los plátanos y partirlos con la mano, cocinarlos en el caldo.
* Pelar la yuca, partirla por la mitad y retirarle la parte central. Raspar las arracachas, partirlas en trozos y lavarlas con agua y sal. Pelar las papas.
* Cuando los plátanos estén casi blandos, agregar la yuca y la arracacha, cocinar 25 minutos más y agregar las papas enteras y el color disuelto en agua. Rectificar sal y pimienta, seguir cocinando a fuego medio.
* Preparar el guiso con un poco de aceite y freír hasta que el tomate suelte todo su jugo, salpimentar.
* Después de 10 minutos de cocinar las papas, vaciar por encima todo el guiso, revolviendo de vez en cuando. Seguir cocinando a fuego bajo por 20 minutos, agregar el cilantro y apagar.
* Servir acompañado de aguacate, gluten frito y arepas de maíz o arroz blanco.

MOTE DE ÑAME
(8 personas)

5	lt de agua
1	lb de queso costeño (duro y salado)
4	cebollas cabezonas finamente picadas
4	lb de ñame
2	dientes de ajo picados sin la vena central

Jugo de un limón
Suero costeño o crema agria

Preparación

* Pelar el ñame, cortarlo en trozos medianos, ponerlo a hervir en el agua a fuego medio, agregar el ajo y la sal; revolver constantemente para que no se pegue ni se ahume.
* El ñame debe espesar, pero los cuadros deben quedar enteros.
* Freír la cebolla hasta que esté dorada.
* Poco antes de servir agregar el queso desmenuzado con la mano.
* A tiempo de llevar a la mesa complementar con limón y cebolla frita.

RATATOUILLE
(6 personas)

1	lb de berenjenas peladas
2	calabacines medianos
1	taza de cebolla cabezona en tajadas delgadas
1	lb de tomates pelados y cortados en cuadros
2	pimentones maduros horneados y en trozos
2	dientes de ajo sin la vena central
$^1/_2$	taza de perejil picado

Sal y pimienta negra al gusto
Aceite
Albahaca

Preparación

* Partir las berenjenas en dados, ponerlas en agua con sal por 30 minutos y lavarlas.
* En una sartén freír las cebollas y los tomates hasta que estén blandos.
* En la olla donde se va a preparar la sopa poner aceite y freír las berenjenas, luego los calabacines y los pimentones pelados y sin semillas, agregar poco a poco el tomate y el perejil, cocinar a fuego bajo por 10 minutos, agregar sal y pimienta y seguir cocinando con la olla tapada siempre a fuego bajo. Cuando todo esté muy tierno agregar albahaca y ajo al gusto.
* Acompañar con tostadas al ajo.

ÑAME SAN ANDRÉS

(4 personas)

2	lb de ñame
1	taza de garbanzos
2	lb de cebolla cabezona roja
1 $^1/_2$	taza de aceite de oliva
1	taza de tahine
1 $^1/_2$	taza de zumo de naranja
$^1/_2$	taza de zumo de limón
3	tazas de agua caliente

Sal al gusto

Preparación

* Remojar los garbanzos desde el día anterior, lavarlos y pelarlos.
* Lavar bien el ñame, hervirlo por 20 minutos, escurrir, pasar por agua fría y pelar.
* Cortar el ñame en rodajas gruesas, dorarlas en aceite y reservar.
* Cortar la cebolla en ruedas delgadas. En la olla a presión freír la cebolla hasta que esté dorada, agregar los garbanzos y freír por 3 minutos, añadir el agua caliente y tapar la olla, dejar hervir y agregar el ñame.
* Cocinar por 15 minutos y dejar enfriar.
* En otro recipiente colocar el tahine e ir agregando poco a poco y de forma alterna los zumos de naranja y limón, mezclar bien y agregar a la olla donde está el ñame. Dejar hervir 2 minutos.

MINESTRONE ESPECIAL
(10 personas)

½	lb de fríjoles rojos o blancos (remojados 24 horas)
2	dientes de ajo picados sin la vena central
1	taza de cebollín finamente picado
12	tazas de caldo básico
4	zanahorias picadas en cuadros
4	tallos de apio picados en diagonal
6	hojas de acelga picadas sin el tallo
6	tomates grandes pelados, sin semillas y picados
½	lb de habichuelas partidas en julianas
1	taza de pasta pequeña (corbatines, conchitas, etc.) de sémola de grano duro
½	taza de chorizos vegetarianos picados
½	taza de gluten picado y marinado
2	cucharadas de perejil picado
2	cucharadas de aceite de oliva
1	taza de calabacín tierno en juliana
½	taza de hinojo picado (opcional)
1	taza de papa de consistencia dura (sabanera) picada en cuadros
1	cucharada de páprika

Sal y pimienta al gusto
Queso parmesano (opcional)
Hojas de albahaca

Preparación

* Enjuagar bien los fríjoles y cocinarlos en olla a presión.
* En la olla en que se va a hacer la sopa, freír en aceite el chorizo, el gluten, el ajo y la cebolla. En esta misma olla, poner el caldo, el calabacín, las papas, el apio, la zanahoria y las demás verduras. Agregar sal, pimienta, hierbas y especias. Dejar hervir hasta que las verduras estén *al dente*.
* Agregar el fríjol, dejar que tome sabor y por último agregar la pasta hasta que esté *al dente*. Si la sopa se espesa agregar caldo básico.
* Servir y rociar con albahaca picada y queso parmesano.
* Acompañar con pan francés o pan de centeno.

SOPA DE CEBOLLA
(6 personas)

4	cebollas puerro en rebanadas finas
2	cucharadas de mantequilla
6	tazas de caldo básico
2	cucharadas de salsa de soya
6	tajadas de pan francés tostado
6	tajadas de queso gruyere o suizo

Queso parmesano
Pimienta al gusto

Preparación

* Poner en una cacerola grande la mantequilla con la cebolla, hasta que esté suave sin quemarse. Agregar el caldo y la salsa de soya, dejar hervir.
* Servir en cazuela y poner encima una tajada de pan y una de queso, rociar con queso parmesano y poner a gratinar, a 250 grados hasta que derrita el queso, y llevar a la mesa inmediatamente.

SOPA DE CEBADA
(6 personas)

$^1/_2$	taza de cebada
$^1/_2$	taza de trigo en grano
$^1/_2$	taza de arvejas frescas
$^1/_2$	taza de lentejas
1	cebolla puerro picada
1	nabo mediano en cuadritos
1	papa en cuadros
2	cucharadas de aceite de girasol
6	tazas de caldo básico
1	cucharadita de romero triturado
$^1/_2$	cucharadita de orégano

Sal y pimienta al gusto

Preparación

* Remojar 2 horas en agua caliente las lentejas y desde el día anterior los cereales.
* Saltear la cebolla y el nabo en una olla con aceite, agregar las lentejas, los cereales y las arvejas, conservar por 10 minutos.
* Adicionar el caldo, las papas, las hierbas, sal y pimienta. Cocinar hasta que los cereales estén blandos.

SOPA DE CALABAZA Y CURRY
(6 personas)

2	cebollas cabezonas picadas
5	tazas de caldo básico
1	taza de leche de coco espesa
2	tazas de calabaza cortada en cubos
$1/2$	taza de nueces picadas y doradas
1	cucharada de aceite de oliva
1	diente de ajo sin la vena central
1	cucharadita de jengibre rallado
1	cucharadita de curry
2	cucharaditas de perejil finamente picado

Sal y pimienta al gusto

Preparación

* Poner en una olla a fuego lento aceite, cebolla, jengibre y ajo. Sofreír hasta que la cebolla esté transparente. Luego agregar la calabaza, la leche de coco, sal y cocinar hasta que la calabaza esté tierna.
* En una sartén pequeña aparte dorar el curry y agregarlo a la sopa.
* Servir con perejil y nueces doradas.

SOPA DE REMOLACHA (Borsch)
(8 personas)

1	cucharadita de aceite	$1/4$	cucharadita de páprika
1	tallo de apio finamente picado	$1/4$	cucharadita de pimienta
1	hoja de laurel	1	cucharada de eneldo fresco picado
4	remolachas crudas, peladas y en cuadritos	2	lt de agua
1	zanahoria rallada	1	cucharadita de sal
1	papa en cuadritos		Perejil picado
100	g de hojas de remolacha o espinacas troceadas		Jugo de $1/2$ limón
1	cucharadita de yogur o crema por plato, crema agria, crema de soya o yogur de soya sin dulce		

Preparación

* Calentar el aceite en una sartén grande y freír el apio.
* Agregar el laurel, la zanahoria, la remolacha, la papa y el agua.
* Dejar en el fuego hasta que la remolacha ablande, aproximadamente 45 minutos.
* Agregar las hojas de remolacha o espinacas y cocinar durante 10 minutos.
* Agregar el limón, el eneldo, sal, pimienta y la páprika.
* Para servir adornar por encima con el yogur o crema y el perejil.

SOPA DE VERDURAS PROVENZAL

(8 personas)

5	tazas de caldo básico
1	taza de papas en dados
1	taza de zanahoria en dados
1	puerro grande cortado en tiras
1/2	taza de habichuelas verdes cortadas
1/2	taza de espaguetis en trocitos
1/2	taza de pan blando en migas
1	diente de ajo sin la vena central
1	tomate pelado y picado en trocitos
2	cucharadas de hojas de albahaca picada
1/2	taza de queso parmesano (opcional)
1	cucharadita de curry
2	cucharadas de aceite de oliva

Preparación

* Poner en una cazuela el caldo básico, las papas y las verduras, dejar cocinar por unos 25 minutos. Luego agregar los espaguetis y la miga de pan. Dejar cocinar hasta que el espagueti esté *al dente*.
* Pasar por la licuadora el resto de los ingredientes, sin el aceite. Licuar 2 minutos y luego agregarle el aceite lentamente, bajar la velocidad hasta formar un pesto.
* A tiempo de servir agregar a cada plato de sopa una cucharada de pesto y una de queso parmesano por encima.

SOPA DE TOMATE Y FIDEOS

(4 personas)

4	tomates maduros	1/2	cucharadita de tomillo
4	papas amarillas (criollas)	2	cucharadas de perejil picado
4	tazas de agua	1	cebolla cabezona grande finamente picada
1	zanahoria pequeña		Aceite
1	taza de fideos (pasta fina)		Sal y pimienta al gusto
2	hojas de laurel		Queso parmesano (opcional)

Preparación

* Cocinar los tomates pelados en el agua con las hojas de laurel y el tomillo, retirar las ramas y licuar. Colar el caldo, seguir cocinando y agregar la zanahoria y las papas peladas hasta que se desaten.
* Freír los fideos en aceite hasta que doren. En otra sartén freír la cebolla picada hasta que esté transparente.
* Seguir cocinando. Cuando la sopa tenga buena consistencia, agregar los fideos fritos para que ablanden.
* Rociar con la cebolla frita, el perejil y el queso parmesano.

SOPA DE TOMATE Y MAÍZ
(6 personas)

5	tazas de agua
8	tomates grandes maduros, enteros
1	mazorca o 1 taza de granos de mazorca fresca
$^1/_2$	cucharada de panela en polvo
2	cucharadas de crema de leche
2	cucharadas de queso mozzarella rallado
1	bolsa de nachos frescos sin sabor
$^1/_2$	cebolla larga

Laurel, tomillo, orégano, sal y pimienta

Preparación

* Cocinar los tomates en una olla con laurel, tomillo, orégano, cebolla larga, sal y pimienta. Cuando empiecen a soltar su jugo agregar 2 tazas de agua, cocinar 5 minutos más, dejar reposar, retirar la cebolla y las ramas, licuar y colar. Pasarlos nuevamente a la olla agregando las 3 tazas de agua restante, añadir la mazorca y cocinar hasta que esté blanda, licuar muy bien y no colar. Si los tomates no son muy rojos, adicionar 2 cucharadas de pasta de tomate.
* Cocinar de nuevo por unos 15 minutos o hasta que la crema de tomate espese, agregar sal y pimienta, y rectificar el sabor.
* Servir con crema de leche y queso mozzarella rallado. Decorar con los nachos.

SOPA DE GERMINADOS
(4 personas)

1	cebolla larga finamente picada
1	nabo cortado en cuadritos
2	tomates firmes pelados y en cuadros (opcional)
4	tazas de caldo básico (ver receta)
3	cucharaditas de perejil finamente picado
$^1/_2$	taza de alfalfa germinada
$^1/_2$	taza de soya germinada (raíces chinas)
1	cucharada de aceite

Sal y pimienta al gusto

Preparación

* Freír en el aceite la cebolla y el tomate por 1 minuto. Agregar el nabo, el perejil y la pimienta, y dejar sofreír por 2 minutos más.

SOPA JAPONESA DE FIDEOS
(4 personas)

4	tazas de agua
1	zanahoria pequeña en julianas
¹/₂	taza de champiñones laminados
100	g de fideos en trozos cocinados aparte *al dente*
1	cucharadita de algas (hojas o polvo)
¹/₂	lb de tofu en cuadros pequeños marinados en salsa de soya
1	cucharada de cebolla puerro picada en rebanadas finas
1	cucharadita de miso

Preparación

* Poner en el agua caliente el puerro y la zanahoria sin sal. Cuando esté hirviendo agregar los champiñones, el tofu y la soya donde marinaron. Después el miso y las algas remojadas (si son hojas).
* Servir muy caliente sobre los fideos.

SOPA DE ZANAHORIA CON NARANJA
(6 personas)

1	cucharada de mantequilla		5	tazas de caldo básico
1	cucharada de aceite		1	taza de jugo de naranja
1 ¹/₂	lb de zanahoria pelada y en cubos		1	cucharada de ralladura de cáscara de naranja
1	taza de cebolla cabezona finamente picada			Sal y pimienta al gusto

Preparación

* Calentar en una olla la mantequilla y el aceite, freír la cebolla a fuego medio hasta que ablande. Agregar la zanahoria y cocinar por 15 minutos.
* Adicionar el caldo básico y seguir cocinando por 20 minutos más, retirar la zanahoria, hacerla puré (o licuar), regresarla al caldo y dejar hervir.
* A tiempo de servir agregar el jugo y la ralladura de naranja, sal y pimienta. Servir caliente o a temperatura ambiente.

CREMAS

CREMA DE AHUYAMA
(6 personas)

1 ¹/₂	lb de ahuyama
6	tazas de caldo básico
2	cucharadas de quinua
¹/₂	taza de habichuelas picadas
	Cilantro picado
	Crema de leche (opcional)

Preparación

* Pelar la ahuyama y, sin semillas, partirla en cuadros, cocinar en el caldo básico con la quinua y las habichuelas. Dejar hervir hasta que la verdura esté blanda. Bajar del fuego y dejar enfriar. Luego licuar con todas las hierbas del caldo básico menos el apio.
* Hervir de nuevo por unos cinco minutos y rectificar el sabor.
* Servir con crema de leche al gusto.

CREMA DE APIO
(6 personas)

6	tazas de caldo básico
1	mata de apio mediano picado
5	papas amarillas (criollas) medianas
1	cucharada de mantequilla
2	cucharadas de perejil
2	cucharadas de cebolla larga o cebollín
3	tajadas de pan integral en cuadritos y tostados
2	cucharadas de quinua

Preparación

* Preparar el caldo básico, agregar media mata de apio bien lavada, la quinua y las papas, cocinar hasta que todo esté blando. Dejar enfriar, licuar y volver a hervir.
* Picar muy fino el resto del apio y la cebolla, freír en mantequilla y agregar a la sopa.
* Servir con el pan tostado y rociado de perejil.

CREMA DE BRÓCOLI
(6 personas)

1	brócoli grande limpio
½	lb de ahuyama
2	cucharadas de quinua
6	tazas de caldo básico

Preparación

* Cocinar en el caldo básico la quinua y la ahuyama hasta que esté blanda, luego el brócoli con los tallos hasta que esté al dente.
* Retirar la mitad de las flores del brócoli y picarlas muy finas. Licuar el resto de ingredientes. Volver a hervir.
* A tiempo de servir rectificar el sabor y decorar con las florecitas de brócoli.

CREMA DE ESPINACA

(4 personas)

1	lb de espinacas
1	cebolla puerro
1	cebolla cabezona pequeña
2 ½	tazas de caldo básico
1	taza de leche de soya sin dulce o leche de vaca
2	cucharadas de harina integral
2	cucharadas de mantequilla

Nuez moscada
Pimienta y páprika
Aceite de oliva

Preparación

* Sofreír en el aceite de oliva las espinacas sin tallo, el puerro y la cebolla cabezona por 10 minutos. Agregar la mantequilla, la harina y el caldo, y revolver. Luego añadir la leche, sal y pimienta. Tapar y dejar cocinar a fuego bajo por 15 minutos. Dejar enfriar y agregar la nuez moscada. Licuar y volver a hervir por 5 minutos.
* Servir rociado con páprika.

Tubérculos y plátano

El plátano y los tubérculos como la arracacha, la papa y el ñame son alimentos imprescindibles en la dieta. Contienen alta concentración de agua y son ricos en carotenos, carbohidratos, fósforo, calcio y vitamina A.

PAPAS

Es el tubérculo más cultivado en el mundo, existe gran variedad, las más comunes son de consistencia dura (sabanera), que contiene mayor cantidad de agua y menos almidón; harinosa (pastusa); y amarilla (criolla), que contienen más almidón y una textura más ligera. De acuerdo a esta clasificación son recomendadas para las diferentes preparaciones.

Aportan carbohidratos, minerales y proteínas de gran calidad. Son digestivas y disminuyen la acidez del organismo.

Deben guardarse lejos de la humedad, y para evitar que se dañen depositar una manzana en donde se guarden. Si sobran papas peladas guardarlas en un recipiente, no metálico, con agua y una cucharada de vinagre, pueden tener una duración de 3 a 4 días.

HAMBURGUESA DE PAPA
(6 personas)

1	pan duro
2	cebollas pequeñas
¹/₂	taza de leche o caldo
100	g de champiñones
1	cucharada de perejil picado
1	lb de papa firme (sabanera)
500	g de galantina de vegetales picada
2	cucharadas de reemplazante de huevo

Aceite
Sal y pimienta al gusto

Preparación

* Cortar el pan en trozos y sumergir en la leche hasta ablandar, luego exprimir.
* Pelar y cortar en julianas las cebollas. Limpiar y trocear los champiñones. Lavar, pelar y rallar las papas en tiras por la parte gruesa del rallador.
* En una sartén con aceite a fuego bajo freír las cebollas y cuando estén blandas agregar los champiñones y freír por 2 minutos. Espolvorear el perejil y reservar en un plato.
* Unir el pan, la galantina picada, el reemplazante de huevo, la mezcla de champiñones y las papas. Salpimentar. Hacer 6 hamburguesas. Freír en aceite a fuego medio hasta dorar por ambos lados. Sacar y poner sobre toalla de papel.
* Servir con ensalada.

CALDO DE PAPA
(6 personas)

6 papas harinosas (pastusa)
8 papas grandes amarillas (criolla)
2 gajos de cebolla larga
3 cucharadas de cilantro finamente picado
8 tazas de agua
Sal al gusto

Preparación

* Lavar, pelar y enjuagar las papas.
* Hervir el agua con la sal y un gajo de cebolla partido en 3 partes.
* Picar la papa en rodajas y agregar al agua hirviendo. Cocinar hasta que la papa esté blanda y revolver ocasionalmente. Rectificar el sabor.
* Picar finamente la cebolla restante y mezclarla con el cilantro para agregar a cada plato en el momento de servir.

Variación: Agregar ½ taza de leche al caldo antes de servir.

EMPANADAS DE PAPA Y CILANTRO
(24 porciones)

Ingredientes

1 cucharada de mantequilla
2 cucharaditas de jengibre fresco rallado
2 cucharaditas de comino en grano
1 cucharadita de garam masala
1 ½ lb de papa harinosa pelada y cortada en daditos (pastusa)
½ taza de hojas de cilantro fresco picado
¼ taza de menta fresca picada
3 cucharadas de cebolla finamente picada
Aceite

Masa de empanadas

3 ½ tazas de harina de trigo
1 cucharadita de levadura en polvo
1 ½ cucharaditas de sal
4 cucharadas de mantequilla
½ taza de yogur natural sin dulce

Preparación

* Calentar la mantequilla y sofreír a fuego bajo el jengibre con las especias durante 1 minuto; poner las papas y 3 cucharadas de agua; cocinar por 10 - 15 minutos o hasta que estén tiernas; añadir las hierbas y la cebolla, revolver y dejar enfriar.

Para la masa:

* Cernir en un recipiente la harina con la levadura y la sal; hacer un hoyo en el centro y añadir la mantequilla, el yogur y $^3/_4$ de taza de agua; mezclar todo con un cuchillo sin filo hasta obtener una masa, luego trabajar esta masa con las manos y con un poco de harina formar una bola lisa; dividirla en cuatro partes y extender una de ellas con el rodillo hasta formar una lámina muy fina manteniendo cubierta el resto de la masa.
* Cortar la lámina estirada en 6 círculos con un cortador de 12 cm. de diámetro; poner una cucharada de relleno en el centro de cada uno, doblarla en semicírculo y sellar los bordes; seguir el procedimiento hasta terminar la masa y el relleno.
* En una sartén con aceite caliente, freír las empanadas en tandas hasta que estén crujientes; escurrirlas sobre papel absorbente.
* Servirlas con yogur.

PAPA CRIOLLA CON MANÍ
(6 personas)

3	lb de papa amarilla (criolla) cocinada con sal
1	taza de maní triturado
3	cucharadas de cebollín picado
$^1/_2$	taza de tomates pelados y en cuadritos
2	cucharadas de aceite
3	cucharadas de cilantro picado

Sal y pimienta al gusto

Preparación

* Hacer un puré con la papa criolla.
* En una sartén con aceite freír el cebollín, el tomate, el maní, sal y pimienta, dejar a fuego bajo por 5 minutos. Después mezclar con el puré y el cilantro.
* Servir caliente.

CROQUETAS DE PAPA Y ALMENDRAS
(4 personas)

1	lb de papa de consistencia firme (sabaneras)
$^1/_2$	cucharada de mantequilla
$^1/_2$	cucharadita de nuez moscada
1	cucharada de crema de leche
2	cucharadas de reemplazante de huevo
2	cucharadas de miga de pan
1	cucharada de almendras picadas

Sal y páprika

Preparación

* Cocinar las papas peladas, formar un puré que quede seco, mezclar con mantequilla, nuez moscada, sal, crema y páprika.
* Formar deditos de 5 cm, pasarlos por reemplazante de huevo, luego por harina y almendras.
* Freír en aceite caliente.

PAPAS AL ESTRAGÓN
(6 personas)

8	papas de consistencia dura (sabaneras)
1	cucharada de mantequilla
1	cucharadita de vinagre
$^1/_2$	cucharadita de estragón
1	cucharada de aceite

Sal al gusto

Preparación

* Pelar y partir las papas en cuadritos, cocinar en suficiente agua con sal y vinagre,0 luego escurrir bien.
* Calentar la mantequilla y el aceite en una sartén, añadir las papas y freír a fuego alto revolviendo con cuidado.
* A tiempo de servir agregar el estragón y servir caliente.

PAPA PARA RELLENAR
(10 personas)

Preparación de las papas para rellenar

* Precalentar el horno a 220 grados. Lavar y secar 10 papas harinosas (pastusas) grandes, pincharlas varias veces con un tenedor y ponerlas en una bandeja para hornear. Untarlas con aceite de oliva y hornearlas por ½ hora o hasta que estén blandas. Extraerle y hacerle a cada una un corte profundo en cruz en su parte superior; sacarle un poco de pulpa para que quepa el relleno, que puede ser cualquiera de las siguientes preparaciones:

* AGUACATE CON QUESO

1	taza de yogur sin dulce o de soya
1	taza de aguacate en puré
100	g de queso amarillo

Preparación

* Verter el yogur dentro de la papa, encima el aguacate y por último el queso rallado.
* Servir frío.

* QUESO AZUL

½	taza de cebolla cabezona en rodajas finas
1	cucharada de mantequilla
100	g de queso azul
Pimienta al gusto	

Preparación

* Freír las rodajas de cebolla en la mantequilla a fuego bajo hasta que estén blandas y doradas.
* Rellenar la papa asada con la cebolla y poner encima unos daditos de queso azul, rociar con pimienta y hornear hasta que el queso se funda.

* JAMÓN DE VEGETALES CON CHAMPIÑONES

3	tajadas de jamón de vegetales en tiritas
½	taza de champiñones en láminas
1	diente de ajo macerado sin la vena central
½	cucharada de mantequilla
½	cucharada de perejil picado
1	taza de yogur natural

Preparación

* Freír las tiritas de jamón hasta que estén crujientes y escurrirlas.
* Sofreír los champiñones con el ajo y la mantequilla hasta que doren un poco. Añadir el perejil, sazonar y mezclar.
* Poner el yogur dentro de la papa, luego los champiñones y por último el jamón.

* FRÍJOL BLANCO Y QUESO

1	taza de fríjoles cocinados y sazonados con sal y pimienta
100	g de queso mozzarella rallado

Sal y pimienta al gusto

Preparación

* Calentar los fríjoles.
* Rellenar la papa con el queso, poner encima los fríjoles y sazonar.

Variación: El fríjol blanco se puede reemplazar por maíz tierno.

* YOGUR DE SOYA CON CEBOLLÍN

4	tajadas de jamón de vegetales en tiras
½	taza de cebollín picado
1	taza de yogur de soya

Pimienta negra molida al gusto

Preparación

* Freír unas tiras de jamón vegetariano hasta que estén crujientes y escurrir.
* Rellenar la papa con una cucharada de yogur y poner encima el jamón, el cebollín picado y pimienta negra molida.

Variación: Se puede reemplazar el yogur de soya por queso crema.

* MANTEQUILLA DE HIERBAS Y AJO

1	cucharada de mantequilla
1	diente de ajo macerado sin la vena central
1	cucharadita de perejil fresco finamente picado
1	cucharadita de tomillo fresco finamente picado

Sal y pimienta al gusto

Preparación

* Mezclar la mantequilla blanda con el ajo, el perejil, el tomillo, sal y pimienta.
* Rellenar la papa con esta mezcla. Esta mantequilla sirve también para condimentar las papas antes de poner encima otros ingredientes.

* SALSA BOLOÑESA

1   taza de salsa boloñesa (ver salsas)
100   g de queso cheddar rallado
Pimienta negra al gusto

Preparación

* Calentar la salsa boloñesa, rellenar la papa con esta salsa y espolvorear con el queso y la pimienta negra.

PAPAS AGRIDULCES
(6 personas)

1 ¹/₂   lb de papa
1   cucharada de vinagre de vino
3   cucharadas de aceite de oliva
2   cucharadas de mayonesa
2   cucharadas de yogur sin dulce
2   cucharadas de cebollín finamente picado
Sal y pimienta al gusto

Preparación

* Cocinar las papas con cáscara, dejarlas enfriar y partirlas en trozos.
* En un recipiente poner el vinagre, el aceite, sal y pimienta, revolver con cuidado las papas (esta parte se puede hacer el día anterior).
* A tiempo de servir, mezclar con el resto de los ingredientes.
* Servir frías.

PAPAS AL LIMÓN
(6 personas)

8   papas
2   cucharadas de aceite
Limón al gusto
Sal y pimienta al gusto

Preparación

* Pelar y partir las papas en cuadros grandes, hervirlas en agua con sal. A media cocción sacarlas y escurrirlas.
* Dorar las papas en una sartén amplia con dos cucharadas de aceite a fuego medio, revolviendo de vez en cuando. Cuando estén blandas y doradas, retirarlas, pasarlas a una fuente y agregar el jugo de limón, sal y pimienta.

PAPAS ASADAS
(6 personas)

8	papas harinosas grandes (pastusas)
1	taza de agua leche (de vaca o de soya sin dulce)
1	taza de cebolla larga o cebollín picado
2	cucharaditas de sal
2	cucharadas de harina de trigo
4	cucharadas de aceite
1	cucharadita de curry

Preparación

* Pelar y rebanar las papas, colocarlas con la cebolla en un molde engrasado.
* Licuar la leche, la harina, el curry y la sal y agregar el aceite poco a poco. Verter esta salsa sobre las papas con cebolla.
* Llevar al horno a 350 por unos 40 minutos.

PAPAS CON ALBAHACA
(8 personas)

2	lb de papa harinosa (pastusa)
$\frac{1}{2}$	taza de cebolla cabezona picada
2	dientes de ajo macerados sin la vena central
1	taza de hojas de albahaca partida
2	cucharadas de mantequilla
3	cucharadas de aceite
$\frac{1}{2}$	taza de agua

Sal y pimienta al gusto

Preparación

* Pelar y partir las papas en cuadros medianos. En una olla de fondo grueso poner la mantequilla, el aceite y la cebolla cabezona, freír hasta que la cebolla esté transparente.
* Agregar las papas sin agua, rociar con sal y pimienta.
* Cocinar a fuego bajo hasta que estén blandas, sacudiendo la olla frecuentemente, si las papas demoran en cocinar rociar poco a poco con agua. Por último agregar el ajo y la albahaca, dejar cocinar por 5 minutos más.

PAPAS ALEMANAS
(12 personas)

3	lb de papa firme (sabanera)
3	lb de cebolla cabezona roja tajada en casquitos muy finos
1/2	taza de aceite

Sal y pimienta al gusto

Preparación

* Cocinar las papas con cáscara, sal y suficiente agua, dejar enfriar y partir sin pelar en cuadritos de 2 cm.
* En una sartén amplia con el aceite freír la cebolla hasta que dore, agregar las papas y dejar que se vuelvan crocantes, revolviendo suavemente.
* Servir calientes y rociar con pimienta.

PAPAS CON CHAMPIÑONES
(6 personas)

3	lb de papa firme pequeñita (sabanera)		1/2	taza de cebollín picado
2	lb de champiñones pequeños			Miga de pan
1/2	taza de aceite			Sal y pimienta al gusto
2	cucharadas de mantequilla			

Preparación

* En una olla de fondo grueso, con el aceite, freír las papas peladas, revolviendo de vez en cuando y cuidando que conserven su forma.
* En otra sartén freír en la mantequilla el cebollín, agregando poco a poco los champiñones enteros y sofreír por 3 minutos.
* Mezclar las papas con los champiñones y todo su jugo, agregar sal y pimienta. Conservar a fuego bajo por 10 minutos y servir.

PAPAS CON ESPINACAS
(6 personas)

1	taza de espinaca lavada y picada		1/2	cucharadita de jengibre rallado
6	papas harinosas (pastusas) partidas en cascos		1/2	taza de cilantro picado
1	diente de ajo sin la vena central			Sal al gusto
1	cebolla cabezona			Ají al gusto
1	tomate pelado y sin semilla			Aceite

Preparación

* Sofreír las papas en aceite.
* Moler el ají, el jengibre y el ajo en el mortero.
* Preparar un sofrito en aceite con la cebolla, el tomate y los ingredientes del mortero. Añadir la espinaca y el cilantro. Cocinar por 5 minutos.
* Finalmente agregar las papas y la sal.
* Servir caliente.

PAPAS CON QUESO
(4 personas)

5	papas firmes medianas (sabaneras)
3	cucharadas de cebolla picada
1/2	taza crema agria o yogurt sin dulce
4	cucharadas de queso mozzarella rallado
2	tomates medianos pelados y en trocitos

Aceite
Sal y pimienta al gusto

Preparación

* Cocinar las papas con pellejo. dejarlos enfriar, partirlas por mitad y vaciarlas un poco.
* Sofreír en aceite la cebolla, sal y pimienta, mezclar con la pulpa de papa y el yogur.
* Poner las papas boca arriba en una fuente y llenarlas con la mezcla.
* Cubrir con tomate y queso. Hornear a 250 grados hasta que estén doradas.

PAPAS PICANTES FRÍAS
(4 personas)

1	lb de papa harinosa (pastusa)	1/2	cucharadita de pimienta negra molida
1	cebolla cabezona finamente picada	5	cucharadas de salsa de tamarindo (ver receta)
1/2	cucharadita de sal	1	cucharada de cilantro picado

Preparación

* Cocinar las papas sin pelar y dejarlas enfriar.
* Pelarlas y partirlas en rodajas gruesas.
* Mezclar el resto de los ingredientes y servir sobre las papas.

PAPAS DE BLANQUITA

(6 personas)

12	papas harinosas (pastusas)
3	cebollas largas finamente picadas
1	cucharada de color
	(achiote, azafrán o cúrcuma)
4	cucharadas de aceite
$^1/_2$	taza de leche (o leche de soya sin dulce)
$^1/_2$	taza de natas o queso campesino
	desmenuzado (opcional)
3	tazas de agua

Sal al gusto

Preparación

* Lavar las papas y pelarlas parcialmente.
* En una olla amplia freír en aceite la cebolla y el color por 5 minutos. Agregar las papas, tapar y sacudir la olla para que las papas se impregnen del sabor, repetir este procedimiento 2 o 3 veces, dejar cocinando a fuego bajo por 5 minutos. Agregar el agua, sal y subir a fuego medio, hasta que las papas estén blandas.
* Verter la leche y las natas. Dejar hervir 2 minutos más.
* Servir calientes.

PURÉ DE PAPA AL YOGUR

(4 personas)

4	papas harinosas (pastusas)
1	diente de ajo
1	gajo de cebolla
1	tallo de apio
1	hoja de laurel
2	cucharadas de yogur natural sin dulce
2	cucharadas de crema de leche

Mantequilla
Sal y pimienta al gusto

Preparación

* Cocinar las papas con el ajo, la cebolla y el apio. Cuando estén blandas retirar y triturar, luego agregar el yogur, la crema, mantequilla, sal y pimienta. Mezclar y calentar.

PAPAS CON MANTEQUILLA Y PÁPRIKA
(6 personas)

12	papas firmes (sabaneras) peladas y cocinadas con sal
2	cucharadas de crema de leche
2	cucharadas de mantequilla
3	cucharaditas de páprika
1	taza de perejil picado

Preparación

* Cortar las papas en cubos medianos, dorarlas ligeramente en una sartén grande con la mantequilla.
* Agregar la crema, el perejil y la páprika.
* Calentar a fuego medio sin dejar hervir.

PIZZA DE PAPA
(6 porciones)

1	cucharada de levadura seca o 15 g de levadura fresca	2	cucharaditas de polenta o harina de maíz para arepas
$^1/_2$	cucharadita de sal	2	dientes de ajo macerados sin la vena central
$^1/_2$	cucharadita de azúcar	1	lb de papa firmes (sabaneras), sin pelar y cortadas en rodajas muy finas
2 $^1/_2$	tazas de harina de trigo	1	cucharadita de romero fresco
3	cucharadas de aceite de oliva		

Pimienta negra recién molida al gusto

Preparación

* Precalentar el horno a 210 grados; disolver la levadura con la sal y el azúcar en una taza de agua tibia; taparla y dejarla reposar durante 5 - 10 minutos en un sitio tibio, hasta que esté espumosa.
* Cernir la harina en un recipiente grande y hacer un hoyo en el centro; agregar la levadura y mezclarla con una espátula hasta formar una masa.
* Pasar la masa a una superficie ligeramente enharinada y trabajarla durante 5 minutos hasta que quede fina y elástica; luego extenderla con el rodillo formando un círculo de 30 cm de diámetro.
* Engrasar con un poco de aceite una bandeja para pizza o una placa de horno y espolvorear encima polenta o harina de maíz.
* Poner la masa en la bandeja; mezclar una cucharada de aceite con el ajo macerado y extenderlo sobre la masa.
* Aliñar las rodajas de papa en un recipiente grande con el aceite restante, el romero, la sal y la pimienta negra recién molida.
* Colocar las papas en círculos ligeramente sobrepuestas, encima de la masa y hornear durante 40 minutos aproximadamente, o hasta que la masa esté crujiente y las papas bien asadas.

QUIBBE DE PAPA
(6 personas)

2	lb de papa harinosa cocidas (pastusa)
1	taza de trigo americano, remojado previamente por una hora
3	cucharadas de nueces picadas
2	cucharadas de albahaca y hierbabuena picadas
1	cebolla cabezona en ruedas y frita

Sal y pimienta al gusto

Preparación

* Hacer un puré con las papas.
* Exprimir el trigo, mezclarlo con la papa, 2 cucharadas de hierbabuena y albahaca, 3 cucharadas de nueces, sal y pimienta. Mezclar y amasar bien.
* Servir frío en una bandeja, adornado con cebolla frita, hierbabuena y nueces.

ROLLO DE PAPA CON TOFU
(6 personas)

Ingredientes

8	papas de consistencia dura (sabaneras) peladas
$^1/_2$	taza de leche
1	cucharada de mantequilla
3	cucharadas de queso parmesano
2	cucharadas de miga de pan

Sal y pimienta al gusto

Ingredientes Relleno

1	taza de salsa bechamel espesa (ver receta)
1	lb de tofu blando desmenuzado
1	cucharada de cebolla cabezona morada finamente picada
1	cucharada de perejil finamente picado
1	cucharadita de salvia finamente picada
1	cucharadita de cúrcuma
1	cucharada de salsa de soya

Sal y pimienta al gusto

Preparación

* Cocinar las papas en agua con sal hasta que estén blandas y escurrir. Triturar cuando todavía esté caliente, revolver con la leche, la mantequilla y sal formando un puré de consistencia dura, luego extenderlo sobre una lata engrasada.
* Para el relleno: freír la cebolla en el aceite hasta que esté transparente, agregar la salvia, la cúrcuma, sal, pimienta y el perejil, bajar del fuego y revolver con el tofu y salsa bechamel. Poner esta mezcla a lo largo del puré, formar un rollo e impregnarlo por fuera con el queso parmesano y la miga de pan. Llevar al horno precalentado a 250 grados hasta que dore.
* Servir caliente.

SKORDALIA
(4 personas)

1	lb de papas harinosas peladas y partidas en cuartos (pastusas)
1	diente de ajo macerado
2	cucharadas de almendra molida
$^2/_3$	taza de aceite de oliva
2	cucharadas de vinagre de vino blanco de cocina

Sal y pimienta al gusto

Preparación

* Cocinar las papas al vapor o con agua por 5 - 10 minutos, o hasta que estén tiernas pero enteras, escurrir y formar un puré.
* Mezclar con el ajo y las almendras. Verter poco a poco el aceite macerándo bien. Añadir el vinagre, sal y pimienta. Si queda demasiado espeso, suavizar con agua hasta que el puré quede cremoso pero no líquido.
* Servir frío.

TORTA DE CRIOLLA Y QUESO
(6 personas)

2	lb de papa amarilla (criolla)
$^1/_2$	taza de cebolla picada
2	cucharadas de aceite
2	cucharadas de albahaca fresca picada
1	cucharada de perejil picado
$^1/_2$	cucharadita de tomillo en polvo
$^1/_2$	taza de queso crema

Sal y pimienta al gusto

Preparación

* Cocinar las papas en agua con sal por 5 minutos y luego pasar por el prensa puré.
* En una sartén con mantequilla freír la cebolla, el perejil y la albahaca. Incorporar y mezclar bien la papa y los demás ingredientes.
* Pasar a una fuente de horno engrasada y hornear a 250 grados por 15 minutos.

PAPAS ROSTI
(6 personas)

1 ½   lb de papa firme (sabanera)
2   cucharadas de mantequilla
Sal y pimienta al gusto

Preparación

* Cocinar las papas con sal por 10 minutos (quedan semiduras) refrigerar desde el día anterior. Pelar las papas y rallar por la parte gruesa del rallador. Sazonar con sal y pimienta negra.
* Calentar una sartén de fondo grueso, con la mitad de la mantequilla. Cuando esté caliente agregar la papa, apretándola contra el sartén con una espátula. Dejar a fuego medio por 15 minutos, hasta que dore por la parte de abajo. Dar la vuelta a la tortilla agregando el resto de la mantequilla y dorar por el otro lado.

ARRACACHA

ARRACACHAS CON ACEITUNAS
(6 personas)

2   arracachas grandes
½   taza de aceitunas verdes o negras
½   taza de pasta de tomate
2   cucharadas de aceite
1   cucharada de mantequilla
1   cucharada de harina de trigo
1   taza de caldo básico
3   cucharadas de salsa de soya
Sal al gusto

Preparación

* Pelar y cortar las arracachas en tiras, dejarlas por 5 minutos en agua con abundante sal, refregar, enjuagar y secarlas bien.
* Freír las arracachas en el aceite caliente a fuego medio por 15 minutos.
* En otra sartén derretir la mantequilla a fuego lento, agregar la harina y mezclar con el caldo básico hasta lograr una salsa; la pasta de tomate y la salsa de soya; mezclar bien y cocinar por 5 minutos; añadir las arracachas y las aceitunas; cocinar por 5 minutos más.
* Servir caliente.

ARRACACHAS AL GRATÍN
(6 personas)

2	arracachas grandes
1	taza de salsa bechamel (ver receta)
100	g de queso gruyere rallado
1	cucharada de mantequilla
$^1/_2$	cucharadita de nuez moscada
1	limón

Sal al gusto

Preparación

* Limpiar las arracachas, partirlas en trozos grandes y luego en rebanadas, lavarlas con limón.
* Cocinar las arracachas en 2 litros de agua caliente con sal hasta que ablanden sin que se desbaraten.
* Realzar el sabor de la salsa bechamel con nuez moscada, escurrir la arracacha y disponerla en una fuente cubierta con la salsa bechamel, luego el gruyère rallado y trocitos de mantequilla; llevar al horno a 250 grados por unos 10 minutos, servir caliente.

ARRACACHAS A LA SICILIANA
(6 personas)

2	arracachas medianas o una grande	3	cucharadas de vinagre
1	cucharada de alcaparras picadas	1	cucharada de jugo de limón
1	cucharada de harina de trigo	2	cucharadas de perejil finamente picado
1	cebolla picada	Sal y pimienta al gusto	
1	taza de salsa de tomate fresca	Aceite de oliva	
1	cucharada de panela en polvo		

Preparación

* Limpiar las arracachas y partirlas en cuadros pequeños. Refregarlas con el jugo de limón. Hervirlas en agua por 10 minutos. Escurrirlas y pasarlas por agua fría.
* Espolvorear las arracachas con la harina y freírlas en aceite caliente.
* En otra sartén con aceite freír las cebollas; verter la salsa de tomate y el azúcar, dejar secar un poco. Bajar del fuego y agregar el vinagre, las alcaparras, sal y pimienta.
* Mezclar las arracachas con la salsa anterior y dejar conservar.
* A tiempo de servir agregar aceite de oliva y rociar con el perejil picado.
* Servir frío o caliente.

PASTELES DE ARRACACHA
(5 personas)

2	arracachas medianas	3	cucharadas de aceite
$1/2$	lb de yuca o 3 cucharadas de almidón de yuca	$1/2$	cucharadita de sal
1	lb de tofu semiduro triturado		Picante (opcional)
1	cebolla larga finamente picada		Sal y pimienta al gusto
3	tomates maduros pelados y picados		

Preparación

* Pelar las arracachas y lavar en agua con sal. Limpiar la yuca.
* Cocinar la yuca y la arracacha en suficiente agua con $1/2$ cucharadita de sal hasta que ablanden, escurrir y formar un puré. Si no se utiliza yuca, después de cocinada la arracacha agregar el almidón de yuca.
* Preparar un guiso con la cebolla, los tomates, 2 cucharadas de aceite, sal y pimienta, cocinar por 5 minutos. Agregar el tofu triturado y sofreír por 5 minutos más.
* Repartir el puré en 10 porciones formando rectángulos de 12 x 8. Poner el tofu guisado en el centro de cada uno, cerrar y sellar bordes. Llevar al horno precalentado a 250 grados por 20 minutos.

ÑAME

El ñame es un tubérculo rico en precursores hormonales vegetales, contiene más almidón que la papa. Originario del África occidental, India y sudeste de Asia. Elegir los que no tengan puntos blandos. Cepillar muy bien la piel antes de preparar.

PURE DE ÑAME EN ENSALADA
(6 personas)

1	lb de ñame
$1/2$	taza de cebolla cabezona o cebollín finamente picado
1	taza de tomate pelado y picado
1	cucharada de vinagre
3	cucharadas de aceite de oliva
6	hojas de lechuga morada crespa
$1/2$	lb de queso campesino seco en cuadros

Sal al gusto

Preparación

* Pelar el ñame, picar en trozos medianos y cocinarlo en suficiente agua, hasta que esté muy blando.
* Escurrir el ñame, luego formar un puré y mezclarlo con los demás ingredientes.
* Servir sobre las hojas de lechuga acompañado con el queso.

PLÁTANO

Para conservar la frescura del plátano, se debe envolver en papel de cocina y guardar en el refrigerador.

BUÑUELOS DE PLÁTANO VERDE

7	plátanos o bananos verdes
2	cucharadas de queso rallado, blanco o costeño
1	cebolla cabezona
1	taza de yogur sin dulce
1	tomate
2	cucharadas de cilantro finamente picado
$^1/_2$	taza de harina de trigo
$^1/_2$	cucharadita de polvo para hornear

Condimentos al gusto

Sal al gusto

Agua

Aceite

Preparación

* Cocinar los plátanos, pelados y partidos a la mitad, en agua; cuando estén blandos macerarlos, luego agregar la harina de trigo, el queso, sal y el polvo de hornear, mezclar bien.
* Armar los buñuelos y freírlos en aceite bien caliente.
* Preparar un guiso con la cebolla, el tomate y los condimentos, luego añadir el yogur, sal y agua, hervir y agregar los buñuelos.
* Servir rociados con cilantro.

Guía nutricional de los tubérculos

Guía nutricional
Contenido en 100 g de parte comestible

Hortaliza	Cal. g	Agua. g	Prot. g	Grasa. g	CH. g	Fibr
Achira	52	84.4	0.9	0,2	12.5	0.
Arracacha amarilla	100	72.6	0.9	0,1	24.1	1,
Arracacha blanca	94	74.5	1.0	0.1	22.3	0.
Arracacha morada	104	72.0	1.0	0.1	24.8	0.
Ñame	105	72.4	2.4	0.2	24.1	0.
Papa	91	75.4	1.9	0.1	21.1	0.
Papa criolla	83	75.5	2.5	0.1	18.7	2.
Yuca	146	61.8	0.8	0.1	35.5	0.
Casabe	336	13.7	1.6	0.2	82.2	1.
Sagú	299	15.6	0.3	0.1	83.4	0.
Colí - guineo verde	113	67.4	1.7	0.1	29.5	0.
Hartón verde	142	59.4	1.2	0.2	37.8	0.
Hartón maduro	137	60.8	1.1	0.2	36.3	0.

Fuente: Instituto Colombiano de Bienestar Familiar.

Ca. mg	P. mg	Fe. mg	Vit. A U. I.
7	85	0.8	0
28	70	0.8	230
23	40	1.1	10
25	70	0.8	10
8	41	2.4	0
2	28	1.0	0
7	54	0.6	20
27	35	0.4	10
30	70	0.3	0
8	10	0.9	0
4	38	0,3	160
4	39	0.5	1060
5	30	0.5	540

Salsas

Las salsas proporcionan color y sabor
a las comidas sencillas, haciéndolas
apetitosas para recrear los sentidos,
reforzar y armonizar las características propias de un plato empleando
la imaginación con delicadeza.

VINAGRETA BÁSICA
(4 porciones)

4	cucharadas de aceite de oliva
2	cucharadas de vinagre o limón
1	cucharadita de sal
1	cucharadita de miel o panela en polvo
$^1/_2$	cucharadita de mostaza

Pimienta al gusto

Preparación

* Colocar todos los ingredientes en una vasija o frasco con tapa y agitar fuertemente.

Variación:

3	cucharadas de cilantro finamente picado
$^1/_2$	cucharadita de ajo triturado
$^1/_2$	cucharadita de mostaza
1	cucharada de mayonesa vegetariana
1	taza de vinagreta básica

Preparación

* Vaciar todos los ingredientes en un recipiente con tapa y agitar fuertemente.
* Especialmente para acompañar ensalada de lechugas.

Nota: Como regla fija, la proporción debe ser 2 de aceite por 1 de vinagre.

HUMMUS
(Paté de garbanzos)

1	taza de garbanzos remojados en agua 24 horas	1	cucharadita de perejil picado
5	cucharadas de tahine (pasta de ajonjolí)	$^1/_3$	taza de aceite de oliva
$^1/_2$	taza de zumo de limón	1	diente de ajo macerado sin la vena central
$^1/_2$	cucharadita de sal	2	cucharaditas de páprika

Preparación

* Lavar y cocinar los garbanzos, escurrir bien y reservar el líquido.
* Licuar muy bien los garbanzos con el zumo de limón, el ajo, el aceite, la sal, el tahine y $^1/_2$ taza del líquido de cocción.
* Vaciar en una vasija de cristal y mezclar con el perejil. Refrigerar. A tiempo de servir, rociar con aceite y adornar con la páprika.
* Sirve para acompañar con pan árabe y falafel.

Nota: El ajo y el limón solamente se agregan si se va a servir inmediatamente.

MAYONESA VEGETARIANA Y VARIACIONES

$^2/_3$	taza de agua
$^1/_3$	taza de vinagre de sidra o de frutas
1	taza de leche en polvo entera
1	cucharadita de mostaza
2	cucharaditas de sal
1	cucharadita de azúcar morena
2	tazas de aceite más o menos

Preparación

* Poner en la licuadora todos los ingredientes, sin el aceite, a alta velocidad, luego bajar esta e ir agregando el aceite lentamente hasta que se cierre el remolino que se forma en la licuadora. Guardar en recipiente de vidrio.

Variaciones:

* Mayonesa de soya:

Reemplazar por 1 taza de leche de soya en polvo sin dulce y seguir el procedimiento anterior. Guardar en recipiente de vidrio.

* Salsa rosada:

Utilizar 1 taza de mayonesa, $^1/_2$ taza de salsa de tomate, $^1/_2$ cucharadita de mostaza y unas gotas de limón y mezclar muy bien. Guardar en recipiente de vidrio

* Salsa tártara:

1 taza de mayonesa, $^1/_2$ taza de pepinillos encurtidos finamente picados, 1 cucharada de alcaparras finamente picadas, $^1/_2$ cucharada de aceitunas finamente picadas y una cucharada de cebollín y perejil finamente picados; revolver con tenedor. Guardar en recipiente de vidrio.

* Mayonesa verde:

Agregar a la mayonesa vegetariana jalapeños troceados al gusto.

* Mayonesa de ajo:

Adicionar a la mayonesa vegetariana ajo macerado.

MAYONESA DE CURRY

$^3/_4$ de cucharadita de comino molido
$^3/_4$ de cucharadita de cúrcuma
$^1/_4$ de cucharadita de mostaza
$^1/_4$ de cucharadita de jengibre rallado o en polvo
$^1/_4$ de cucharadita de canela en polvo
$^1/_4$ de cucharadita de páprika
1 $^1/_2$ taza de mayonesa vegetariana

Preparación

* Mezclar todos los ingredientes y conservar en vasija de vidrio.
* Para acompañar verduras crudas.

SALSA AGRIDULCE
(4 personas)

$^1/_2$ taza de caldo básico
3   cucharadas de miel o panela en polvo
2   cucharadas de vinagre de frutas
1   cucharada de salsa de tomate
1   cucharadita de jengibre rallado
1   cucharada de salsa de soya
1   cucharada de sagú o maicena disuelta en 2 cucharadas de agua
Pimienta al gusto

Preparación

* En una olla pequeña calentar el caldo y agregar el jengibre; dejar hervir; poner a fuego bajo e ir añadiendo los demás ingredientes dejando por último el sagú disuelto en agua; rectificar el sabor; aumentar miel o sal si es necesario; cocinar por 3 minutos.

Variación: Esta salsa básica se puede enriquecer con sabores de frutas como 1 cucharada de extracto de tamarindo o 3 cucharadas de compota de manzana.

SALSA ALEMANA
(4 personas)

2	cucharadas de perejil picado
2	cucharadas de eneldo
1	cucharadita de estragón picado
1	cucharadita de cebollín picado
4	cucharadas de mayonesa
2	cucharadas de crema de leche
2	cucharaditas de miel

Preparación

* Batir con tenedor todos los ingredientes en un recipiente de vidrio hasta que quede una mezcla homogénea.
* Sirve para acompañar papas y verduras al vapor.

SALSA B.B.Q.
(4 personas)

3	cucharadas de salsa de tomate
1	cucharada de mostaza
2	cucharadas de miel
1	cucharada de vinagre de frutas
1	cucharada de salsa de soya
1	diente de ajo sin la vena central

Pimienta al gusto
Picante al gusto (opcional)

Preparación

* Mezclar todos los ingredientes y batir muy bien para lograr una salsa homogénea.

Variación: Se puede enriquecer con sabores como hierbabuena, hinojo, eneldo o anís finamente picados.

SALSA BECHAMEL
(6 personas)

3	cucharadas de harina de trigo	3	cucharadas de cebolla cabezona morada finamente picada
2	cucharadas de mantequilla		
$^1/_2$	taza de leche	1	cucharadita de mostaza
$^1/_2$	taza de caldo básico	$^1/_3$	cucharadita de nuez moscada
2	cucharadas de crema de leche		Sal y pimienta al gusto

Preparación

* Fundir la mantequilla con la cebolla y freír hasta que esta esté transparente. Agregar la harina revolviendo constantemente hasta que tome un color dorado. Añadir poco a poco el caldo y la leche tibia revolviendo suavemente hasta disolver todos los grumos, luego adicionar la mostaza, sal, pimienta y la nuez moscada. Cuando tenga buena consistencia, suavizar con crema de leche. Si se desea una bechamel espesa utilizar $^1/_2$ cucharada más de harina de trigo.

Variaciones:

* Salsa bechamel sin lácteos:
Utilizar leche de soya preparada sin dulce y suprimir la crema de leche. Seguir el procedimiento anterior.

* Salsa bechamel sin cebolla:
Suprimir la cebolla cabezona.

SALSA BLANCA

1	taza de leche	4	cucharadas de crema de leche (opcional)
1	taza de caldo básico	$^1/_4$	cucharadita de nuez moscada
2	cucharadas de mantequilla		Sal y pimienta al gusto
4	cucharadas de harina de trigo		

Preparación

* Fundir en una sartén a fuego medio la mantequilla; rociar la harina revolviendo constantemente hasta que tome un color dorado. Agregar el caldo y la leche tibios, la nuez moscada. Seguir revolviendo hasta que empareje la salsa. Salpimentar y cocinar hasta obtener una consistencia cremosa. Suavizar con crema de leche.

SALSA BOLOÑESA
(6 porciones)

1	taza de pasta de tomate
4	tomates maduros pelados y sin semillas
1	taza de soya texturizada seca (carve)
1	hoja de laurel
2	cebollas largas picadas
2	cucharaditas de orégano fresco picado
2	cucharaditas de panela en polvo
1 $1/2$	taza de caldo básico
3	cucharadas de aceite
1	taza de sofrito de tomate y cebolla larga
1	cucharada de albahaca fresca picada

Sal y pimienta al gusto

Preparación

* Hidratar la soya texturizada en agua caliente por 15 minutos. Licuar rápidamente, enjuagarla sobre un colador y exprimirla muy bien. Sofreírla en una sartén con poco aceite por 10 minutos, revolviendo constantemente.
* Colocar en una sartén el aceite, el carve, la cebolla, los tomates picados y el sofrito, freír por 5 minutos, licuar todo rápidamente. Llevar nuevamente a cocción con la pasta de tomate disuelta en el caldo y la panela en polvo. Agregar la hoja de laurel. Cocinar más o menos por 20 minutos. Finalmente agregar el orégano y la albahaca. Cocinar 10 minutos más.

SALSA CRIOLLA
(4 personas)

2	tomates pelados, en trocitos
1	cebolla cabezona morada picada
$1/2$	taza de queso campesino rallado grueso
3	cucharadas de aceite

Sal y pimienta al gusto

Preparación

* En una sartén con aceite freír la cebolla hasta que esté transparente. Agregar el tomate, sal y pimienta. Cocinar a fuego bajo por 5 minutos. Apagar y rociar con el queso rallado. Revolver y servir inmediatamente.

SALSA DE AGUACATE
(4 personas)

1	aguacate grande y maduro
1	tomate grande, maduro, pelado y sin semilla
1	cebolla cabezona cortada en trozos pequeños y enjuagados en agua tibia
2	cucharadas de cilantro picado
1	calabaza pequeña, pelada y cocinada con sal
½	cucharadita de sal y pimienta

Ají al gusto

Preparación

* Licuar todos los ingredientes a alta velocidad hasta que se incorporen bien.
* Para acompañar ensaladas, patacones, papas fritas, etc.

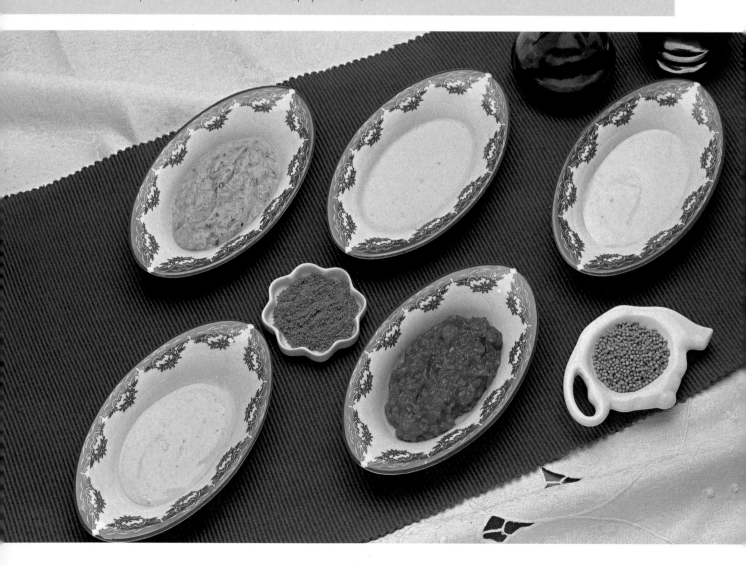

SALSA DE BRÓCOLI
(8 personas)

2 ½	cucharada de aceite de oliva
2	tazas cebolla picada
1 ½	lb de brócoli picado incluyendo el tronco
1	cucharadita de sal
½	cucharadita de pimienta roja y negra
2	tazas de agua
2	cucharadas de harina de trigo
2	tazas de tomate cherry
½	taza de mayonesa vegetariana
6	clavos
1	diente de ajo
2	cucharadas de maní tostado (opcional)
1	libra de Fettuchini

Queso parmesano mezclado con pimienta negra.
Puede agregar al gusto, champiñones sofritos y tomates secos

Preparación

* En una sartén grande freír la cebolla por 10 minutos. Agregar el brócoli, la sal, los clavos y ½ taza de agua. Dejar a fuego lento 10 minutos más, formando una salsa. Rociar con la mezcla de pimientas. Poner poco a poco el resto del agua. Retirar los clavos y espolvorear la harina formando una crema. Bajar la temperatura. Agregar los tomates, el ajo y el maní. Cocinar por 5 minutos más. Dejar reposar.
* A tiempo de servir agregar mayonesa y servir sobre los fettuchini cocidos *al dente*. Acompañar con la mezcla de queso parmesano.

SALSA DE CHAMPIÑONES

1	lb de champiñones frescos partidos en láminas delgadas
1 ½	taza de caldo básico
4	cucharadas de harina de trigo
1	cucharada de mantequilla
1	cucharada de aceite
1	cucharadita de pimienta
2	cucharadas de salsa de soya
3	cucharadas de crema de leche o leche de soya espesa
4	cucharadas de cebolla cabezona finamente picada
3	cucharadas de vinagre de vino de arroz o vino de cocina sin alcohol

Preparación

* Calentar el aceite y la mantequilla en una sartén de fondo grueso. Freír la cebolla hasta que esté dorada sin quemar. Agregar los champiñones por tandas, cuando la sartén esté muy caliente voltearlos por $1/2$ minuto más y retirarlos.
* Agregar a la sartén la harina de trigo. Revolver hasta lograr una masa homogénea y dorar a fuego muy bajo por 3 minutos.
* Adicionar poco a poco el caldo caliente y la salsa de soya, revolviendo constantemente hasta disolver la harina. Cuando se tenga una mezcla homogénea, agregar nuevamente los champiñones, pimienta y vino. Cocinar a fuego bajo por 5 minutos más. Suavizar la salsa con crema de leche o leche de soya.

SALSA DE ESPÁRRAGOS
(6 personas)

1	lb de espárragos frescos o conservados
$1/2$	taza de mantequilla derretida
1	pimentón maduro procesado y picado
1	taza de salsa bechamel
3	tajadas de queso amarillo

Sal y pimienta al gusto

Preparación

* En una sartén con $1/2$ cucharada de mantequilla sofreír el pimentón y luego agregar los espárragos cocinados y troceados.
* Preparar la salsa bechamel con el caldo de los espárragos y el queso. Salpimentar y agregar a la fritura anterior. Conservar caliente.
* Salsa especial para servir sobre tallarines cocinados *al dente,* escurridos y pasados por mantequilla caliente.

Nota: Para procesar los espárragos frescos ver receta.

SALSA DE ESPINACA
(6 personas)

2	cebollas largas (parte verde)	1	tajada de queso fundido tipo americano
1	manojo de espinaca blanqueada (ver glosario)	2	cucharadas de agua
$1/2$	taza de aceite de oliva	$1/3$	taza de almendras partidas y tostadas
$1/2$	taza de jugo de naranja		Sal al gusto
1	cucharadita de panela en polvo		

* Licuar todo y al final agregar las almendras.
* Sirve para acompañar verduras, papas al vapor o en un *buffet* de salsas.

SALSA DE ESTRAGÓN Y RUIBARBO

$^1/_2$	lb de ruibarbo fresco
$^1/_2$	taza de agua
$^1/_2$	taza de panela en polvo
1	cucharada de estragón fresco

Preparación

* Cortar el ruibarbo en trozos delgados. Alistar en una olla 2 tazas de agua y la panela, cuando empiece a hervir agregar el ruibarbo y bajar la temperatura. Cocinar por 20 minutos.
* Bajar del fuego cuando se convierta en una mezcla espesa. Pasar por colador y hervir de nuevo. Agregar el estragón.
* Servir fría o caliente. Por su sabor agridulce puede acompañar gluten, tofu a la plancha, verduras crudas o tempuras.

SALSA DE HIERBAS
(4 personas)

3	cucharadas de albahaca	3	cucharadas de cebolla puerro picado
2	cucharadas de estragón	6	cucharadas de aceite de oliva
$^1/_2$	cucharadita de anís	1	cucharada de miga de pan fresco
1	cucharada de mejorana	3	cucharadas de queso parmesano
3	cucharadas de perejil picado	Pimienta negra al gusto	

Preparación

* En una sartén con aceite freír la cebolla y la miga de pan, hasta que estén crocantes.
* En otra sartén poner aceite con las hierbas picadas y sofreír a fuego bajo.
* A tiempo de servir rociar primero el aceite de hierbas, luego la miga de pan, el queso y pimienta.

Nota: Esta salsa es especial para servir sobre linguinis cocinados *al dente.*

SALSA DE LIMONARIA

2   cucharadas de semilla de girasol
1   cebolla roja picada y sofrita
3   cucharadas de raíz de limonaria picadas
8   tomates secos picados
1   cucharada de jugo de limón
$^1/_2$ taza de aceite de oliva
Sal y pimienta al gusto

Preparación

* Utilizar la parte blanca de la limonaria.
* Tostar las semillas de girasol. Mezclar con los demás ingredientes y dejar reposar.
* Para rociar sobre hojas de lechuga.

SALSA DE MANGO

1   mango grande pintón (sin acabar de madurar)
1   cebolla cabezona morada finamente picada
1   cucharada de jengibre fresco pelado y picado
2   tazas de caldo básico
2   cucharadas de salsa de soya
$^1/_2$ taza de panela en polvo o azúcar morena
1   cucharadita de pimienta
Sal al gusto

Preparación

* Cocinar en una olla de fondo grueso todos los ingredientes, excepto la sal, hasta que el mango esté blando. Licuar y cocinar nuevamente por 15 minutos o hasta que la salsa tenga una consistencia espesa. Rectificar el sabor.
* Adicionar más jengibre si se quiere, más picante, o más dulce o sal según el gusto.
* Para acompañar rollo de gluten, tofu apanado, tempuras o sobre tortillas de queso.

Variación: Cuando esté frío agregar cilantro finamente picado al gusto.

SALSA DE MOSTAZA
(4 porciones)

3   cucharadas de mostaza
2   cucharadas de crema de leche
2   cucharaditas de miel
2   cucharadas de caldo básico
1   cucharadita de sagú o maicena

Preparación

* Mezclar todo en frío. Llevarlo a cocción a fuego lento, revolviendo constantemente hasta tomar consistencia cremosa.
* Servir caliente.

SALSA DE MOSTAZA DIJON Y MIEL PARA ENSALADA
(6 personas)

1   taza de aceite de oliva
$^1/_2$ taza de miel
$^1/_2$ taza de vinagre de vino
1   cucharada de cebollín finamente picado
2   cucharadas de mostaza Dijon
Sal y pimienta al gusto

Preparación

* Licuar todos los ingredientes menos el cebollín.
* A tiempo de servir agregar el cebollín.
* Sirve de aderezo para cualquier tipo de vegetales.

SALSA DE MOSTAZA Y CILANTRO

$^1/_2$ taza de yogur sin dulce
$^1/_4$ taza de mostaza
2   cucharadas de jugo de lima o mandarina
2   cucharadas de azúcar morena

$^1/_4$ taza de cilantro finamente picado
2   cucharadas de agua
Sal y pimienta al gusto

Preparación

* En una taza mezclar todo hasta que esté homogéneo. Cubrir y dejar reposar por 1 hora para que se combinen los sabores.
* Antes de servir rectificar el sabor.

SALSA DE PEPINO, SOYA Y JENGIBRE
(4 personas)

2	pepinos cohombro pequeños sin piel ni semillas, finamente picados
1	cucharada de cebolla finamente picada
1	cucharada de cilantro picado
1	cucharadita de jengibre rallado
1	cucharada de salsa de soya
3	cucharadas de vinagre
2	cucharadas de panela en polvo
1	diente de ajo sin la vena central

Picante al gusto

Preparación

* Cocinar en $1/2$ taza de agua el vinagre y la panela en polvo por 3 minutos. Dejar enfriar y mezclar con los demás ingredientes menos el pepino.
* A tiempo de servir agregar el pepino a la mezcla anterior.
* Para acompañar vegetales.

SALSA DE QUESO PARMESANO

1	taza de salsa bechamel
$1/2$	taza de queso parmesano

Preparación

* Calentar la salsa bechamel, agregar el queso, mezclar y retirar antes de hervir.

SALSA DE TAHINE AGRIDULCE
(6 personas)

6	cucharadas de agua
2	cucharadas de vinagre
3	cucharadas de tahine (crema de ajonjolí)
1	cucharada de miel
1	cucharadita de mostaza en grano procesada en el mortero
3	cucharadas de aceite de oliva

Preparación

* Reservar el tahine. Mezclar muy bien los demás ingredientes con un tenedor, luego agregar el tahine y revolver nuevamente.
* Para acompañar espinacas.

SALSA DE YOGUR Y TAHINE

1	taza de yogur sin dulce
2	cucharadas de jugo de limón
1	diente de ajo
2	cucharadas de tahine (crema de ajonjolí)

Ralladura de la cáscara de 1 limón
Sal al gusto

Preparación

* Macerar el ajo sin la vena central y la sal. Mezclar con el tahine. Batir e ir agregando gradualmente el yogur y la cáscara rallada.
* Adicionar jugo de limón al gusto. Servir con pan.

SALSA INDIA

1	manzana	2	cucharaditas de azúcar
1	cebolla finamente picada	2	cucharadas de aceite
1	taza de crema agria o suero costeño	2	cucharadas de vinagre
2	cucharadas de crema de leche culinaria	2	cucharadas de mayonesa
2	cucharadas de curry	2	cucharadas de cebollín finamente picado

Preparación

* Pelar la manzana y cortarla en dados pequeños.
* Mezclar la crema, el curry, el azúcar, el aceite, el vinagre, la mayonesa, la crema agria, la cebolla y el cebollín, luego agregar la manzana.
* Sirve para acompañar ensaladas.

SALSA INGLESA
(6 personas)

1	taza de leche
3	cucharadas de crema de leche
1	tarro pequeño de leche condensada
1	cucharada de maicena
1	cucharadita de esencia de vainilla

Preparación

* Licuar todo y cocinar revolviendo constantemente hasta que hierva y espese.
* Para complementar recetas.

SALSA NAPOLITANA

2	cucharadas de aceite	2	hojas de laurel
1	taza de pasta de tomate	1	cucharada de hojas de albahaca
$^1/_2$	taza de cebolla cabezona finamente picada	1	cucharada de laurel, tomillo y orégano
1	taza de tomate fresco pelado y sin semilla	2	cucharaditas de panela en polvo
1	taza de caldo básico		Sal y pimienta al gusto

Preparación

* En una sartén amplia, freír la cebolla hasta que esté transparente. Agregar los demás ingredientes menos el tomate picado.
* Cocinar a fuego bajo por 20 minutos. Retirar las hojas de laurel y de albahaca. Añadir los tomates y cocinar por 10 minutos más.
* Especial para acompañar pastas.

SALSA PARA HELADO
(6 personas)

½   taza de agua
4   cucharadas de panela en polvo
1   cucharada de miel
½   taza de zumo de naranja
1   mango maduro picado en dados pequeños
Pulpa de un mango maduro hecha puré
Tiras finas de cáscara de una naranja

Preparación

* Cocinar el puré de mango con 2 cucharadas de panela en polvo, sin agua, por 5 minutos. Dejar enfriar.
* Disolver el resto de la panela en polvo en el agua. Hervir y añadir la cáscara de naranja. Cocinar por 10 minutos. Dejar enfriar y agregar la miel con el zumo de naranja. Llevar a la nevera.
* A tiempo de pasar a la mesa revolver con el mango picado y servir sobre el helado.

SALSA PESTO

¹/₂	taza de cebollín
¹/₂	taza de hojas de albahaca
¹/₂	taza de hojas de perejil
1	taza de aceite de oliva
1	diente de ajo o más según el gusto sin la vena central
¹/₂	taza de nueces partidas
2	cucharadas de queso parmesano (opcional)

Sal y pimienta fresca recién molida

Preparación

* Licuar todos los ingredientes muy bien hasta lograr una mezcla homogénea.
* Sirve para acompañar pastas, quesos, vegetales crudos y tostadas.

SALSA VERDE
(6 personas)

1	manojo de cilantro
1	manojo de perejil
2	cucharadas de mayonesa (ver receta)
2	cucharadas de mostaza
2	cucharadas de vinagre
¹/₂	taza de aceite
¹/₂	cucharadita de sal
¹/₂	cucharadita de pimienta
1	cucharadita de miel

Preparación

* Utilizar el cilantro y el perejil sin los tallos. Licuar con los demás ingredientes hasta formar una salsa.
* Conservar en recipiente de vidrio.
* Sirve para acompañar ensaladas, papas a la francesa y panes.

SALSA DE TAMARINDO

1	taza de pulpa de tamarindo sin dulce
1	astilla de canela
$1/2$	taza de panela en polvo
2	cm de raíz de jengibre
1	cebolla cabezona
2	cucharadas de vinagre
1	cucharada de salsa de soya
1	taza de agua

Preparación

* Licuar rápidamente la pulpa de tamarindo en 1 taza de agua y colar.
* Verter en una olla de fondo grueso el tamarindo con los demás ingredientes. Cocinar a fuego alto por 15 minutos revolviendo constantemente. Dejar enfriar. Retirar la astilla de canela y licuar. Rectificar el sabor cuidando que no quede ni muy ácido ni muy dulce. Hervir de nuevo. Dejar enfriar y guardar en recipiente de vidrio.
* Sirve para acompañar papas frías, tempuras y recetas de gluten.

SALSA PARA NACHOS
(6 porciones)

2	cucharadas de aceite de oliva	2	cucharaditas de harina de trigo
1 $1/2$	taza de cebolla cabezona picada	$1/3$	botella de cerveza sin alcohol
$3/4$	cucharadita de sal		a temperatura ambiente
1	cucharadita de cominos	1	diente de ajo pequeño sin la vena central
1	cucharada de cilantro picado	2	cucharaditas de panela en polvo
$1/4$	cucharadita de pimienta	2	tazas de queso blanco rallado grueso
3	tomates maduros pelados y picados		Picante fresco al gusto (jalapeños)

Preparación

* En una sartén honda freír la cebolla hasta que esté transparente; agregar los tomates, la pimienta, la sal y la panela; cocinar a fuego medio por 30 minutos.
* Después poner poco a poco el picante, la cerveza, los cominos y el cilantro; dejar hervir y bajar del fuego, destapar y dejar enfriar un poco.
* Agregar el ajo y el queso; servir tibio con nachos como entrada, o con tortillas y fríjoles para una comida más completa.

Pasabocas, emparedados y esparcibles

Si deseamos agasajar en pequeña escala y de modo informal, la mejor opción es una variedad de pasabocas, que también pueden preceder a una cena. De estos hay muchas sugerencias como rellenos o acompañamientos, calientes, fríos, aromáticos y coloridos.

PASABOCAS

CANOAS DE APIO
(4 personas)

2   canoas de apio
$^1/_2$ taza de queso crema
1   cucharada de cebollín picado
1   cucharada del corazón de apio picado (parte blanca)
2   cucharadas de leche
1   cucharadita de páprika
Sal y pimienta al gusto

Preparación

* Limpiar de hebras las canoas de apio y conservarlas en agua con hielo. A tiempo de servir partirlas en trozos de 5 cms de largo y secar.
* Mezclar el queso crema con los demás ingredientes, rellenar las canoas y servirlas en una bandeja adornada con hojas de apio.

COGOLLOS DE APIO, TOFU Y NUECES

2   cogollos de apio (parte blanca)
2   cucharadas de nueces finamente picadas
1   cucharada de crema de leche (opcional)
1   cucharadita de mostaza
1   cucharada de jugo de limón
1   taza de tofu blando desmenuzado
$^1/_2$ cucharadita de cominos
1   cucharada de salsa de soya
1   cucharada de perejil picado
Nueces en trozos
Pimienta al gusto

Preparación

* Mezclar todos los ingredientes con tenedor formando un dip. Servir con manga pastelera sobre galletas o tostadas.
* Adornar con nueces en trozos.

TOSTADAS DE RÁBANO
(6 personas)

1	taza de rábanos pequeños partidos en láminas finas
2	cucharadas de vinagre
1	cucharada de azúcar morena
3	cucharadas de perejil finamente picado
1	cucharada de yogur espeso sin dulce

Mantequilla
Pan moreno

Preparación

* Enjuagar los rábanos y marinarlos con vinagre y azúcar. Servir sobre pan moreno con mantequilla.
* Adornar con la mezcla de yogur y perejil

BOCADITOS
(4 personas)

$^1/_2$	taza de queso ricota o requesón
1	taza de queso mozzarella rallado
2	cucharaditas de perejil finamente picado
$^1/_2$	taza de nueces mezcladas picadas
3	cucharadas de hierbas frescas (cebollín, mejorana, albahaca) finamente picadas
2	cucharadas de páprika molida

Pimienta al gusto

Preparación

* Mezclar los quesos. Agregar el perejil y pimienta. Revolver hasta combinar todo muy bien.
* Formar 12 bolitas de 2 cm de diámetro y refrigerar en un plato por 10 minutos o hasta que estén bien firmes.
* Dorar las nueces y dejar enfriar.
* Poner las nueces, las hierbas y la páprika en diferentes recipientes pequeños. Rodar 4 bolitas de queso en cada sabor para que se impregnen y queden bien cubiertas.
* Conservar refrigeradas hasta el momento de servir.
* Servir combinadas para llevar a la mesa.

JAMÓN DE VEGETALES CON CIRUELAS
(4 personas)

2	palos de bambú partidos por mitad
4	tajadas de jamón de vegetales partidos por mitad
8	ciruelas deshuesadas y remojadas

Aceite
Salsa de soya

Preparación

* Poner en palitos los rollitos de jamón vegeta-riano, las ciruelas deshuesadas. Rociar con aceite y salsa de soya.
* Calentar sobre parrilla.

DEDITOS DE CALABACÍN CON ENELDO
(6 personas)

2	calabacines
1	taza de harina de trigo
$^1/_2$	taza de harina integral de trigo
2	limones en casquitos
1	taza de soda o bretaña
$^1/_2$	taza de eneldo fresco picado
$^1/_2$	taza de harina de trigo

Sal y pimienta al gusto
Yogur sin dulce

Preparación

* Partir el calabacín por la mitad a lo largo, luego en tiras de 1 cm de ancho y por último hacer trocitos de 5 cm.
* Mezclar las harinas y sal, luego agregar la soda y dejar reposar por 5 minutos.
* Revolver los deditos de calabacín con el eneldo.
* En una fuente aparte poner $^1/_2$ taza de harina de trigo con sal y pimienta. Pasar los calabacines por esta harina adobada.
* Sumergir los calabacines en la primera mezcla, luego freírlos uno a uno en aceite caliente.
* Servir con los cascos de limón y yogur con eneldo picado.

PALMERAS

¹/₂   lb de masa de hojaldre
¹/₂   lb de azúcar
Crema de leche

Preparación

* Estirar la masa de hojaldre con rodillo sobre una superficie azucarada. Hacer un cuadrado de 30 x 30 cm y de 0.3 cm de espesor.
* Salpicar la masa con azúcar y presionar. Enrollar cada borde hacia adentro. Luego poner uno sobre otro de los dobleces.
* Aplanar con un cuchillo. Cortar ruedas de 2 cm.
* Separarlas y espolvorear con azúcar. Hornear a 250 grados por 6 minutos.
* Servir con las puntas untadas de chocolate o con crema batida entre dos palmeritas.

LONJAS DE QUESO
(6 personas)

225   g de queso crema
1   cucharada de mantequilla blanda
1   cucharada de alcaparras picadas
1   cucharada de perejil picado
1   cucharada de cebollín picado
1   cucharadita de páprika
1   cucharadita de jugo de limón
1   taza de finas hierbas o especias o almendras
        molidas.

Preparación

* Mezclar primero la mantequilla con el queso crema. Luego el resto de ingredientes.
* Formar un rollo alargado de 3 cm de diámetro sobre papel parafinado. Cubrir por fuera con las hierbas, las especies o almendras molidas. Refrigerar por una hora.
* Partir en ruedas delgadas, para poner sobre tajadas de pan francés o galletas integrales.

EMPAREDADOS

Para hacer brusquetas

Calentar rebanadas de pan de corteza gruesa, cuidando de que la corteza quede tostada y el centro esté blando. Frotar con ajo y aceite de oliva. Cubrir con los ingredientes escogidos y calentar en horno tibio. Ideales para entradas.

BRUSQUETAS DE CHAMPIÑONES
(4 personas)

6	cucharadas de mantequilla
2	dientes de ajo macerados sin la vena central
4	tazas de champiñones mezclados (orellana, corriente, shiitake)
8	tajadas de pan francés
1	cucharada de perejil finamente picado

Sal y pimienta al gusto

Preparación

* En una sartén derretir la mantequilla, freír el ajo por 30 segundos y luego saltear los champiñones por 5 minutos.
* Dorar las tajadas de pan como en la explicación inicial.
* Agregar el perejil a los champiñones y sazonar con sal y pimienta.
* Colocar la mezcla de champiñones sobre las tajadas de pan y servir inmediatamente.

Variación:

* De tomate y mozzarella.
* De hummus (ver receta) con perejil picado y rueditas de aceitunas.
* De rúgula y parmesano.

Para hacer crostini

Cortar rebanadas de pan *baguette* de 1 cm de ancho. Tostar que queden doradas por ambos lados. Frotar con ajo, aceite y tomate.
Se pueden hacer de varios sabores: Salsa pesto (ver receta) y queso rociado, queso ricotta y tomate, queso mozzarella y albahaca.

EMPAREDADO DE PASTA DE ACEITUNA Y MOZZARELLA

(4 personas)

4	tajadas de queso mozzarella
8	rebanadas de pan (toscano, campesino, etc.)
4	rebanadas de tomate (pelado)
4	hojas de lechuga verde lisa sin el tallo y lavada

Pasta de aceituna
Mantequilla y ajo

Preparación

* Dorar las rebanadas de pan en una sartén untada de mantequilla y ajo. Cubrir con pasta de aceituna, luego poner la hoja de lechuga, el queso y el tomate. Tapar con la otra rebanada de pan. Complementar con alfalfa y calabacines en rodajas.

Pasta de aceituna

1	taza de aceitunas verdes deshuesadas
1/4	taza de alcaparras lavadas
2	cucharaditas de tomillo fresco picado o 1/2 cucharadita de tomillo seco
1	diente de ajo sin la vena central
1	cucharada de aceite de oliva

Pimienta fresca al gusto
Jugo de limón

Preparación

* Poner en el procesador las aceitunas, alcaparras, el ajo y el tomillo. Procesar y agregar poco a poco aceite, limón, pimienta y el tomillo si es fresco.

EMPAREDADO DE AGUACATE
(4 personas)

8   tajadas de pan de centeno
4   cucharadas de puré de aguacate
4   hojas de lechuga romana sin el tallo
4   cucharadas de germinados (alfalfa, raíces chinas, etc.)
4   tajadas de queso amarillo o de soya
Aceite de oliva
Sal, pimienta y limón al gusto

Preparación

* Cubrir cada tajada de pan con el puré de aguacate y rociar con gotas de limón, sal y pimienta, luego poner 1 tajada de queso, lechuga y germinados. Rociar con sal y pimienta y un chorrito de aceite de oliva.
* Cubrir con otra tajada de pan.

EMPAREDADO EN PAN PITA
(4 personas)

4   panes (pita o servilleta)
8   falafel (ver receta)
2   tomates pelados y picados
4   hojas de lechuga romana sin la
        parte gruesa partidas en tiras
8   cucharadas de hummus
        (paté de garbanzo) (ver receta)
4   cucharadas de pepino cohombro
        finamente picado
Aceite de oliva
Pimienta al gusto

Preparación

* Poner en el centro de cada pan 2 falafel partidos en cuartos, 1 cucharada de tomate picado, 1 cucharada de lechuga y 1 cucharada de pepino. Rociar con aceite de oliva y pimienta. Cerrar los bordes y formar un rollo.
* Acompañar con hummus, leche cortada o paté de berenjena (ver receta).

EMPAREDADO PORTOBELLO
(4 personas)

4   panes franceses redondos partidos por la mitad
4   cucharadas de mayonesa de ajo (ver receta)
2   champiñones portobello dorados en mantequilla y pimienta, partidos por mitad
4   rodajas de 1 tomate pelado
8   hojas de rúgula

Preparación

* Untar el pan con la mayonesa. Poner encima medio portobello, una rodaja de tomate y mayonesa. Adornar con dos hojas de rúgula y tapar.

EMPAREDADO FRÍO

1   pan blanco tajado
1   pan oscuro tajado
$^1/_2$ lb de queso de soya blando (tofu)
200   g de queso crema
1 $^1/_2$ taza de mayonesa vegetariana
$^1/_2$ taza de zanahoria finamente rallada
3   cucharadas de cebollín y perejil finamente picado
3   cucharadas de aceitunas picadas
4   tajadas de jamón vegetariano

2   cucharadas de salsa de soya
2   cucharadas de pepinillos agridulces picados
2   cucharadas de salsa de tomate
Pimienta al gusto

Preparación

* Preparar una pasta de 100 g de queso crema, las aceitunas, el cebollín y el perejil.
* Preparar una pasta de tofu con la zanahoria, pimienta y salsa de soya.
* Preparar una pasta de 100 g de queso crema, el jamón picado y los pepinillos.
* Preparar una salsa rosada con la mitad de la mayonesa y la salsa de tomate, reservar la otra mitad.
* Sobre un paño húmedo de 30 cm x 40 cm colocar 4 tajadas de pan blanco, una detrás de la otra en línea, cubrirlas con mayonesa y poner una capa de pasta de tofu. Encima, de igual forma, colocar las 4 tajadas de pan oscuro y cubrir con la salsa rosada, luego poner una capa de queso con aceitunas, luego 4 tajadas de pan blanco, cubrir con la mayonesa y luego una capa de la pasta de queso con jamón, por último 4 tajadas de pan oscuro y cubrir con mayonesa rosada.
* Enrollar en el paño húmedo, presionando la tela sobre las capas de pan para que quede muy firme. Llevar al congelador por 4 o 5 horas, luego quitar el paño y dejar descongelar sobre una bandeja con fondo de lechugas. Partir en triángulos y acompañar con una salsa caliente (espárragos , champiñones).

ESPARCIBLES

PATÉ DE BERENJENA
(6 personas)

3   berenjenas
1   diente de ajo sin la vena central
$^1/_3$ taza de aceite de oliva
1   cucharada de perejil finamente picado
Sal y pimienta al gusto

Preparación

* Aromatizar el aceite con el ajo (colocar el ajo partido por mitad en el aceite por 2 horas).
* Asar las berenjenas al horno, cuando estén tiernas, abrir y quitar la pulpa (mermando la semilla si tiene mucha cantidad).
* Mezclar la pulpa macerada con el aceite aromatizado de ajo, sal, pimienta y el perejil

PATÉ DE ACEITUNAS
(6 personas)

1   taza de aceitunas negras picadas
1   cucharada de aceitunas verdes picadas
$^1/_2$ taza de aceite de oliva
1   cucharada de perejil
2   dientes de ajo
Jugo de un limón
Sal y pimienta al gusto
Tofu o queso crema

Preparación

* Licuar todos los ingredientes e ir agregando el queso poco a poco hasta formar una mezcla cremosa. Colocar en un recipiente de vidrio o cerámica y refrigerar.

GRUYÈRE CON CHAMPIÑONES
(4 personas)

$1/4$	lb de queso gruyère en cuadritos
$1/2$	lb de champiñones en trozos pequeños sofritos
2	cucharadas de apio finamente picado
2	cucharadas de aceite de oliva

Sal y pimienta fresca al gusto

Preparación

* Mezclar todos los ingredientes y servir sobre rueditas de pan tostado.

MAYONESA DE BERENJENA
(8 personas)

2	berenjenas
3	cucharadas de cebolla cabezona picada y sofrita
1	taza de mayonesa vegetariana (ver receta)

Preparación

* Asar las berenjenas sobre una parrilla hasta que estén tiernas. Dejar enfriar. Sacar la parte blanda y mezclar con los demás ingredientes.
* Servir sobre tostadas.

CEVICHE DE MANGO
(4 personas)

1	mango mediano verde pelado y en cuadritos pequeños	$1/2$	taza de salsa de tomate
1	cebolla cabezona morada mediana finamente picada	1	cucharadita de pimienta
		2	cucharadas de cilantro finamente picado

Sal y picante al gusto

Preparación

* Mezclar todos los ingredientes. Conservar en recipiente de vidrio.
* Servir sobre tostadas o galletas.

CEVICHE DE ALCACHOFA

6	alcachofas medianas cocinadas (corazones y partes blandas de las hojas)
$^1/_2$	taza de cebolla cabezona roja finamente picada
$^1/_2$	taza de cebolla cabezona blanca finamente picada
$^1/_2$	taza de cebolla larga finamente picada
1	cucharada de hojas de cilantro finamente picado
1	taza de salsa de tomate
1	cucharada de vinagre
1	cucharadita de azúcar morena

Jugo de 2 limones
Sal y pimienta al gusto

Preparación

* Picar los corazones y partes blandas de las hojas de las alcachofas. Mezclar con el resto de ingredientes y conservar en recipiente de vidrio o cerámica por 2 horas antes de servir.
* Servir sobre patacones (plátano verde frito).

PATÉ DE QUESO FETA Y NUEZ MOSCADA
(6 porciones)

1	taza de nueces picadas
$^1/_2$	taza de perejil picado
1	taza de queso feta
$^1/_2$	taza de agua o leche
1	cucharada de páprika más pimienta cayena
$^1/_2$	cucharadita de aceite
1	cucharadita de orégano
1	cucharadita de nuez moscada

Preparación

* Colocar las nueces y el perejil en la procesadora, no humedecer. Agregar todos los ingredientes menos el orégano y el aceite. Formar un puré, luego pasar a una refractaria y dejar reposar. Agregar el aceite y el orégano por encima.
* Servir con galletas, pan pita o vegetales crudos.

MAYONESA DE ZANAHORIA

1   taza de mayonesa vegetariana (ver receta)
1   zanahoria mediana pelada y finamente rallada
1   cucharada de perejil picado
1   cucharadita de curry

Preparación

* Mezclar la mayonesa con los demás ingredientes.
* Para acompañar vegetales crudos.
* Conservar máximo por 3 días en el refrigerador.

MOUSSE GORGONZOLA
(6 personas)

200   g de queso gorgonzola
1   cucharada de mostaza
$1/2$ cucharadita de jugo de limón
2   cucharadas de crema de leche
$1/2$ cucharadita de pimienta

Preparación

* Licuar todos los ingredientes. Verter en un molde engrasado y refrigerar.
* Para acompañar vegetales crudos o sobre galletas.

MOUSSE DE REMOLACHA
(6 personas)

2   remolachas cocinadas y peladas
2   cucharadas de mayonesa vegetariana
1   cucharadita de mostaza
2   cucharadas de reemplazante de huevo

1   cucharada de salsa de soya
$1/2$ taza de tofu blando
Sal al gusto

Preparación

* Licuar todos los ingredientes. Vaciar en una refractaria y servir frío.
* Acompañar con caladitos o galletas de sal.

PATÉ DE TOFU

1   taza de tofu cremoso (cortado con jugo de limón)
1   taza de alcachofa cocida (corazones y parte blanda)
³/₄   taza de olivas negras
1   cucharada de aceite de oliva
1   cucharada de hinojo fresco finamente picado
¹/₂   cucharada de tomillo
¹/₂   cucharada de jengibre
Sal al gusto

Preparación

* Formar una pasta con la alcachofa cocida y las olivas. Luego agregar el tofu y mezclar fuertemente mientras se adiciona el aceite, el hinojo, el tomillo, el jengibre y sal.
* Guardar en frasco de vidrio y refrigerar.

PATÉ DE VEGETALES
(10 personas)

1   paquete de paté de vegetales (tienda naturista)
¹/₃   de taza de salsa de tomate
1   tarro pequeño de queso crema
1   cucharadita de jugo de limón
Sal y pimienta al gusto

Preparación

* Batir todo a mano. Vaciar en un molde y poner a enfriar.

QUESO CREMA Y CHAMPIÑONES

1   taza de champiñones picados y sofritos
250   g de queso crema
2   cucharadas de salsa de soya
1   cucharada de mantequilla
Pimienta al gusto

Preparación

* Sofreír los champiñones en trocitos en mantequilla y pimienta. Dejar enfriar.
* Mezclar el queso con la salsa de soya y los champiñones en su jugo.
* Servir sobre pan negro o tostadas.

PATÉ DE ARVEJA TIERNA
(8 personas)

1	cucharadita aceite de oliva
$^1/_2$	taza de cebolla picada
$^1/_2$	cucharadita de sal
1 $^1/_2$	taza de arveja tierna cocinada
$^1/_4$	taza de nueces
1	cucharada vino blanco de cocina
2	cucharadas de mayonesa vegetariana
1	cucharada de perejil picado

Pimienta al gusto

Preparación

* En una sartén con aceite y sal freír la cebolla hasta que dore. Agregar las arvejas. Cocinar a fuego bajo por 10 minutos. Enfriar. Licuar con los demás ingredientes. Vaciar en un molde de vidrio y dejar enfriar.

Panes y repostería

Su historia es tan antigua como el fuego. Con una masa de harina y agua el hombre ha realizado varias formas de pan, desde la masa sin fermento cocida sobre piedras hasta la masa blanda, fermentada y mezclada con otros alimentos. Las diferentes preparaciones pueden hacerse según las exigencias dietéticas personales. Las tartas, las galletas y los pasteles en todas sus formas son llamativos platos para desayunos, fiestas y comidas ligeras.

PANES

Para conservar el pan fresco, introducir en la bolsa donde se guarda una ramita de apio o unos cubos de azúcar. El pan francés se debe conservar siempre en bolsas de papel.

PREPARACIÓN DE LEVADURA SECA

* Para 1 cucharada de levadura seca, ³/₄ de taza de agua tibia, 1 cucharadita de azúcar.
* Poner el agua tibia y azúcar en una vasija amplia, rociar la levadura poco a poco sin revolver, tapar y conservar en un ambiente tibio hasta que forme espuma.

ARROLLADO DE CANELA
(10 porciones)

2	tazas de harina de trigo (250 g)
2	cucharaditas de polvo de hornear
1	cucharadita de sal
2	cucharadas de uvas pasas
¹/₂	taza de azúcar
¹/₂	taza de leche o leche de soya
2	cucharadas de mantequilla
2	cucharaditas de canela en polvo

Preparación

* En un tazón batir con la mano la harina, la sal y el polvo de hornear, luego ir agregando poco a poco la leche hasta formar una masa blanda. Dejar reposar por 10 minutos. Estirar la masa con un rodillo sobre una superficie enharinada formando tiras de 30 cm de largo, 3 cm de espesor y 7 cm de ancho.
* Espolvorear con canela, azúcar y trocitos de mantequilla. Luego agregar las uvas pasas. Enrollar y partir en rebanadas de 3 cm.
* Hornear a 250 grados por 15 minutos.

BIZCOCHOS DE QUESO
(12 porciones)

2	tazas de harina de trigo integral (250 g)	2	cucharadas de mantequilla
¹/₂	taza de queso blando rallado	³/₄	taza de leche o leche de soya
2	cucharadas de agua	1	cucharadita de sal
1	cucharada de levadura en polvo	Hierbas aromáticas al gusto	

Preparación

* Mezclar la levadura preparada con harina y sal. Agregar la mantequilla y mezclar con un cuchillo, sin amasar. Agregar suavemente el queso. Hacer un hueco en el centro de la harina, adicionar la leche, revolver con un tenedor y amasar suavemente.
* Estirar la masa con un rodillo, cortar discos de más o menos 2 cm de espesor, untar con mantequilla blanda y rociar con hierbas aromáticas.
* Hornear a 250 grados hasta que estén dorados.

CHAPPATIS
(12 porciones)

250	g de harina de trigo integral (2 tazas)
$^1/_2$	cucharadita de sal
1	taza bajita de agua caliente
2	cucharadas de ghee derretida (ver receta)

Preparación

* Cernir la harina y la sal, añadir el agua poco a poco hasta obtener una masa flexible. Amasar por 8 minutos, cuidando de que no se pegue en la mano, tapar con un paño y dejar en un ambiente tibio por 45 minutos.
* Repartir la masa en 12 bolas. Luego extender cada una con rodillo sobre una superficie enharinada formando círculos de 15 cm de diámetro. Calentar una sartén plana a fuego medio y poner el chappati por lado y lado hasta que forme puntos dorados, así hasta terminar.
* Poner los chappatis unos segundos en el horno, precalentado a temperatura alta, en la parte de arriba, hasta que soplen, o sobre la llama del fogón.
* Untar el ghee al gusto en cada chappati.

CROTONES DE PAN

Para acompañar ensaladas o consomés.
* Partir el pan en cuadros.
* En una plancha con aceite saltear ajo y dorar los cuadros de pan.

Variación: Otras especies y sabores.

- Rociados con limón
- Tomillo, páprika y comino en polvo.
- Semillas de hinojo.

FOCACCIA

1	cucharada de levadura seca
375	g de harina de trigo (3 tazas)
250	ml de agua tibia (1 taza)
1	cucharadita de sal marina
4	cucharadas salvia picada
1/2	taza de aceite de oliva

Preparación

* Mezclar la levadura preparada con la harina, agregar sal, salvia, aceite y agua para formar una masa blanda. Pasar la masa a una superficie enharinada y amasar hasta que esté elástica. Engrasar un tazón, poner la masa y dejar leudar (crecer) 1 hora.
* Precalentar el horno a 200 grados. Hacer dos discos de 2.5 cm de espesor y de 15 y 25 cm de diámetro. Poner en la lata engrasada. Untar de aceite por encima y rociar con sal marina.
* Hornear por 40 minutos hasta que el pan suene hueco.
* Para cubrir con tajadas de tomate y queso mozzarella o con salsa pesto.

MUFFINS
(6 porciones)

250	g de harina de trigo (2 tazas)
1	cucharadita de sal
1	cucharadita de polvo de hornear
2	cucharaditas de azúcar
1 1/2	tazas de leche agria
1	cucharadita de bicarbonato

Preparación

* Cernir la harina sola y luego una segunda vez con la sal, azúcar y polvo de hornear. Disolver el bicarbonato en la leche y agregar a la harina poco a poco hasta lograr una masa cremosa.
* Poner la masa en moldecitos individuales engrasados. Llevar al horno a 250 grados, hasta que estén dorados.
* Especiales para las loncheras o con té.

PAN DE BANANO

(8 personas)

1 ³/₄	taza de harina de trigo (225 g)
1	taza de banano maduro en puré (3 bananos)
¹/₃	de taza de mantequilla
5	cucharadas de leche o leche de soya
¹/₂	taza de nueces picadas
4	cucharaditas de polvo de hornear
1	cucharadita de bicarbonato de sodio
¹/₄	de cucharadita de sal
¹/₃	taza de panela en polvo

Preparación

* Cernir la harina, polvo de hornear, sal y bicarbonato. Agregar la mantequilla derretida, 2 cucharadas de leche y azúcar, mezclar bien, luego agregar el resto de la leche y nueces.
* Poner la mezcla en un molde engrasado para pan. Llevar al horno precalentado a 250 grados por 40 minutos y dejar enfriar.

Variación: El banano se puede reemplazar por ahuyama cocinada o zanahoria rallada.

PAN DE AJONJOLÍ

500	g de harina de trigo (4 tazas)	$^1/_2$	cucharadita de sal
75	g de mantequilla	1	taza de agua
$^1/_4$	taza de aceite	2	cucharadas de leche en polvo
2	cucharadas de levadura seca	1	cucharada de canela
$^1/_2$	taza de azúcar	$^1/_2$	taza de leche para mojar la masa
$^1/_2$	taza de ajonjolí tostado y molido		Ralladura de cáscara de 4 limones
$^1/_2$	lb de uvas pasas remojadas y ligeramente licuadas		Jugo de 2 limones

Preparación

* Preparar la levadura en 1$^1/_2$ taza de agua tibia con 3 cucharaditas de azúcar y dejar en reposo.
* En un tazón mezclar harina, agua, mantequilla derretida, aceite, levadura y sal, amasar y dejar en un sitio tibio hasta que doble su tamaño.
* Mezclar el ajonjolí con $^1/_2$ taza de azúcar, canela y ralladura de limón.
* Una vez que la masa haya levantado, dividirla en dos y extender con el rodillo. Encima de cada uno colocar mezcla de ajonjolí, pasas y leche en polvo. Enrollar y llevar al horno precalentado a 250 grados por 20 minutos. Barnizar permanentemente los panes con una mezcla de leche, jugo de limón, aceite, azúcar y vainilla (opcional), para conservarlos húmedos durante el horneado.

PAN DE REMOLACHA
(2 panes)

$^1/_2$	taza de agua tibia	500	g de harina de trigo (4 tazas)
1	taza de remolacha cocinada licuada en $^1/_2$ taza de agua	2	cucharadas de levadura
		1	cucharada de azúcar morena
2	cucharadas de miel		Aceite
3	cucharadas de aceite de soya		Sal al gusto
100	g de harina de soya cernida ($^3/_4$ de taza)		

Preparación

* Preparar la levadura y dejar en reposo.
* Licuar la remolacha en el agua, pasar a un recipiente y agregar la levadura, miel y aceite de soya; mezclar bien.
* En otro recipiente cernir las harinas y la sal, agregar a la mezcla anterior y amasar bien, tapar y dejar reposar por una hora.
* Sacar la masa y volver a amasar sobre una superficie enharinada, dividir la masa en 6 porciones, formar cilindros con cada una de ellas, luego formar 2 panes entrelazando 3 cilindros para cada uno, formando una trenza. También se puede repartir la masa en 2 recipientes y obtener 2 moldes de pan.
* Colocar los panes en moldes aceitados y hornear a 250 grados por 35 minutos.

PAN DE PAPA
(12 porciones)

1	cucharada de levadura seca	1	taza de puré de papa
¹/₄	taza de agua tibia	1	cucharadita de cebollín
3 ¹/₂	tazas de harina de trigo (440 g)	1	taza de agua tibia
1	cucharadita de sal	1	cucharada de semillas de girasol
2	cucharadas de leche en polvo		

Preparación

* Preparar la levadura.
* Cernir la harina, sal y leche en polvo. Revolver con tenedor, añadiendo la papa y el cebollín. Añadir la levadura y agua tibia, revolviendo continuamente. Amasar hasta que esté suave. Dejar reposar en una vasija engrasada por 1 hora o hasta que suba por completo. Volver a amasar y formar 12 bolas iguales, acomodarlas una al pie de la otra en un molde redondo engrasado. Dejar reposar nuevamente por 10 minutos. Adornar con las semillas.
* Hornear a 200 grados por 20 minutos

ROSCÓN SUECO
(6 porciones)

Ingredientes

1	cucharada de levadura
²/₃	taza de leche o leche de soya
2	cucharadas de agua tibia
60	g de mantequilla blanda
3	tazas de harina de trigo (375 g)
¹/₂	cucharada de sal
Agua fría	

Relleno

30	g de mantequilla
1	cucharada de azúcar refinada
¹/₂	taza de fruta cristalizada y remojada
¹/₂	taza de nueces
¹/₂	taza de cerezas partidas

* Mezclar muy bien.

Glaseado

1	taza de azúcar
2	cucharadas de leche o leche de soya
1	cucharadita de esencia de vainilla

* Mezclar todos los ingredientes.

Preparación

* Preparar la levadura. Aceitar un molde. Calentar la leche con la mantequilla, azúcar y sal.
* Cernir la harina y agregar levadura y leche, revolver y lograr una masa blanda y elástica, luego poner en una lata engrasada y rociar con aceite por encima, dejar en un sitio caliente hasta que crezca. Nuevamente amasar y golpear. Formar un rectángulo con un rodillo y poner el relleno, enrollar y formar un círculo, después hacer cortes y poner a crecer.
* Hornear a 200 grados por 25 minutos y cuando enfríe cubrirlo con el glaseado.

PAN INTEGRAL DE HIERBAS
(8 personas)

350	g de harina integral de trigo (2 $^3/_4$ de taza)	1	cucharada eneldo picado
150	g de harina de trigo (1 $^1/_4$ de taza)	1	ajo macerado
$^1/_2$	cucharada de levadura seca	2	cucharadas de aceite de oliva
$^1/_2$	cucharadita de sal	1	taza de agua tibia
$^1/_2$	cucharadita de tomillo picado		

Preparación

* Mezclar las harinas. Preparar la levadura y revolver con lo anterior.
* Añadir las hierbas y el ajo, revolviendo todo hasta que quede una masa pegajosa. Seguir amasando y agregar pocos de harina hasta volver esta masa elástica. Poner a reposar la masa tapada en una vasija ligeramente aceitada y en un sitio tibio hasta que logre el doble del tamaño (aproximadamente 1 hora, leudar).
* Volcar la masa en una superficie enharinada, golpear y amasar; formar dos cilindros, ponerlos en la lata de asar aceitada y dejar reposar 10 minutos. Precalentar el horno a 200 grados y hornear por 20 minutos.

PAN ITALIANO
(6 personas)

1	cucharada de levadura
1	taza de agua tibia
3 $^1/_2$	tazas de harina de trigo (440 g)
1	cucharadita de sal
1	cucharada de aceite de oliva
1	taza de agua tibia
2	cucharadas de harina de maíz
1	cucharada de miel

Preparación

* Preparar la levadura y dejarla reposar. Cernir la harina y sal, hacer un hueco en el centro y agregar levadura, miel, aceite y agua, revolver con cuchara de madera. Pasar a una superficie enharinada y amasar por 5 minutos, añadir harina hasta formar una masa fina.
* Poner esta masa en un recipiente engrasado, agregándole aceite por encima. Dejar reposar 1 hora, hasta que crezca la masa. Luego formar una bola y poner sobre la bandeja de horno engrasada y rociada con harina de maíz. Aplanar un poco la superficie, hacer cortes con un cuchillo, espolvorear con harina de maíz y llevar al horno precalentado a 200 grados por 30 minutos. En el fondo del horno debe haber una vasija metálica con agua.
* Especial para comer con queso ricotta.

PAN RELLENO

Ingredientes

250	g de harina de trigo (2 tazas)
$1/2$	cucharadita de sal
1 $1/2$	cucharada de aceite
Agua caliente para mojar la masa	

Relleno

1	cucharada de mantequilla
$1/2$	cucharadita de jengibre rallado
250	g de espinacas cocinadas y picadas
$1/2$	cucharadita de sal
1	cucharadita de especias mezcladas
$1/2$	cucharadita de cúrcuma

* En una sartén poner la mantequilla, la cúrcuma y el jengibre, calentar por unos segundos. Mezclar con la espinaca y sal, dejar enfriar.

Preparación

* Cernir la harina y sal. Añadir aceite y agua suficientes para formar una masa consistente. Cuando la masa se desprenda de las manos agregar las especias. Amasar nuevamente y llevar a la nevera tapada con un paño.
* Dividir la masa en 20 bolas, abrir en cada una de ellas un hueco y colocar el relleno. Volver a formar las bolas e ir poniéndolas sobre una superficie aceitada, aplanando cada una con rodillo.
* Hornear a 250 grados por 20 minutos o hasta que estén doradas.
* Servir calientes con papas frías.

PARATHA (pan laminado)
(15 porciones)

350	g de harina de trigo	175	ml de agua caliente
1/2	cucharadita de sal	3	cucharadas de mantequilla
4	cucharadas de aceite		

Preparación

* Cernir la harina y sal, añadir el aceite y amasar bien. Agregar poco a poco el agua, hasta obtener una masa suave (que no se pegue). Repartir la masa en 15 porciones, aplanarlas con rodillo sobre una superficie enharinada. Untar de mantequilla por lado y lado, doblar en triángulos y volver a pasarles el rodillo.
* Calentar una plancha de fondo grueso e ir poniendo uno a uno los panes, volteándolos por cada lado hasta que aparezcan puntos dorados.
* Agregar la mantequilla y aceite a una sartén y freír los panes tostados uno a uno, por lado y lado. * * ****
* Conservar calientes.

PASTEL EN HERRADURA CON VEGETALES
(10 porciones)

Ingredientes

2	tazas de harina de trigo (250 g)
1/2	cucharadita de sal
1	cucharada de mantequilla en trocitos
1/2	taza de leche o leche de soya
1/2	taza de agua

Relleno

1 1/2	taza de queso fuerte (emmental o parmesano) rallado en tiras
2	tomates pelados y en cuadritos
1	pepino finamente picado
1	cucharadita de cebollín finamente picado
8	aceitunas finamente picadas
Condimentos al gusto	

* Mezclar todos los ingredientes, reservando 1/2 taza de queso para cubrir.

Preparación

* Precalentar el horno a 250 grados. Mezclar ligeramente la harina, sal y mantequilla. Mezclar la leche con el agua e irla agregando poco a poco a la mezcla de la harina, reservando un poco para pincelar.
* Trabajar ligeramente la masa hasta que esté blanda. Dejarla reposar. Luego pasarla a una superficie enharinada y amasar un poco más. Estirar la masa con un rodillo dándole forma rectangular y con grosor de 1 cm.
* Extender el relleno sobre la masa y enrollar dándole forma de herradura. Hacer cortes sobre la masa, pincelar con agua leche y espolvorear con queso.
* Hornear por 20 minutos.

GALLETAS

GALLETAS CON ALMENDRAS

1	taza de mantequilla
1	cucharaditas de esencia de vainilla
$^1/_4$	taza de azúcar pulverizada
1	cucharada de agua
2	tazas de harina de trigo (250 g)
1	taza de almendras peladas troceadas

Preparación

* Mezclar la mantequilla, la esencia de vainilla, el azúcar y el agua, batir hasta formar una masa cremosa.
* Agregar la harina, seguir batiendo y adicionar las almendras, formar un rollo de 4 cm de diámetro, cubrir con papel parafinado y refrigerar por $^1/_2$ hora. En una lata para hornear no engrasada cubierta con papel parafinado, cortar las galletas en la forma deseada. Llevar al horno precalentado a 250 grados por 10 minutos.
* Retirar y sin dejar enfriar, espolvorear con azúcar en polvo.

GALLETAS CROCANTES DE MANTEQUILLA

2	tazas de mantequilla derretida
2	tazas de harina de trigo (250 g)
$^3/_4$	taza de panela en polvo
2	cucharadas de azúcar pulverizada

Preparación

* Mezclar la mantequilla y la panela en polvo hasta obtener una crema suave. Agregar la harina sin dejar de mezclar.
* Engrasar un molde para hornear y poner la mezcla en él, comprimiéndola con los dedos para que se compacte y quede nivelada. Cortar la masa en rectángulos del mismo tamaño sin llegar hasta la base del molde.
* Hornear a 170 grados hasta que la masa esté ligeramente dorada. Dejar enfriar por 5 minutos, espolvorear con azúcar pulverizada, repasar los cortes y sacar después de reposar 1 hora en el molde.

GALLETAS DE AJONJOLÍ

1	lb de harina de trigo cernida (4 tazas)	2	lb de ajonjolí tostado
1	taza de mantequilla derretida		Miel de panela
¹/₂	taza de azúcar		Agua

Preparación

* Cernir la harina con el azúcar. Agregar la mantequilla, rociar agua poco a poco y amasar hasta lograr una masa suave.

Miel de panela

2   panelas
4   tazas de agua
      Jugo de 1 limón

Preparación

* Hervir todo hasta que tenga consistencia de melado espeso.
* Mezclar en un plato hondo este melado y ajonjolí.
* Extender la masa con rodillo entre 2 láminas de papel parafinado y cortar discos de 8 cm de diámetro y ¹/₂ cm de espesor. Mojar las galletas por un solo lado con el melado y ponerlas inmediatamente en un molde engrasado, hornear a 250 grados 12 a 15 minutos o hasta que estén doradas.

GALLETAS DE AVENA

¹/₂   taza azúcar morena
¹/₂   taza azúcar blanca
¹/₂   taza mantequilla blanda
1   cucharadita de esencia de vainilla
2   cucharadas de leche o leche de soya
¹/₂   cucharadita bicarbonato
¹/₂   cucharadita polvo de hornear
¹/₂   cucharadita de sal
³/₄   taza de uvas pasas
1   cucharadita ralladura de limón
¹/₂   cucharadita de canela en polvo
1   taza harina de trigo (125 g)
2   tazas de avena en hojuelas (250 g)

Preparación

* Batir azúcar y mantequilla, luego agregar la leche.
* Mezclar harina, bicarbonato, polvo de hornear y sal. Unir las dos mezclas, después incorporar la avena, la canela, las uvas pasas, la ralladura de limón y la esencia de vainilla.
* Poner en una lata engrasada cucharadas de mezcla a 6 cm de distancia.
* Hornear de 8 a 11 minutos a 350 grados.

GALLETAS DE JENGIBRE

1	taza mantequilla		4 1/4	taza harina de trigo (535 g)
1	cucharada jengibre rallado		2	cucharadas de agua caliente
1	cucharadita de sal		1	cucharada vinagre blanco
1	cucharadita bicarbonato		2	cucharadas de canela en polvo
1	taza de melaza o miel de panela			

Preparación

* Mezclar en una sartén la mantequilla y la melaza a fuego medio por 10 minutos, dejar enfriar, poner la harina, el jengibre, la sal y amasar.
* Disolver aparte el bicarbonato en agua y agregarle el vinagre. Verter sobre la masa, mezclar todo muy bien. Hacer bolitas de 3 cm de diámetro y rodarlas sobre canela en polvo, ponerlas distanciadas en la lata, hornear por 12 a 15 minutos a 250 grados.

GALLETAS DE NUECES

3/4	taza de mantequilla		3	tazas de harina de trigo cernida (375 g)
1	taza de azúcar		2	cucharaditas de polvo de hornear
6	cucharadas de leche o leche de soya		3/4	cucharadita de sal
1	cucharadita de vainilla		1 1/2	taza de nueces picadas

Preparación

* Batir la mantequilla con el azúcar hasta que esté cremosa.
* Cernir la harina, polvo de hornear y sal, mezclar la leche y vainilla y añadirle a la harina alternándola con la mantequilla. Agregar las nueces picadas y mezclar bien.
* En una lata ligeramente engrasada, verter la mezcla por cucharaditas formando círculos, adornar cada galleta con una nuez partida. Hornear a 250 grados de 10 a 12 minutos o hasta que estén doradas, separarlas del molde y ponerlas a enfriar en una rejilla.

GALLETAS DE PASAS Y ESPECIES

$1/2$	cucharadita de bicarbonato de soda		$1/2$	taza de azúcar morena o panela en polvo
$1/2$	cucharadita de sal		$1/4$	taza de azúcar blanca
1	cucharadita de canela en polvo		2	cucharadas de leche o leche de soya
$1/4$	cucharadita de nuez moscada		1	taza de uvas pasas
1	taza de harina de trigo cernida (125 g)		2	tazas de avena en hojuelas cruda
$1/2$	taza de mantequilla suave			

Preparación

* Revolver harina, sal, bicarbonato y especias. Agregar a esto la mantequilla, la leche, el azúcar morena y blanca.
* Batir hasta que la mezcla esté suave. Revolver las pasas y avena, luego agregarlas a la mezcla. Batir todo muy bien.
* Poner cucharadas separadas de esta preparación en una lata engrasada y asar las galletas a 250 grados por 12 a 15 minutos.

MASAS

MASA DE HOJALDRE

3	tazas de harina de trigo (375 g)
1 $1/2$	taza mantequilla
1	taza agua helada
$1/4$	cucharadita de sal
$1/4$	cucharadita de jugo de limón

Preparación

* Mezclar la harina y sal, incorporar 4 cucharadas de mantequilla y mezclar, hacer un pozo en el centro de la harina, agregar el agua y limón, amasar para lograr una masa fina y suave, formar una bola y refrigerar por 30 minutos
* Extender la masa con rodillo, poner trozos de mantequilla, doblar, rociar con agua y refrigerar por 15 minutos. Repetir esta operación 3 veces más.
* Dejarla reposar antes de usar. Se puede guardar hasta 3 meses empacada en bolsa plástica o vinilpel.

ALMOJÁBANAS

2	tazas de maicena o sagú (250 g)
2	cucharadas de mantequilla
1	lb de cuajada fresca (queso sin procesar)
Sal	

Preparación

* Revolver todo bien hasta formar una masa. Hacer panes redondos.
* Hornear a 250 grados hasta que doren.

PANDEBONO

1	lb de maíz blanco peto (trillado)
1	lb de queso costeño (muy seco y salado) o cuajada
2	cucharadas de panela raspada
2	cucharadas de crema de leche
1	cucharadita de polvo de hornear
$^1/_2$	cucharadita de sal
1	taza de almidón de yuca

Preparación

* Poner a remojar el maíz tres días antes de la preparación del pan de bono, cambiándole el agua. Poco antes de preparar la masa escurrir el maíz, moler para que quede una harina fina y poner sobre una mesa.
* Hacer un hueco en el centro y agregar el queso rallado o molido y todos los demás ingredientes. Amasar cuidadosamente hasta que esté todo incorporado y quede una masa (no seca) elástica y suave.
* Formar bolitas un poco aplastadas o roscas que se ponen sobre latas engrasadas, dejando espacio entre una y otra, meter al horno precalentado a 350 grados por 25 minutos o hasta que estén doradas.

PAN DE YUCA

1	lb de queso costeño o campesino seco molido		1	taza de leche
1 $^1/_2$	taza de almidón de yuca		1	cucharada de polvo de hornear
2	cucharadas de crema de leche		$^1/_2$	cucharadita de sal

Preparación

* Mezclar todos los ingredientes y amasar hasta que quede una mezcla suave y elástica.
* Armar en forma de media luna, del tamaño que desee y poner en latas engrasadas dejando un buen espacio entre uno y otro.
* Asar en el horno a 350 grados hasta que doren.

PASTA BRISÉ
Para repostería

1 $^1/_4$	taza de harina de trigo (160 g)
7	cucharadas de mantequilla fría cortada o rallada
$^1/_4$	cucharadita sal
3	cucharadas de agua helada

Preparación

* Mezclar pellizcando harina, sal y mantequilla formando moronas, agregar el agua helada, revolver, ponerla sobre una superficie lisa, amasar unos pocos segundos, envolver en papel parafinado y enfriar una hora.

PASTEL ESCAMOSO
Para cortezas de pasteles livianos

$^1/_4$	cucharadita de sal
$^1/_2$	taza de agua fría
2	tazas de harina (250 g)
$^3/_4$	taza de mantequilla o manteca vegetal

Preparación

* Disolver la sal en agua, mezclar con la harina y la mantequilla hasta que queden moronas gruesas, formar una bola.
* Reposar la masa envuelta en papel plástico (510 g masa) y refrigerar.

REPOSTERÍA

REEMPLAZANTE DE HUEVO
(Marca ENERG, Egg Replacer, caja)

Es importante que una vez se tenga la mezcla de la masa con el reemplazante se meta al horno. A mayor demora, menos efectividad. Para medir el reemplazante de huevo, coger el polvo y apretarlo contra la cuchara. Si la receta necesita huevos sin batir, entonces hay que mezclar el producto en 8 cucharadas de agua, no batir. Si la receta necesita claras de huevos a punto de nieve, entonces batir el producto con el agua hasta que se endurezca. Si la receta necesita yemas, mezclar 1 $\frac{1}{2}$ cucharadas dulceras con 15 ml. (aprox. 5 cucharadas) de agua.

SUSTITUTO DE LA YEMA DE HUEVO

$\frac{1}{2}$	taza de harina de soya
1	taza de agua
2	cucharadas de aceite
$\frac{1}{4}$	cucharadita de sal

Preparación

* Licuar la harina con el agua, cocinar a fuego medio al baño de maría o al vapor por 1 hora. Luego agregar el aceite y sal.
* Refrigerar para que espese. 2 cucharaditas de esta mezcla equivalen a 1 yema de huevo.

SUSTITUTOS DE HUEVO

- Lecitina líquida: 1 cucharada rasa equivale a 1 huevo. Utilizada en la preparación de galletas.

- Harina de garbanzos: Utilizada para rociar en panes de nuez y pancakes.

- Albaricoque: Remojar $\frac{1}{2}$ libra en 2 tazas de agua, al siguiente día, licuar y refrigerar, 1 cucharada equivale a 1 huevo.

- Linaza molida: Agregar 1 taza de linaza a 3 tazas de agua, hervir revolviendo constantemente por 3 minutos. Enfriar y refrigerar, 2 cucharadas equivalen a 1 huevo batido.

BROWNIE

3	tazas de harina de trigo (375 g)
1 $\frac{1}{2}$	taza de azúcar morena
250	g de chocolisto o 1 $\frac{1}{4}$ de taza de cocoa o milo
1	cucharadita de bicarbonato
1	cucharadita de sal
2	cucharadas de vinagre
2	cucharadas de esencia de vainilla
$\frac{2}{3}$	taza de aceite
2 $\frac{1}{2}$	tazas de leche

Preparación

* Mezclar y cernir en un tazón los ingredientes secos. En otro tazón mezclar los líquidos.
* Pasar poco a poco la mezcla de los líquidos al otro tazón batiendo muy bien. Verter en un molde previamente engrasado y llevar al horno precalentado a 250 grados por 40 minutos. Hacer la prueba del cuchillo.

CHEESE CAKE DE FRESA
(8 personas)

1	lb de mascarpone o queso filadelfia
200	g de crema de leche espesa
100	g de azúcar pulverizada
300	g de galletas macarenas o grahams
50	g de mantequilla derretida
1	lb de fresas maduras
3	cucharadas de miel
$\frac{1}{2}$	taza de mermelada de agraz o durazno

Cáscara rallada y jugo de un limón

Preparación

* Preparar la base con las galletas trituradas y la mantequilla derretida formando una masa, si queda muy seca, humedecer y amasar con un poco de jugo de naranja o mandarina, dejar reposar.
* Cubrir un molde desarmable de 2 cm de fondo con la masa de galletas hasta su borde superior, llevar al horno precalentado a 250 grados por 15 minutos o hasta que endurezca un poco. Dejar enfriar.
* Limpiar las fresas, desinfectarlas en agua con vinagre, enjuagar y secar. Rociar con azúcar y llevar a la nevera.
* Entre tanto mezclar queso, crema, jugo de limón, ralladura de limón y miel, batiendo hasta que tome una consistencia cremosa y homogénea. Llevar a la nevera por 5 minutos. Cubrir el molde de galleta con la mezcla de queso, luego con la mermelada y adornar con las fresas azucaradas.

PASTEL DE CHOCOLATE CON FRUTOS SECOS
(6 personas)

$^1/_2$	taza de almendras laminadas
$^1/_2$	taza de nueces de macadamia picadas
$^1/_2$	taza de nueces picadas
1	taza de frutos secos remojados (manzanas, peras, albaricoque, etc.)
$^2/_3$	taza de harina de trigo (85 g)
2	cucharadas de cocoa
1	cucharadita de canela molida
60	g de chocolate negro picado
60	g de mantequilla
3	cucharadas de azúcar
2	cucharadas de miel

Preparación

* Preparar un molde de 20 cm de diámetro untado de mantequilla con papel parafinado untado de aceite.
* Mezclar en una fuente todas las nueces y frutos secos. Añadir la harina, cocoa y canela.
* En un recipiente para llevar a la estufa fundir: chocolate, mantequilla, azúcar y miel, cuando estén derretidos, dejar reposar y agregar a la mezcla anterior. Revolver muy bien.
* Verter la mezcla en el molde. Hornear por 25 minutos a 250 grados. Dejar enfriar.
* Servir en porciones finas.

PASTEL DE CHOCOLATE Y QUESO
(6 personas)

$^1/_2$	paquete de galleta saltines integral	250	g de queso crema o queso de soya blando
2	cucharadas de mantequilla	2	cucharadas de azúcar morena o miel
2	cucharadas de chocolate derretido	1	cucharadita de esencia de vainilla
2	cucharadas de harina integral	$^1/_2$	taza de crema de leche espesa o crema de almendras

Preparación

* Amasar las galletas con la mantequilla.
* Cubrir el molde con esta masa.
* Aparte batir el queso, harina integral y azúcar. Reservar 2 cucharadas de azúcar y rociarla sobre la masa de galleta.
* Luego mezclar la crema de leche espesa, vainilla, miel, chocolate derretido y 2 cucharadas de queso de la mezcla anterior de queso. Cubrir el molde con ésta mezcla y llevar al horno a 300 grados por 40 minutos.

Crema de almendras:

20   Almendras remojadas desde el día anterior
½   vaso de agua

* Pelar las almendras y licuarlas en el ½ vaso de agua.

PASTEL DE MANZANA Y PASAS
(6 personas)

4   manzanas medianas
1   cucharadita de canela y especias
2   cucharaditas de polvo de hornear
1 ½   tazas de harina de trigo (190 g)
1   taza baja de panela en polvo
½   taza de mantequilla (derretida y enfriada)
1   pocillo de compota de manzana fresca
Molde de 20 cm de diámetro
Pasas al gusto

Preparación

* Precalentar el horno a 250 grados. Engrasar el molde.
* Pelar 3 manzanas y cortarlas en láminas finas, colocar en una fuente con azúcar, pasas, canela, harina, polvo de hornear, mantequilla y compota de manzana muy clara. Mezclar todo con cuchara de madera. Verter la mezcla en el molde engrasado.
* Hornear por 1 hora o hasta que el cuchillo salga limpio. Poner a enfriar sobre una rejilla.
* Cubrir el pastel con un glaseado de queso crema y limón (opcional).

Glaseado

100   g de queso crema
¾   taza de azúcar pulverizada
2   cucharaditas de miel caliente
2   cucharaditas de leche
Ralladura de limón

* Batir fuertemente.

Compota de manzana:

1   manzana pelada y sin semillas
¾   taza de agua
1   pizca de canela
1   cucharada de panela en polvo

* Cocinar y licuar.

PASTEL DE QUESO 1 MINUTO
(6 personas)

1	taza de miga de galletas semidulces
2	cucharadas de azúcar morena
2	cucharadas de mantequilla derretida
1	taza de jugo de naranja

Preparación

* Formar una pasta con estos ingredientes, forrar un molde engrasado y hornear por 15 minutos a 250 grados y dejar enfriar.

Relleno

1	taza de queso crema
$1/3$	taza de azúcar
$1/2$	cucharadita de esencia de vainilla
1	pera en rodajas finas
$1/2$	taza de nueces picadas
Crema de leche batida	

Preparación

* Batir en un tazón el queso crema, el azúcar y la esencia de vainilla.
* Rellenar la pasta y llevar a la nevera.
* A tiempo de servir, decorar el pastel con peras, nueces picadas y crema de leche batida.

PASTEL DE REQUESÓN CON MANZANA
(6 personas)

$3/4$	taza de harina de trigo (85 g)	$1/2$	taza de harina integral (70 g)
60	g de mantequilla blanda	$1/2$	taza de azúcar panela
2	cucharadas de agua	$1/2$	taza de crema de leche
2	manzanas peladas en rodajas	1	cucharadita de polvo de hornear
$1/4$	taza de pasas remojadas	Mermelada de fruta roja	
1	taza de requesón	Ralladura y jugo de un limón	

Preparación

* Mezclar la primera harina con la mantequilla y el agua hasta formar una masa. Poner en molde desmontable engrasado apretando bien contra la superficie. Luego poner una capa de mermelada sobre la masa y cubrir con manzanas y pasas.
* Batir el resto de ingredientes. Verter la mezcla sobre las manzanas.
* Hornear a 250° por 25 minutos o hasta que dore.
* Espolvorear con azúcar. Servir tibio.

PONQUÉ BÁSICO
(6 personas)

1	taza de azúcar morena	2	cucharaditas polvo de hornear
1	cucharadita de nuez moscada	$^1/_2$	taza de mantequilla
2	tazas de harina de trigo (250 g)	1	cucharadita de bicarbonato
$^1/_2$	cucharadita de sal	$^3/_4$	taza de leche
	Jugo de 1 naranja		

Preparación

* Batir la mantequilla con el azúcar, cuando esté cremosa añadirle la harina cernida con los ingredientes secos, seguir batiendo y agregar poco a poco la leche y el jugo de naranja. Colocar en molde engrasado y llevar al horno a 250 grados por 50 minutos.

Nota: Este ponqué se puede enriquecer con ciruelas, nueces, manzanas, etc.

PONQUÉ DE CAFÉ Y PASAS
(8 personas)

2	tazas de café fuerte	1	taza de frutas deshidratadas remojadas
2	cucharadas de mermelada de naranja	3	tazas de harina de trigo cernida (375 g)
1 $^1/_2$	taza de uvas pasas remojadas	1	cucharadita de bicarbonato de soda
1	taza de azúcar morena	2	cucharaditas de polvo de hornear
3	cucharadas de mantequilla	2	cucharaditas de especies mezcladas (canela, nuez moscada, etc.)
$^1/_2$	cucharadita de sal		

Preparación

* Mezclar los primeros seis ingredientes en una cacerola, hervir por 5 minutos, enfriar y licuar muy poco.
* Cernir la harina, bicarbonato, sal, especies y polvo de hornear, agregar a la mezcla anterior, batir por 5 minutos.
* Verter en molde engrasado, llevar al horno a 250 grados por 50 minutos.

PONQUÉ DE NARANJA
(6 personas)

2	tazas de harina de trigo (250 g)	1	naranja (ralladura y jugo por aparte)
1	cucharada de bicarbonato de soda	$1/2$	taza de uvas pasas
1	cucharadita de sal	$3/4$	de taza de leche o leche de soya
$1/2$	taza de mantequilla	$1/3$	taza de almendras o nueces molidas
1	taza de azúcar morena o panela en polvo		

Preparación

* Licuar la leche, naranja y la mitad de las uvas y nueces.
* Cernir la harina, bicarbonato y sal.
* En un tazón batir mantequilla y azúcar hasta conseguir una mezcla cremosa. Agregar lentamente la harina cernida y el licuado de leche, seguir batiendo. Por último añadir la ralladura, nueces y pasas. Batir por 5 minutos.
* Hornear a 250° en molde engrasado por 40 minutos.

PIE DE LIMÓN
(8 personas)

1	caja de galletas Macarena
500	g de leche condensada
500	g de crema de leche
1	taza de jugo de limón
Ralladura de limón	

Preparación

* Licuar la leche condensada, crema de leche y jugo de limón.
* Colocar en una refractaria rectangular una capa de galletas, cubrir con la crema preparada. Repetir las capas refrigerando cada tanda 15 minutos en la nevera.
* Cubrir con ralladura de limón y llevar a la nevera por una hora.

TARTA DE CIRUELAS Y FRESAS
(8 personas)

400   g de harina (3 ¹/₃ de tazas)
50   g de azúcar
2   cucharadas de aceite
Agua
Ciruelas sin semillas
Dulce de fresa o frambuesa

Preparación

* Mezclar la harina, azúcar, aceite y agua suficiente hasta obtener una masa blanda pero consistente. Extenderla y dejarla de ¹/₂ cm de espesor y dividirla en discos de 8 cm., sobre cada uno colocar ciruelas y dulce, doblar formando medialunas y presionar los bordes.
* Hornear durante 20 minutos a 250 grados.

TARTA DE DURAZNOS
(8 personas)

200   g de mantequilla
150   g de azúcar morena
6   duraznos melocotones
3   cucharadas de almendras laminadas
1   cucharadita de canela en polvo
2   cucharaditas de jengibre fresco rallado
300   g de harina de trigo (2 ¹/₂ tazas)
2   cucharaditas de polvo de hornear
200   g de yogur sin dulce

Preparación

* Derretir la mantequilla con el azúcar, canela y jengibre rallado, luego batir un poco. Añadir la harina y polvo de hornear, revolviendo constantemente e ir agregando poco a poco el yogur.
* Engrasar un molde redondo con mantequilla y rociar con azúcar. Poner los melocotones boca abajo en el molde y cubrir con la masa.
* Llevar al horno por 45 minutos a 250 grados.
* Desmoldar y voltear la tarta. Adornar con las almendras y servir ligeramente caliente.

TARTA DE PACANAS
(8 personas)

36	galletas semidulces trituradas
100	g de pacanas trituradas u otro tipo de semillas (marañón, macadamia, etc.)
1	cucharada de azúcar morena o miel
1	cucharada de coco rallado
$^1/_2$	cucharadita de canela en polvo
100	g de mantequilla fundida

Preparación

* Mezclar éstos ingredientes hasta formar una masa. En un molde desmontable, de más o menos 22 cm de diámetro, colocar la masa presionándola con los dedos, dejándola de 1 cm de espesor y llevarla al horno a 250 grados por 20 minutos.
* Dejar enfriar.

Relleno

250	g de chocolate negro
$^1/_3$	taza de leche o leche de soya
1	cucharadita de café instantáneo
1	taza de crema batida o crema de almendras

Preparación

* Calentar la leche en un recipiente de fondo grueso.
* En otro recipiente poner el chocolate partido en trozos, agregar la leche hirviendo y revolver hasta que el chocolate derrita. Añadir el café y la crema batida. Revolver hasta que la crema quede homogénea. Verter sobre la masa de galleta y llevar a la nevera.

TARTA DE ZANAHORIA
(8 personas)

200	g de harina de trigo (1 $^1/_2$ taza)		1 $^1/_2$	lb de zanahorias
120	g de mantequilla		$^1/_2$	lb de azúcar morena
$^1/_4$	cucharadita de sal		2 $^1/_2$	tazas de agua
Crema de leche espesa o almendras laminadas para decorar (opcional)			1	limón

Preparación

* Pelar las zanahorias y rallarlas finamente.
* Preparar un jarabe con 2 ½ tazas de agua y el azúcar. Agregar las zanahorias ralladas y cocinarlas a medio hervor hasta que evapore un poco el líquido, formando una compota.
* Quitar la piel del limón, picarla finamente y añadirla a la cocción. Añadir una cucharada de zumo de limón a la compota.

Pasta de cubierta:

* Cortar la mantequilla en trocitos y amasarla con la harina, agregar sal y agua poco a poco hasta formar una masa suave.
* Extender esta masa con un rodillo y cubrir el molde engrasado, pinchar la masa con un tenedor y ponerla en el horno sin relleno, sacar a los 15 minutos y rellenar con la compota. Adornar con crema espesa.

TARTA INTEGRAL DE MANZANA
(6 personas)

4	manzanas verdes		5	cucharadas de agua helada
1 ½	taza de harina de trigo (190 g)		½	taza de panela en polvo
¼	taza de germen de trigo (30 g)		1	cucharadita de ralladura de limón
1	cucharada de harina de trigo integral		½	taza de uvas pasas remojadas
½	taza de avena en hojuelas (75 g)		2	cucharaditas de clavos de olor
½	taza de mantequilla fría en trocitos			y canela en polvo

Preparación

* Pelar las manzanas, quitarles las semillas, partirlas en láminas y conservarlas en agua con limón.

La pasta

* Mezclar en un tazón la harina, germen de trigo, avena y mantequilla fría. Revolver pellizcando, agregar poco a poco el agua fría, formando una masa, extenderla con el rodillo y doblar.
* Guardar en la nevera por 15 minutos. Nuevamente extender con el rodillo, doblar y guardar. Así 2 o 3 veces.
* En una bolsa plástica poner las manzanas con ⅓ de taza de la panela, 1 cucharadita de clavos y canela, uvas pasas, ralladura de limón y 1 cucharada de harina integral. Revolver todo muy bien. Cubrir el molde con la mitad de la masa. Rellenar con las manzanas, cubrir con la otra parte de la masa y sellar los bordes. Espolvorear con el resto de la panela en polvo y 1 cucharadita de clavos y canela.
* Llevar al horno precalentado a 200 grados por 1 hora aproximadamente.

TORTA DE CHOCOLATE
(6 personas)

1	taza de panela en polvo
1 ¹/₂	taza de harina de trigo (190 g)
¹/₃	taza de cocoa
1	cucharadita de bicarbonato
¹/₂	cucharadita de sal
2	cucharaditas de esencia de vainilla
¹/₂	taza de aceite de maíz
1	taza de agua fría
2	cucharadas soperas de vinagre de frutas

Preparación

* Precalentar el horno a 250 grados.
* En el molde en que se va a hornear mezclar todos los ingredientes, menos el vinagre, revolver bien con una espátula hasta lograr una mezcla homogénea.
* Añadir el vinagre, revolver rápidamente y llevar inmediatamente al horno. No se debe demorar en hornear una vez que se le haya agregado el vinagre.
* Hornear por 30 minutos o hasta que se levante en el centro y se despeguen los bordes.
* Enfriar. Se puede cubrir con azúcar pulverizada o salsa de chocolate. Sabe mejor al día siguiente.

TORTA DE CIRUELAS CON TOFU

1 ¹/₄	taza de aceite
1	lb de tofu firme
1 ¹/₂	taza de azúcar morena
1	lb de harina con polvo de hornear incluido (500 g)
2	limones jugo y corteza rallada
1	cucharadita de polvo de hornear
1	lb de ciruelas picadas

Glaseado de mantequilla con limón o naranja

Preparación

* Batir el aceite, el tofu, el azúcar y el jugo de limón hasta formar un puré.
* Pasar el puré a un recipiente y cernir en él la harina y el polvo para hornear, luego agregar la corteza de limón y ciruelas. Mezclar y verter en una refractaria engrasada y forrada en papel parafinado.
* Hornear a 180 grados por 1 hora o hasta que esté la prueba del cuchillo.
* Dejar enfriar, desmoldar y rociar con el glaseado antes de servir.

TORTA DE PAN

5	tazas de pan duro (acumulado en su despensa)
5	tazas de leche (o leche de soya)
2	astillas de canela
¹/₂	taza de azúcar morena
1	taza de bocadillo picado (dulce de guayaba)
1	taza de arequipe (dulce de leche)
1	taza de queso mozzarella en tajadas o rallado grueso

Preparación

* Hervir la leche con el azúcar y la canela, retirar la canela, sumergir el pan y esperar a que se ablande.
* Alistar una refractaria engrasada, desmenuzar el pan y formar capas de pan desmenuzado, bocadillo, arequipe y queso, finalizar con una capa de pan, llevar al horno a 250 grados por 40 minutos o hasta que dore por encima. Dejar reposar y servir tibio.

TORTA DE SALVADO Y LECHE CORTADA
(10 personas)

3	tazas de harina de trigo (375 g)
1	taza de panela en polvo
²/₃	de taza de salvado de trigo
2	vasos de leche
1 ¹/₂	cucharada de vinagre de frutas
1 ¹/₂	cucharadita de polvo de hornear
²/₃	taza de aceite

Jugo de ¹/₂ limón

Preparación

* Agregar a la leche el jugo de limón y vinagre y dejar reposar por 5 minutos.
* Revolver muy bien todos los ingredientes secos. Luego mezclar con el aceite y leche cortada y batir suavemente por 5 minutos.
* Poner en molde engrasado y llevar al horno por 45 minutos a 350 grados.

ROLLO FESTIVO

2	cucharadas de miel		100	g de uvas pasas (³/₄ de taza)
3	cucharadas de aceite de soya		1	manzana roja pelada y cortada en trozos
¹/₂	taza de agua tibia		150	g de mermelada de durazno
¹/₂	limón jugo y ralladura de cáscara		3	brevas o higos en almíbar cortados en trozos
1	taza de leche de soya (ver receta)		6	cerezas marrasquino por mitades
100	g de harina de soya cernida (³/₄ de taza)		600	g de crema pastelera
650	g de harina de trigo cernida (5 tazas)		Almíbar	
2	cucharadas de levadura seca		Aceite	
1	cucharada de azúcar morena		Sal al gusto	
100	g de coco rallado (³/₄ de taza)			

Preparación

* Preparar la levadura y dejar reposar por 10 minutos. Agregar la miel, el aceite de soya, el agua, la ralladura, el jugo de limón y la leche de soya, mezclar.
* Adicionar la harina de soya, sal y la harina de trigo, mezclar bien todos los ingredientes y amasar sobre una superficie enharinada. Formar una bola y dejar reposar en un recipiente tapado por 20 minutos.
* Estirar la masa formando un rectángulo con espesor de 1 cm, extender el relleno sobre la masa, enrollar con cuidado, al final presionar con los dedos los dos lados de la masa para evitar que el relleno se salga. Pincelar con aceite la superficie. Adornar intercalando las brevas y las cerezas.
* Dejar reposar por 2 horas y hornear a 250 grados por 30 minutos. Retirar e inmediatamente pincelar con el almíbar.

Crema pastelera (600 gramos)

2	tazas de leche de soya (ver receta)
1	taza de azúcar morena
60	g de harina de trigo cernida (¹/₂ taza)
2	cucharadas de maicena
5	hebras de azafrán
1	cucharadita de esencia de vainilla

* Hervir a fuego lento la leche de soya con el azúcar. En un recipiente agregar la harina, la maicena y 3 cucharadas de la leche azucarada, mezclar bien. Adicionar el azafrán y esencia de vainilla. Mezclar nuevamente, agregar a la leche que está en el fuego y revolver continuamente hasta espesar. Retirar y dejar enfriar.

Relleno

* Colocar en un recipiente el coco rallado, la crema pastelera, las uvas pasas, la manzana y la mermelada de durazno. Mezclar hasta obtener una preparación homogénea.

Almíbar

* Mezclar ¹/₂ taza de agua con 3 cucharadas de miel.

Postres y bebidas

Elaborar un postre es pensar en consentir los sentidos y cerrar una cena con calor y afecto.

Una bebida preparada con creatividad facilita la deglución y complementa el aporte de agua al cuerpo, desde una deliciosa y saludable bebida de frutas al desayuno hasta una energizante aromática caliente antes de dormir.

POSTRES

Sin duda alguna el mejor postre es una deliciosa fruta, aunque una pequeña cocción y la adición de pocos ingredientes la harán aún más apetitosa. Estas recetas incluyen azúcar, que puede ser reemplazada por panela, miel, melado, azúcar morena, estevia o fructosa, estas dos últimas especiales para personas con problemas de glicemia. La equivalencia de estas es 1 por 3 de azúcar.

AWAMAT

1	lb de harina de trigo (4 tazas)
1	cucharada de levadura fresca
1	cucharadita de polvo para hornear
¹/₂	cucharadita de sal
1	cucharadita de azúcar
Agua	

Preparación

* Cernir la harina, la sal y el polvo de hornear.
* En una taza de agua tibia con una cucharadita de azúcar rociar la levadura, tapar y conservar en un lugar tibio. Cuando haya crecido la levadura agregarla a la harina ya cernida. Amasar y seguir agregando agua poco a poco hasta que quede una masa blanda. Cubrir con un paño y dejar reposar en lugar tibio hasta que doble su tamaño.
* Después de 3 horas y en una sartén con aceite bien caliente, freír las bolitas que se van cogiendo con una cucharita previamente engrasada con aceite. Una vez fritas, pasarlas por un recipiente con la miel preparada según receta.

MIEL

1	lt de agua
1	cucharadita de agua de azahares (flores de naranjo)
2	tazas de azúcar (250 g)
Jugo de 1 limón	

Preparación

*Disolver el azúcar en el agua y hervir hasta hacer una miel clara y suave. No revolver mientras se cocina. Agregar el limón y el agua de azahares.

BUÑUELOS EN ALMÍBAR

200	g de harina de trigo ($^3/_4$ taza)
1 $^1/_2$	cucharada de polvo royal
1	taza de yogur sin dulce
3 $^1/_2$	cucharadas de leche en polvo de vaca o soya
$^1/_2$	taza de azúcar morena o panela en polvo (70 g)
1	taza de agua

Aceite para freír

Preparación

* Mezclar la harina con la leche y el polvo royal. Luego agregar el yogur y agua poco a poco hasta formar una masa espesa.
* Aparte preparar el almíbar con agua y panela. Calentar aceite e ir añadiendo la masa a cucharadas y freír hasta que los buñuelos estén crujientes. Luego sumergir los buñuelos en el almíbar.
* Servir tibios o fríos.

CREMA DE MELOCOTÓN

300	g de melocotones en almíbar
$^1/_3$	taza del almíbar del melocotón
$^2/_3$	taza de leche condensada
2	cucharadas de jugo de limón
2	cucharadas de coco rallado

Preparación

* Reservar 2 melocotones partidos en tajadas delgadas.
* Licuar los melocotones, el almíbar, la leche condensada y el limón. Verter en copas y refrigerar hasta que tome consistencia.
* Servir cada copa decorada con tajadas de melocotón y el coco rallado.

BATIDO DE PAPAYA
(6 personas)

3   papayas hawaianas maduras
1   lt de helado de vainilla

Preparación

* Por cada papaya pelada y en trocitos, agregar 3 cucharadas grandes de helado. Batir todo en la licuadora. Servir en copas.

DISCOS DE REQUESÓN A LA NARANJA
(10 porciones)

1   lb de masa de hojaldre
$^{1}/_{2}$ lb de requesón o queso de soya semiblando
3   cucharadas de azúcar pulverizada
4   cucharadas de naranja confitada, hidratada
2   cucharadas de ralladura de cáscara de naranja sin la parte blanca

Preparación

* Extender el hojaldre y formar discos de 12 cm de diámetro y $^{1}/_{2}$ cm de espesor, picarlos con tenedor y hornearlos a 250 grados hasta que doren. Retirar y enfriar.
* Batir el requesón con el azúcar y la naranja confitada. Cubrir los discos con abundante mezcla de requesón.
* Adornarlos con la ralladura de naranja.

GULAB JAMUN
(10 personas)

$^1/_4$	lb de cuajada		$^1/_4$	cucharadita de bicarbonato
$^1/_2$	lb de harina de trigo (2 tazas)		2	cucharadas de leche tibia
2	cucharadas de azúcar		2	cucharadas de almendras partidas
350	g de leche en polvo (2 fl tazas)		Aceite para freír	
$^1/_4$	cucharadita de polvo de hornear			

Preparación

* Mezclar todos los ingredientes hasta obtener una masa cremosa. Formar bolitas de 3 cm de diámetro.
* Calentar aceite en una olla y luego freír a fuego lento las bolitas hasta que estén doradas.

Almíbar

2   lt de agua
$^1/_4$ taza de miel de abejas
2   tazas de azúcar
Esencia de rosas al gusto

* Poner en una olla el agua con la esencia de rosas y hervir. Agregar el azúcar y la miel. Cocinar por 8 minutos más. Bajar del fuego e incorporar las bolitas. Calentar nuevamente y conservar a fuego bajo por 20 minutos.
* Servir tibios.

ESPUMA DE PERAS
(6 personas)

1   lb de peras
$^1/_2$ taza de azúcar (70 g)
1   taza de crema chantilly
6   cerezas

Preparación

* Pelar las peras, partir por mitades. Retirar las semillas y cocinarlas con el azúcar y media taza de agua, escurrirlas y prensarlas, dejar enfriar. Revolver con la crema chantilly en forma envolvente y suave. Repartir en moldes individuales. Refrigerar y servir adornado con un copito de crema y una cereza.

HELADO DE CAFÉ CON ALMENDRAS
(6 personas)

$^1/_4$	lb de helado de vainilla
$^1/_2$	cucharadita de canela en polvo
3	cucharadas de crema de leche
4	cucharadas de almendras troceadas
3	cucharaditas de café granulado
$^1/_2$	taza de agua
$^1/_2$	taza de jugo de naranja

Azúcar o miel al gusto

Preparación

* Mezclar el helado, la canela, la crema de leche y las almendras. Repartir en copas y congelar hasta que tome consistencia de helado.
* Mezclar el café, el agua, el jugo de naranja y el azúcar, batir y con esta mezcla cubrir cada copa de helado al momento de servir.

HALVA DE SÉMOLA

200	g de sémola gruesa de trigo
50	g de mantequilla
200	g de azúcar morena
250	ml de agua
1	cucharadita de cardamomo molido
50	g de uvas pasas

Preparación

* En una sartén caliente tostar la sémola a fuego medio por 5 minutos, revolviendo constantemente. Agregar la mantequilla y reservar.
* En una olla hervir el agua con el azúcar, bajar el fuego y añadir la sémola, el cardamomo y las uvas pasas, seguir cocinando y revolver hasta que espese.
* Extender uniformemente en un plato. Dejar enfriar y cortar formando rombos.

MANZANAS EN HOJALDRE
(6 porciones)

1	lb de masa de hojaldre
3	manzanas
$^1/_2$	taza de uvas pasas
$^1/_2$	taza de panela en polvo (70 g)

Preparación

* Cocinar las manzanas peladas y sin semilla con 2 cucharadas de panela en polvo. Cuando estén blandas pero firmes, retirarlas y partirlas por la mitad. En la misma agua remojar las pasas.
* Extender el hojaldre delgado y formar 12 redondeles de más o menos 12 cm de diámetro. Colocar encima de cada redondel media manzana, un poco de uvas pasas y sobre esto el otro redondel cerrando los bordes y sellándolos con los dedos untados de agua. Cubrir con azúcar y llevar al horno a 250 grados hasta que doren.
* Servir con crema chantilly (opcional).

MOUSSE DE MANGO Y FRUTAS FRESCAS
(6 personas)

2	mangos grandes maduros
$^1/_2$	taza de crema de leche
1	pera
1	manzana
12	cerezas verdes en trocitos

Hojas de hierbabuena

Preparación

* Pelar los mangos y sacar la pulpa.
* Batir la crema de leche en batidora hasta lograr buena consistencia.
* Poner el mango en la licuadora e ir agregando poco a poco la crema de leche batida. Licuar por 1 minuto.
* Engrasar los moldes con aceite, quitando el sobrante con servilleta.
* Verter la mezcla en los moldes engrasados y refrigerar por 1 hora.
* A tiempo de servir, desmoldarlos sobre un plato amplio. Adornar con cascos de manzana y pera, hojas de hierbabuena y trocitos de cereza.

POSTRE CUCIR
(6 personas)

$\frac{1}{2}$	lb de cuajada fresca escurrida o queso de soya semiblando
1	caja de pudín de chocolate preparado según instrucciones
1	taza de ciruelas pasas remojadas y partidas en licuadora
$\frac{1}{3}$	taza de panela en polvo

Preparación

* Engrasar una refractaria con mantequilla y preparar el pudín.
* Vaciar el pudín de chocolate en la refractaria y cubrirlo con la cuajada desmenuzada.
* Cocinar las ciruelas partidas con el agua en que se remojaron y $\frac{1}{3}$ de taza de panela en polvo por 5 minutos. Dejar enfriar y verterlas sobre la cuajada.
* Llevar al horno a 250 grados por 15 minutos. Servir al clima.

MOKA
(8 personas)

24	galletas honey bran o macarenas
1	taza de café negro fuerte
250	g de crema de leche espesa
1	cucharada de azúcar pulverizada o $\frac{1}{2}$ de estevia
2	chocolatina jet (*light*) ralladas o chocolate de repostería
3	cucharadas de cocoa amarga
$\frac{1}{2}$	taza de miel espesa con el jugo de $\frac{1}{2}$ limón

Ralladura de 1 limón

Preparación

* Engrasar un molde con mantequilla. Batir la crema de leche con azúcar o estevia.
Cubrir el molde por capas en el siguiente orden:
* Remojar las galletas, una a una, en el café negro e ir cubriendo el molde engrasado.
* Agregar crema de leche batida hasta cubrir la capa de galleta.
* Espolvorear con la cocoa.
* Añadir ralladura de limón.
* Agregar la chocolatina rallada.
* Verter la miel con limón formando hilos sobre el molde.
* Repetir la operación y terminar en chocolatina rallada y ralladura de limón.* Refrigerar por 2 horas.

PUDÍN DE FRUTAS
(6 personas)

2	yogur sin dulce tipo postre
1	banano
4	duraznos o peras cocinados en azúcar
½	lb de fresas tajadas por la mitad
6	ciruelas pasas sin pepa, picadas
1	cucharada de maicena

Preparación

* Licuar el yogur, el banano y los duraznos o las peras sin el jugo hasta formar una crema suave.
* En el jugo de la fruta disolver la maicena y cocinarla hasta que espese. Agregar lo anterior y cocinar sin dejar de revolver por 5 minutos. Agregar las ciruelas pasas. Retirar del fuego y enfriar.
* Verter sobre moldes individuales y adornar con las fresas.

POSTRE DE PERAS A LA FRANCESA
(8 personas)

8	peras bien maduras, peladas, sin quitarle el palito
2	lb de uvas frescas Isabela (uva pequeña morada muy dulce)
200	g de crema de leche
1	taza de panela en polvo (70 g)

Canela en astilla

Preparación

* Licuar las uvas sin agua y colar.
* Colocar las peras en la olla de presión y bañar con el jugo de uva, canela, la panela en polvo y dejar pitar a fuego lento durante 10 minutos.
* Bajar y enfriar.
* A tiempo de servir, cubrir con la crema de leche al gusto.

POSTRE INGLÉS
(4 personas)

1	paquete de galletas María
1	taza de ciruelas pasas sin semilla
1	taza de duraznos y peras picados conservados en almíbar suave
1	taza de salsa inglesa (ver receta)

Preparación

* Hidratar las ciruelas en el almíbar de la fruta.
* En una fuente honda colocar las galletas y cubrirlas con las frutas en almíbar y las ciruelas hidratadas.
* Cubrir con la salsa inglesa y llevar a la nevera.

POSTRE MARIANA
(8 personas)

20	galletas macarena o graham
500	g de arequipe (dulce de leche)
500	g de crema de leche
1	taza de milo

Preparación

* Batir el arequipe con la crema de leche.
* Engrasar una refractaria de 25 cm por 20 cm aproximadamente, cubrirla con una capa de galletas, luego agregar el batido de arequipe y crema, así sucesivamente hasta lograr una altura de 4 cm. Rociar con el milo y refrigerar por 1 hora.

PUDÍN DE DÁTILES
(8 personas)

$1/2$	taza de mantequilla	$1/2$	cucharadita de bicarbonato de soda
1	taza de panela en polvo	1	lb de dátiles sin semillas picados
3	tazas de harina de trigo	$1/2$	lb de nueces picadas
$1/2$	taza de leche o leche de soya		Ralladura de corteza de 1 naranja
2	cucharaditas de polvo de hornear		

Preparación

* Batir la mantequilla con la panela y agregar la ralladura de corteza de naranja.
* Cernir la harina con el polvo de hornear y el bicarbonato, luego agregar esto a la primera mezcla alternando con la leche. Añadir los dátiles poco a poco y luego las nueces. Amasar.
* Poner la masa en un molde cubierto con papel parafinado y engrasado. Hornear por 20 minutos a 250 grados.
* Dejar enfriar y partir en cuadros.

YOGUR GRATINADO
(6 personas)

400	g de leche en polvo
400	g de leche condensada
2	tazas de yogur sin dulce
3	cucharadas de almendras laminadas

Preparación

* Batir la leche en polvo con el yogur y la leche condensada. Verter en una refractaria y llevar al horno precalentado a 250 grados por 15 minutos o hasta que gratine. Dejar enfriar.
* Cubrir con las almendras.

BEBIDAS

Una bebida preparada con creatividad hace especial cualquier momento, desde una deliciosa y saludable de frutas al desayuno hasta una energizante aromática caliente, como final perfecto a una buena comida en una noche fría.

ACAPULCO DORADO

* Poner en la coctelera 6 partes de jugo de piña, 1 de jugo de pomelo (toronja), 2 de crema de coco, y 3 cucharadas de hielo triturado, agitar y servir sin colar.

AGUA AROMÁTICA
(4 tazas)

100	g de albahaca	1	pocillo de moras
3	bulbos de limoncillo	1	manzana picada
100	g de hierbabuena	5	tazas de agua

Preparación

* Hervir a fuego medio por 30 minutos en un recipiente con tapa y endulzar con miel al gusto. Colar y servir.

Variación: Verter esta agua en una taza que tenga tajadas de manzana con cáscara.

LECHE DE ALMENDRAS
(1 vaso)

8	almendras
1	vaso de agua
1	cucharadita de miel (opcional)

Preparación

* Remojar las almendras en un poco de agua, desde el día anterior. Retirar la cascarilla y licuar en el agua. Servir con miel si se desea.

BEBIDA ENERGÉTICA
(4 vasos)

1 ½	taza de leche de soya preparada (ver receta)
1	cucharada de leche en polvo
½	taza de yogur sin dulce
1	cucharada de miel
1	manzana pelada
Canela molida	

Preparación

Batir todos los ingredientes, menos la canela. Servir y espolvorear con la canela.

CAPRICHO DE PAPAYA
(4 copas)

1	lb de papaya pelada sin semillas y en trozos
1	cucharada de semillas de papaya para decorar
2	cucharaditas de jugo fresco de lima o limón
$^1\!/_2$	taza de jugo fresco de naranja
2	cucharaditas de miel
1	taza de leche de soya

Pimienta al gusto
Rodajas de lima o limón para decor

Preparación

* Mezclar bien todos los ingredientes, excepto los de decorar. Llevar a la batidora por 2 minutos y refrigerar.
* Servir en copas y decorar con las rodajas de limón y semillas de papaya.

CHAI
(6 tazas)

6	tazas de agua
3	cucharadas de jengibre pelado y en cuadritos
2	cucharadas de semillas de cardamomo
1	cucharada de cardamomo sin desgranar
1	cucharada de pimienta dulce
6	cucharaditas de té negro
1	taza de leche
7	cucharaditas de azúcar o miel

Preparación

* Hervir en una olla grande el agua con el cardamomo desgranado y en vaina, el jengibre y la pimienta, por 1 hora o hasta obtener un buen sabor.
* Agregar el té y seguir hirviendo a fuego bajo tapado. Luego agregar la leche y el dulce, hervir por 5 minutos y servir caliente.

LECHE DE AVENA
(6 vasos)

6   vasos de agua
12   cucharadas de avena en hojuelas cruda
Azúcar morena o miel al gusto
Fruta escogida.

Preparación

* Poner a remojar la avena en el agua más o menos por una hora. Licuar y usar con la fibra o colar y usar la fibra para agregarla a otra preparación como una sopa.
* Esta leche se utiliza para hacer jugos de la fruta deseada o para cereales al desayuno, etc.
* Para alimento de bebés (teteros o compotas) no se debe licuar, simplemente se cuela la avena remojada y esa leche que produce se hierve.

RASPADO DE MANDARINA
(4 personas)

2   tazas de jugo de mandarina
1   taza de leche condensada

Preparación

* Congelar el jugo de mandarina, luego raspar ese helado en copas.
* Servir cubierto con leche condensada.

REFRESCO DE CEBADA Y LIMÓN
(6 vasos)

1   taza de cebada perlada
8   tazas de agua
$^1/_2$ taza de jugo de limón o naranja dulce
$^1/_2$ taza de panela en polvo

Preparación

* Hervir la cebada en el agua a fuego medio, hasta que el líquido se reduzca a la mitad. Enfriar y colar.
* Agregar el jugo de fruta y la panela. Mezclar bien y servir con rodajas de limón o naranja.

REFRESCO DE LIMÓN CON HELADO
(1 vaso)

* Poner 4 cucharadas de jugo de limón en un vaso con 2 cucharadas de azúcar y revolver hasta la completa disolución de ésta.
* Llenar el vaso hasta los dos tercios de su capacidad con soda y añadir 1 bola de helado de vainilla.
* Servir con pitillo y una cucharita.

MINT FIZZ
(4 vasos)

¹/₄	taza de menta picada
1	cucharadita de azúcar
²/₃	taza de agua hirviendo
1	taza de ginger ale o de agua mineral
1	ramita de menta
6	cubos de hielo

Jugo de una naranja
Jugo de un limón

Preparación

* Poner en una jarra la menta picada con el azúcar. Verter encima el agua hirviendo. Dejar enfriar y añadir los jugos recién exprimidos.
* Refrigerar por 2 o 3 horas. Luego colar. Agregar el ginger o el agua mineral y los cubitos de hielo.
* Decorar con la ramita de menta.

SODA DE VERANO

* Mezclar el jugo de 1 naranja con el de 1 limón y el de 1 pomelo (toronja).
* Verter la mezcla en un vaso con cubitos de hielo, añadir ¹/₂ vaso de soda y 1 bola de helado de vainilla.
* Servir con pitillo y una cucharita.

TÉ HELADO CON CANELA
(4 tazas)

1	vaso de jugo de manzana
1	naranja dulce (el jugo)
1	bolsa de té negro
1	vaso de agua hirviendo
1	vaso de hielo
1	cucharadita de canela molida

Preparación

* Preparar el té en agua caliente y dejar reposar.
* Licuar los jugos, el té, el hielo y la canela.
* Servir inmediatamente.

TÉ MARROQUÍ
(5 tazas)

4	cucharaditas de té negro
$^1/_4$	taza de menta o hierbabuena picada
5	tazas de agua hirviendo

Miel al gusto

Preparación

* Calentar la tetera y luego colocar el té y la menta. Verter el agua hirviendo y dejar reposar.
* Agregar rebanadas de limón y hojitas de menta o hierbabuena. Se puede tomar frío o caliente.

NARANJA EFERVESCENTE

* Verter jugo de naranja y ginger ale en partes iguales en una copa con cubitos de hielo.
* Decorar la bebida con una rodaja de naranja y una cereza. Servir con pitillo.

LIMONADA CEREZADA
(4 personas)

3   vasos de limonada natural (azúcar al gusto) reservar la corteza
1   taza de cerezas marrasquino con su jugo
$^1/_2$ taza de hielo triturado

Preparación

* Licuar todos los ingredientes, reservando 4 cerezas para adornar cada vaso junto con la corteza de limón cortada en tiras. Debe servirse inmediatamente.

YOGUR DE FRESA EN LECHE AROMATIZADA
(5 personas)

Leche aromatizada de soya

1	lt de leche de soya (ver receta)
1/2	taza de hojas de menta
2	cucharadas de maicena
1/2	vaso de agua
1	cucharadita de esencia de vainilla
3	cucharadas de panela en polvo o azúcar
1/2	cucharadita de sal

Preparación

* Hervir la leche de soya con las hojas de menta y la sal. Disolver el almidón de maíz en el 1/2 vaso de agua y agregarlo a la leche. Revolver y seguir cocinando hasta que la mezcla espese. Retirar del fuego. Agregar esencia de vainilla y azúcar. Revolver bien. Colar y llevar a un recipiente de vidrio. Conservar a temperatura ambiente.

Yogur de fresa

1	lt de leche aromatizada
1	vaso de yogur natural (sin dulce)
4	cucharadas de mermelada de fresa
10	fresas frescas
Miel al gusto	

Preparación

* Tibiar la leche aromatizada. Agregar el yogur. Revolver, tapar y esperar a que tome consistencia.
* Licuar el yogur con la mermelada y la mitad de las fresas, a tiempo de servir. Adornar cada vaso con una fresa abierta. Lo ideal es mantener yogur en la nevera para las diferentes preparaciones.

ZUMO DE APIO Y MANZANA

(3 vasos)

1	vaso de zumo de apio
1	vaso de zumo de manzana
1	vaso de zumo de zanahoria

Preparación

* Utilizar el extractor de jugos para obtener cada zumo por aparte.
* Mezclar y servir al momento.

Frutas

Constituyen una buena adición y complemento para los desayunos y para tomar entre comidas. Las frutas ácidas deben consumirse preferiblemene en la mañana y las semi ácidas y neutras a cualquier hora del día. Se caracterizan por su alto valor nutricional.

FRUTAS

La fruta es una maravillosa creación y regalo de la naturaleza. Las frutas constituyen una buena adición y complemento para los desayunos y entre comidas, una curiosa adición a tabla de quesos y con algunas de ellas se hacen helados y sorbetes deliciosos.

FRUTAS SECAS

Se trata de un ingrediente muy versátil, apto para platos dulces o salados, calientes o fríos, y constituye un agradable pasaboca. Al comprarse deben tener buen aspecto, una vez abiertas el paquete debe conservarse en un recipiente hermético, con un trozo de cáscara de naranja o limón que las mantendrá jugosas.

FRUTA SECA	CARACTERÍSTICAS
Pasas	Pueden ser oscuras o casi negras, su sabor es dulce y suave.
Pasa sultana	Jugosas de color ámbar, sabor dulce.
Pasas de corinto	Son pequeñas y menos dulces, de color negro y se utilizan en recetas saladas
Manzana seca	Se consigue pelada y sin corazón, sabor suave y ligeramente ácido. Se puede mezclar con otras frutas.
Albaricoque seco	De color ámbar, pequeño. Hay que hidratarlo antes de consumir.
Dátil seco	Es una fruta muy dulce.
Higo	Muy dulce. Consumir remojado.
Melocotón	Hay variedades muy dulces, la variedad anaranjada suele ser ácida.
Pera	Muy dulce de textura granulosa.
Ciruela	Se consigue entera o sin hueso, de sabor intenso. Se puede comer también hidratada. De suave efecto laxante.

CONSERVA DE MANGO CON JENGIBRE

1 ¹/₂   lb de mango maduro pelado y picado
1   cucharadita de jengibre fresco rallado
¹/₂   taza de azúcar morena
2   tazas de agua
Cáscara de 1 limón y el jugo por aparte

Preparación

* Cocinar en una olla el agua, el azúcar, el jengibre y la cáscara de limón por 15 minutos. Agregar el mango picado y el jugo de limón. Seguir cocinando hasta lograr la consistencia deseada.
* Guardar en recipiente de vidrio.

CROCANTES DE FRUTAS
(6 porciones)

3   peras
1   mango
2   manzanas amarillas

Preparación

* Mezclar todas las frutas peladas y partidas en cuadros en una refractaria engrasada.

Crocante

¹/₄   taza de harina integral de trigo
¹/₂   taza de avena en hojuelas
¹/₂   taza de panela en polvo
¹/₄   cucharadita de sal
³/₄   taza de ghee frío (ver receta)

* Revolver los ingredientes secos. Agregar el ghee y mezclar con los dedos hasta formar moronas, no amasar. Cubrir con estas moronas la fruta y hornear a 200 grados por 25 minutos.

NATILLA DE VAINILLA CON FRUTAS FRESCAS

200	g de galleta semidulce molida
1/2	taza de crema de leche
2 1/2	tazas de leche
3	cucharadas rasas de maicena
1 1/2	cucharada de mantequilla
1	cucharadita de estevia (dulce)
1/2	taza de nueces ralladas

Papaya, pera, melón o la fruta de temporada

Preparación

* Amasar las galletas molidas con la mantequilla y cubrir un molde desarmable engrasado. Hornear por 10 minutos y retirar.
* En una olla mezclar la leche y la maicena. Cocinar por 5 minutos o hasta que esté espesa. Bajar del fuego y agregar la crema de leche y dulce. Batir muy bien y dejar enfriar. Vaciar sobre la base de galleta que debe estar fría. Cubrir con la fruta escogida en tajadas delgadas.
* Rociar con nueces ralladas.

GERANIOS FASCINANTES
(4 personas)

1	taza de frambuesas
1	taza de agraz
250	g de queso ricotta

Almíbar

2	tazas de agua	2	cucharadas de hojas de hierbabuena
200	g de panela en polvo o azúcar morena	1	taza de flores de geranio
1	bulbo completo de limoncillo		

Preparación almíbar

* Hervir en una olla de fondo grueso el agua con el azúcar a fuego medio por 10 minutos. Dejar tibiar. Pasar a recipiente de vidrio con tapa y agregar el limoncillo, la hierbabuena y la mitad de las flores de geranio. Conservar refrigerado por 6 horas o más.
* Lavar el agraz y cocinar en 1 taza del almíbar anterior por 20 minutos. Dejar enfriar.
* Mezclar el queso ricotta con 2 cucharadas del almíbar y repartir en 4 porciones.
* Servir acompañado de agraz, frambuesas y flores de geranio.

MERMELADA DE PAPAYA Y ESPECIES

2	lb de papaya pelada y sin pepas
1	cucharadita de mezcla de nuez moscada, clavos molidos y jengibre en polvo
1/4	cucharadita de anís estrellado macerado
1	cucharadita de esencia de vainilla
1 1/2	lb de azúcar morena
1/2	cucharadita de jugo de limón
1	pocillo de agua

Preparación

* Partir la papaya en trozos y marinar con las especies por 1 hora. Pasar al recipiente en que se va a cocinar con el agua, el jugo de limón y el azúcar. Cocinar por 1 hora sin dejar de revolver.
* Guardar en recipiente de vidrio.

TROPICAL CON CEREAL
(4 personas)

1	papaya hawaiana pelada y en tajadas
1	mango maduro pelado y en tajadas
3	kiwis pelados y en rodajas
2	tazas de cereal al gusto (amaranto, avena, quinua o maíz en hojuelas)
1	taza de agua
3	cucharadas de miel de abejas
4	cucharadas de frutos secos (nueces, almendras, ciruelas, macadamias, etc.)

Preparación

* Hervir el agua con la miel por 5 minutos. Dejar tibiar y agregar la fruta.
* Servir el cereal roceado con los frutos secos y bañar con las frutas en almíbar.

FRUTAS CON SALSA DE FRESA

1 ¹/₂	tazas de yogur de fresa
¹/₂	taza de crema de almendras (ver receta)
1	taza de fresas
2	mangos partidos en trozos
4	manzanas partidas en trozos

Preparación

* Licuar el yogur, la crema de almendras y las fresas.
* Colocar en cada recipiente los trozos de mango y la manzana.
* Servir cubierto con la salsa de fresa.

ENSALADA BAHAMAS

4	tazas de repollo crespo finamente picado
4	tazas de col china finamente picada
4	manzanas rojas (o 2 rojas y 2 verdes)
2	tazas de uvas surtidas (verdes y moradas)

Dulce de piña (piña en cuadros en almíbar)

Crema

1	caja grande de queso crema
¹/₂	taza del almíbar de la piña
¹/₂	taza de azúcar (opcional)
1	taza de crema de leche
1	cucharada de canela en polvo

Preparación

* Licuar todos los ingredientes de la crema y refrigerar por ¹/₂ hora.
* Mezclar el repollo y la col china. Poner como base en cada una de las copas donde se va a servir. Agregar las frutas mezcladas y bañar con la crema.

MIEL DE GUANÁBANA

2   tazas de guanábana fresca sin pepas
4   cucharadas de miel de abejas

Preparación

* Mezclar bien la guanábana con la miel y refrigerar por ¹/₂ hora.

Variación: Servir sobre base de galletas (ver receta cheesse cake de fresa), y decorar con crema chantilly.

PINCHOS DE FRUTA
(10 personas)

10   pinchos de bambú
3   manzanas amarillas, sin pelar y partidas en cascos
20   fresas medianas
1   papaya madura firme partida en trozos de aproximadamente 8 x 2 cm
Jugo de 1 limón

Salsa

1   taza de yogur sin dulce
¹/₂   taza de maní triturado
3   cucharadas de miel
1   cucharadita de jengibre rayado
¹/₂   cucharadita de canela en polvo

* Mezclar todos los ingredientes en recipiente de cerámica o vidrio.

Preparación

* Conservar los cascos de manzana en agua con limón. Lavar las fresas en agua con vinagre.
* Ensartar los pinchos alternando las frutas. Colocarlos sobre una fuente plana y bañar con la salsa.

Hortaliza	Cal. g	Agua. g	Prot. g	Grasa. g	CH. g	Fibra. g
Guayaba rosada	36	86.0	0.9	0.1	9.5	2.8
Marañón pulpa	30	88.5	0.9	0.1	7.7	2.5
Mango	58	81.8	0.5	0.1	16.4	0.7
Papaya	30	90.0	0.5	0.1	8.1	0.8
Curuba	25	92.0	0.6	0.1	6.3	0.3
Papayuela	16	93.5	0.7	0.1	3.9	1.2
Fresa	32	89.9	0.8	0.5	6.9	1.4
Naranja	35	89.0	0.7	0.1	9.0	0.7
Lima	24	92.4	5.0	0.1	6.0	0.6
Toronja	30	90.3	0.7	0.1	7.5	0.9
Anón	101	69.7	2.3	0.1	25.4	1.6
Chontaduro	185	52.2	3.3	4.6	37.6	1.4
Maracuyá	49	85.9	1.5	0.5	11.0	0.4
Mandarina	38	88.9	0.7	0.1	9.5	0.5
Tomate de árbol	30	89.7	1.4	0.1	7.0	1.1
Zapote	49	81.0	1.1	0.1	12.4	0.6
Durazno amarillo	48	85.0	1.0	0.1	12.0	1.0
Melón	11	95.9	0.6	0.0	2.6	0.4
Patilla	12	95.7	0.4	0.0	3.4	0.3
Mora de Castilla	23	92.8	0.6	0.1	5.6	0.5
Lulo	23	92.5	0.6	0.1	5.7	0.3
Limón	26	91.8	0.3	0.3	6.3	1.0
Nueces	645	4.6	16.1	66.6	7.9	1.2
Uva blanca	31	90.5	0.5	0.0	8.1	0.5
Pera	32	88.9	0.2	0.1	8.5	2.0
Pitahaya	36	89.4	0.5	0.1	9.2	0.3
Uva negra	36	89.2	0.4	0.0	9.6	0.5
Coco	357	48.5	3.5	35.8	11.2	0.0
Granadilla	46	86.0	1.1	0.1	11.6	0.3
Feijoa	46	82.6	0.9	0.0	11.9	1.0
Guanábana	52	83.4	1.1	0.2	13.0	1.6
Piña	53	85.9	0.3	0.1	13.0	0.2
Manzana	57	82.7	0.3	0.2	15.0	1.5
Pomarrosa	60	81.8	0.6	0.2	15.6	1.3
Chirimoya	73	77.1	1.9	0.1	18.2	2.0
Banano	84	74.8	1.2	0.1	22.0	1.0
Borojó	93	64.7	1.1	0.0	24.7	8.3
Aguacate	127	79.7	1.6	13.3	3.0	1.6
Tamarindo	280	18.4	5.4	0.5	61.3	11.9
Dátiles	266	21.3	2.4	0.2	71.2	3.5

Ca. mg	P. mg	Fe. mg	Vit. A U. I.
17	30	0.7	400
5	24	0.4	50
10	14	0.4	1100
25	12	0.3	700
4	20	0.4	1700
10	11	0.3	100
28	27	0.8	30
19	22	0.4	0
28	10	0.3	0
27	32	0.5	0
10	40	0.4	0
23	47	0.7	7300
9	21	1.7	1730
24	19	0.2	1000
6	22	0.4	1000
25	32	1.4	1000
10	35	0.8	900
5	14	0.3	400
4	5	0.3	300
42	10	1.7	0
8	12	06	600
13	14	0.4	0
166	526	3.8	12
6	20	0.4	0
5	11	0.3	0
6	19	0.4	0
8	10	0.4	8
22	101	2.1	0
7	30	0.8	0
36	16	0.7	0
22	28	0.4	0
15	8	0.5	80
16	10	0.3	0
35	16	0.3	400
32	37	0.5	0
6	25	0.5	220
25	160	1.5	0
10	40	0.4	30
81	86	1.1	0
57	45	0.9	0

Hierbas, especias y semillas

En el conocimiento de sus propiedades, sabores y aromas está el secreto que permite enriquecer el sabor de las comidas.

HIERBAS SEMILLAS ESPECIAS

Las hierbas y especias aportan una valiosa adición a las recetas, dando a los platos un sabor característico según la región.

REGLA PARA EL USO DE LAS HIERBAS

Las hierbas frescas son las más apreciadas, pero las secas están consideradas como más concentradas. Cuando se cocina con hierbas secas se deben adicionar al comienzo y cuando es con frescas al final porque su sabor se volatiliza.

Las hierbas frescas no se conservan muy bien, por lo tanto es mejor utilizarlas inmediatamente después de comprarlas. Para conservarlas hasta por 2 días, deben envolverse en servilletas de papel húmedas y guardarlas en bolsas plásticas cerradas herméticamente. Si se quieren secar deben hacerse paquetes pequeños y colgarlos al aire con las hojas hacia abajo.

HIERBA	SABOR	USO
Albahaca	Dulce, ligeramente aromático	Ensaladas, tomates, pesto y otras salsas
Cebollín	Cebolla suave	Ensaladas, cremas y papas
Cilantro	Aromático	Sopas, vegetales y salsas
Eneldo	Suave anisado	Conservas de pepino y zanahorias, papas, mayonesa y dips de queso
Estragón	Aromático, fresco	Gluten, tomates y salsas
Hinojo	Anisado	Salsas y complementos
Laurel	Aromático fuerte	Caldos de cocción, sopas y guisos
Mejorana	Dulce, aromático fuerte	Asados, salsas, aceites aromatizados y marinadas
Menta	Fuerte, dulce	Pepinos, papas, guisantes, salsas con yogur y ensaladas
Orégano	Dulce, penetrante, aromático	Tofu, salsa de tomate y marinadas
Perejil	Fresco, suave	Sopas, ensaladas, marinadas y caldos de cocción
Romero	Penetrante, aceitoso	Papas, encurtidos, panes y tofu
Salvia	Aromática, ligeramente amarga	Legumbres, quesos, tofu, risottos y pastas
Tomillo	Aromático intenso	Caldos de cocción, salsas y papas

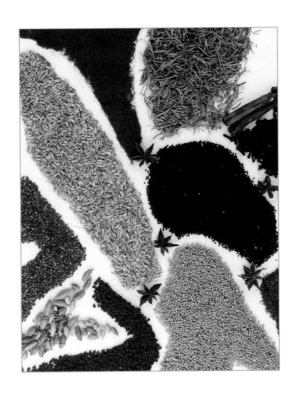

ESPECIAS	SABOR	USO
Anís estrellado	Aromático, cálido, dulce	Setas, salsas, conservas, marinadas y platos orientales
Canela	Dulce, cálida	Salsas con curry, postres, panes, arroz, bebidas y chocolates
Cardamomo	Penetrante, cálido	Guisos, bebidas, panes y galletas
Cayena/chile	Muy picante	Platos indios, mexicanos, caribeños y criollos
Clavo	Fuerte, dulce	Pasteles, salsas, manzana y otras frutas
Comino	Cálido, penetrante	Platos indios, sopas y legumbres
Cúrcuma	Aromático, suave, cálido, amarillo	Curry, arroz, legumbres y chutneys
Jengibre	Especia penetrante	Platos orientales, hortalizas, frutas, salsas, pasteles y galletas
Mostaza	Picante, penetrante	Tofu, gluten, hortalizas, encurtidos, aderezos y salsas
Nuez moscada	Aromática, dulce	Gluten, salsas, gratinados, papas, galletas, arroces y natillas
Pimentón/páprika	Penetrante, picante o dulce	Comida mediterránea, oriental, hortalizas y ensaladas
Pimienta	Penetrante, picante o suave	Casi todos los platos de sal

SEMILLAS Y FRUTOS SECOS

Las semillas y frutos secos son excelente fuente de muchos nutrientes, de fibra y de energía.
Agregan sabor, textura y color a muchas recetas.
Son parte importante de una alimentación vegetariana equilibrada.

SEMILLAS Y FRUTOS SECOS	CARACTERÍSTICAS
Nueces del Brasil, nogal, marañón de macadamia, pacana	Ricas en zinc y cobre. Combinan bien con otros frutos secos y cereales.
Almendras	Muy rica en ácidos grasos insaturados y proteínas.
Coco	Conviene adquirirlo procesado vigilando su fecha de vencimiento. Rico en magnesio, calcio y potasio. Es bien tolerado por las personas de colesterol alto.
Avellanas	Secas: ricas en grasas y proteínas.
Piñones	Ricos en magnesio, hierro y fósforo.
Pistacho	Rico en calcio, vitamina A, potasio y fósforo.
Maní/cacahuete	Aunque es una legumbre, se incluye en los frutos secos. Es fuente de proteínas.
Girasol	Rico en vitamina B1, lecitina y aceite sin colesterol.
Calabaza	Salteada, sobre cereales y ensaladas.
Ajonjolí	Rico en proteínas, grasas insaturadas y minerales, especialmente calcio. Ingrediente principal del tahine y del gomasio.

GOMASIO

1 ½   cucharada de sal marina por 6 cucharadas de ajonjolí (crudo o dorado), maceradas en el mortero.

* Se puede guardar por una semana en frasco de vidrio.
* Es recomendable para cocinar o rociar vegetales crudos.

GARAM MASALA

Es una mezcla de 13 especies molidas sin ningún sabor predominante, no es picante y se usa en granos y estofados. Se agrega al final de la cocción para que no se evaporen sus valiosos aromas.
Los ingredientes pueden ser canela, comino, fenogreco, clavo, semilla de cilantro, cardamomo, nuez moscada, semilla de hinojo, jengibre, semilla de mostaza, apio en polvo, variedades de pimienta y sal.

GHEE O MANTEQUILLA CLARIFICADA

1   lb de mantequilla pura

* Utilizar una olla de fondo grueso. Poner la mantequilla en la olla. Llevar a fuego medio, revolviendo constantemente con una espumadera (cuchara con huecos pequeños). Vigilar el fuego para que la mantequilla no se dore. Retirar con frecuencia la espuma que se forma en la superficie hasta que la mantequilla esté transparente. Dejar enfriar y vaciar a un recipiente de vidrio con tapa.
* Se usa como mantequilla de mesa, salsas, frituras, etc.

GLOSARIO

Adobar:
Condimentar

Aguacate:
Palta o abocado

Ahuyama:
Calabaza amarilla

Ajonjolí:
Sésamo

Albaricoque:
Damasco o chabacano

Alcachofas:
Alcahuciles

Almíbar:
Mezcla de azúcar y agua de consistencia ligera, sirope

Apanar:
Empanar. Envolver con pan rallado

Arepa de choclo:
Cachapas

Arrollado:
En forma de rollo

Arveja:
Guisante o chícharo

Azahar:
Flor de naranjo, cidro y limonero

Azúcar morena:
Piloncillo

Banano:
Plátano, cambur o guineo

Baño maría:
Recipiente con agua hirviendo en el cual se introduce un segundo recipiente que contiene lo que se va a cocinar.

Blanquear:
Escaldar. Precocer brevemente en agua hirviendo

Brócoli:
Brécoli

Budare:
Recipiente para asar arepas de maíz

Calabacín:
Zapallito o zucchini

Calabaza:
Zapallo

Cebolla cabezona blanca:
Cebolla perla

Cebolla cabezona pequeña:
Escalonias

Cebolla cabezona roja:
Colorada o paiteña

Cebolla larga:
Cebolla de verdeo

Cebollín:
Cebolleta o cebollino

Cereza:
Guinda

Cernidor:
Cedazo

Chiles:
Ajíes picantes

Choclo:
Elote. Granos de maíz en estado tierno

Clarificar:
Aclarar

Compota:
Dulce de fruta

Crema agria:
Crema ácida

Cúrcuma:
Azafrán de las indias

Dátil:
Fruto de la palmera o tomara

Dip:
Salsa fría o mojo

Durazno:
Melocotón

Fresa:
Frutilla

Fríjol blanco:
Judías blancas

Fríjol:
Alubia, poroto, frejol

Gratinar:
Dorar la superficie de los platos ya cocidos

Guisado de maíz:
Posole

Guisante plano:
Tirabeque o chícharo

Habas tiernas:
Pallares

Habas:
Algarrobas

Habichuela:
Judía verde, chaucha o ejotes

Hinojo:
Anís

Hongo:
Seta o champiñón

Julianas:
Corte en tiras delgadas
Lasaña:
Pasticho
Leudar:
Permitir el crecimiento de la harina mezclada con levadura
Lienzo:
Tela delgada, muselina
Maicena:
Fécula de maíz
Maíz pira:
Canguil, cotufa
Maíz tierno:
Jojoto
Mandarina:
Tangerina
Maní:
Cacahuete o cacahuate
Mazamorra:
Maíz triturado
Mazorca (hojas):
Chalas
Moka:
Crema de café
Nabo:
Rábano blanco
Nevera:
Refrigerador, heladera
Ñame:
Ocumo
Palmitos:
Tallo blanco y comestible del palmito, palmeras
Panela:
Papelón, chancaca
Papa:
Patata, camote o boniato
Papaya:
Mamón o lechosa
Pasas:
Uvas secas
Paté:
Pasta comestible de varios ingredientes. Mojo
Piña:
Ananá
Pizza:
Torta fina de harina de trigo rellena
Polenta:
Harina gruesa de maíz, gachas de maíz

Polvo de hornear:
Levadura en polvo
Puerro:
Porro o poro
Pulpa:
Sustancia carnosa de las frutas
Rehogar:
Cocer un alimento a fuego lento en aceite y agua
Remolacha:
Betarraga
Repollo morado:
Lombarda
Repollo:
Col blanca
Ricotta:
Requesón
Ruibarbo:
Tallo medicinal de tono rojizo
Salsa de ajo:
Aliolí
Sofreír:
Cocción rápida en sartén con aceite
Tahine:
Crema de ajonjolí
Tofu:
Queso de soya
Tomates cherry:
Tomates miniatura
Tomates:
Jitomates
Trigo sarraceno:
Alforfón
Wok:
Cazuela china para freír los alimentos a fuego vivo y agitando continuamente
Yuca:
Raíz feculenta comestible. Mandioca, casabe

Abreviaturas Tablas	
Cal.:	calorías
Prot.:	proteínas
Ch.:	carbohidratos
Ca.:	calcio
P.:	fósforo
Fe.:	hierro
Vit. A:	vitamina A
(t):	trillado

ÍNDICE DE RECETAS POR ORDEN ALFABÉTICO

BIBLIOGRAFÍA

• *ABC de la nutrición*, Dr. Fernando Redin G., Publicaciones Red-Radar, 1997 •

• Amaranto, fuente maravillosa de sabor y salud, Barros, C y M. Buenrostro, Grijalbo, México, 1997 •

• Ayurveda, Medicina milenaria de la India, Robert E. Svoboda, Ed. Urano, 1995 •

• Buffet Frío Clásico, Lartha Rose Shulman, A Dorling Kindersley book, Italia, 1995 •

• Cocina Creativa, Cocina Vegetariana, Louise Pickford, Ediciones Elfos, 1994 •

• Cocina India Vegetariana, Sumana Ray, Midas Printing Limited, Hong Kong, 1984 •

• Cocinar mejor que nunca verduras, Círculo de lectores, Editorial Printer, 1985 •

• Composición de alimentos colombianos ICBF, 6 edición, Ministerio de Salud, 1992 •

• El gran libro de la verdura, Antonella Palazzi, Grijalbo & Ediciones, 1994 •

• El libro de la cocina vegetariana, Ediciones Integral, 1992 •

• Indian Cuisine Vegetarian, Lustre Press, Roli Books. 1996 •

• La Biblia Vegetariana, Sarah Brown, RBA Libros, S.A., 2002 •

• La Cocina de Hoy, Cocina Práctica Vegetariana, Editorial Libsa, Madrid, 1993 •

• La cocina mediterránea clásica, sarah Woodward, Industria Gráfica, S.A., 1995 •

• La cocina vegetariana clásica, Rose Elliot, Javier Vergara Editor, S.A., 1994 •

• La dieta de Matusalén, Patricio Uribe, Editorial Planeta Colombiana, S.A., 2001 •

• Maíz, James Mc Nair, Voluntad, Colombia, 1990 •

• Qué, cómo y cuándo comer?, Dr. P. Keshava Bhat, Jardín Etnobotánico, Venezuela •

• Recetas y menús para estar sano, Raymond y Jeannette Dextreit, Ed. Acuario, 1983 •

• Vea y Cocine Pasta Perfecta, Anne William, Editorial Diana, España, 1993 •

• Vegetarian Cooking for Everyone, Deborah Madison, Broadway Books, 1997 •

• Vegetarian, Fiona Biggs, Barnes & Noble, Books New York, 2001 •

• Wok Vegetariano, Ediciones Blume, 2003 •

• Yoga y Cocina, alimentos para el cuerpo y la mente, Integral, RBA libros, 1999 •